React.js, 스프링 부트, AWS로 배우는 웹 개발 101

2/e

React.js, 스프링 부트, AWS로 배우는 웹 개발 101

2/e

SPA, REST API 기반 웹 애플리케이션 개발

김다정 지음

i!i
에이콘

에이콘출판의 기틀을 마련하신 故 정완재 선생님 (1935-2004)

지은이 소개

김다정(f.softwareengineer@gmail.com)

건국대학교 컴퓨터공학부를 졸업한 후 미국 LA에서 웹 개발을 시작했다. 현재는 아마존 웹 서비스에서 서버리스 서비스를 구현하는 분산 시스템을 개발하고 있다. 여가 시간에는 블로그 삐멜 소프트웨어 엔지니어링(http://cselabnotes.com/kr/)을 통해 개발에 관련된 여러 가지 소프트웨어 엔지니어링 관련 기술과 지식을 나눈다.

지은이의 말

이 책에 나오는 기술은 필자가 주니어 시절 실무 현장에서 혼자 익히고 배운 기술들이다. 스프링 부트나 React.js, JWT, AWS, OAuth 2.0 모두 많이 알려진 기술이며 따로따로 배우면 어렵지 않다. 그러나 이를 합쳐서 하나의 서비스를 만드는 것은 쉬운 일이 아니다.

필자는 출시 가능한 서비스를 만드는 방법을 몰랐다. 주니어 시절에 일했던 회사에서는 대부분 인프라가 이미 구축된 상태여서 서비스 운영에 필요한 것이 무엇인지 알지 못한 채 컴포넌트 개발만 했다. 학생 때는 스프링 MVC 프로젝트를 했는데 입사해보니 다 REST 기반의 마이크로서비스를 사용하고 있었다. 게다가 필자가 궁금했던 것은 사설망이나 로드 밸런서, API 게이트웨이, 인증 등 네트워크나 보안 관련 기술이었는데 권한이 없어 접근조차 할 수 없었다. 그 결과 로컬에서는 다양한 기술을 많이 사용해봤는데도 실제 서비스로 운영하는 방법은 알지 못했다. 당시에는 무엇을 공부해야 하는지도 모른 채 이 기술 저 기술을 주먹구구식으로 배웠다.

이 책은 주니어 시절의 필자 같은 학생이나 개발자를 위한 책이다. Node.js로 백엔드와 프론트엔드를 개발하고 Spring MVC와 Thymeleaf를 이용한 실습만 해봤는데 막상 회사에 들어가니 전부 마이크로서비스 기반이라거나, 로컬에서 돌아가는 웹서비스는 하루에 10개도 만들 수 있지만 인증이나 배포에서 늘 막히는 경우에 도움이 되고자 한다.

또 프론트엔드와 백엔드가 분리된 아키텍처를 경험해 보고 싶거나 아이디어가 있는데 어떻게 서비스를 만들어야 할지 모를 때 이 책을 통해 먼 길 돌아가지 않고 필요한 기술을 배우고, 또 이후 배워야 할 기술을 발굴하는 기회가 됐으면 하는 바다.

이 책을 저술하는 데 도움을 주신 가족 및 친구들(Racine Green님, 김민선 님, 신경옥 님, Linchi Zhang님)과 에이콘출판사 관계자 분들께 감사의 인사를 올립니다.

목차

들어가며

이 책을 진행하는 동안 우리는 아키텍트[Architect]이자 개발자[Developer]이며 데브/테크옵스[DevOps/TechOps]다. 이 책을 통해 확장 가능한 서비스 개발 및 운영에 대해 전반적으로 경험해볼 수 있다. 그리고 다수의 사용자를 지원하는 웹 기반의 Todo 애플리케이션을 구현하고 배포할 예정이다. 그 과정에서 프론트엔드와 백엔드 서버가 분리된 아키텍처[Decoupled Architecture]를 직접 경험하고 구현하게 된다.

구체적으로 프론트엔드는 대중화된 React.js를 이용해 개발하고 백엔드는 엔터프라이즈 애플리케이션 구현에 많이 사용하는 스프링 부트를 이용한다. 우리는 Todo 애플리케이션의 기본적인 기능을 구현한 후, 인증 기능을 추가해 다수의 사용자를 지원할 예정이다. 이를 통해 백엔드에서는 기존 인증 방법의 스케일적 한계와 JWT를 이용해 스케일의 한계를 극복하는 방법을, 프론트엔드에서는 로그인 상태를 유지하는 방법에 대해 알아보고 직접 구현한다. 이뿐만 아니라 만든 애플리케이션을 AWS에 배포한다.

배포 시 단순히 몇 개의 인스턴스에 애플리케이션을 배포하고 자동으로 할당되는 주소를 사용하지 않는다. 로드 밸런서, 오토 스케일링 그룹 등 스케일링에 필요한 서비스를 사용하고 도메인을 구매하고 HTTPS를 위한 인증서를 발급받아 설치하는 작업까지 할 예정이다. 책을 마치고 나면 실제로 운영 중인 서비스가 생길 것이다. 전반적으로 웹 애플리케이션을 개발하고 운영하는 과정을 거치면 이후 다른 아키텍처, 다른 프레임워크, 다른 클라우드서비스를 공부할 때 훨씬 수월하다. 이 책을 끝낼 때쯤에는 웹 애플리케이션의 처음과 끝을 분명히 알게 될 것이다.

이 책에서 다루는 내용

- REST 백엔드, React 프론트엔드, AWS를 이용한 간단한 Todo 애플리케이션 개발
- 스프링 부트, 그래들, 메이븐 리포지터리, 롬복, JPA 등 REST API 개발에 필요한 내용
- React.js의 원리와 프론트엔드 개발에 필요한 기초 지식
- React.js와 같은 싱글 페이지 애플리케이션Single Page Application의 동작 방식
- JWT를 이용한 인증 이론과 구현
- AWS 일래스틱 빈스톡을 이용해 애플리케이션을 배포하는 방법 및 배포 시 사용되는 EC2, 오토 스케일링 그룹, 로드 밸런서, RDS 등의 리소스
- Route 53에서 DNS를 등록하는 방법과 DNS를 로드 밸런서로 연결하는 방법
- OAuth 2.0를 이용한 소셜 로그인 구현

이 책의 대상 독자

이 책의 독자들이 적어도 자바 언어를 잘 알고 있다고 가정한다. 독자는 자바로 커맨드라인 애플리케이션을 짜본 경험이 많이 있고, 자바 언어를 주 언어로 사용하며 자바 라이브러리나 기본적인 어노테이션 사용에 익숙한 사람이다. 덧붙여 자바스크립트와 HTML의 기본을 알고 있다고 가정한다. 또 깃의 기본적인 기능commit을 사용해본 적이 있으며 그 영역을 웹 서비스로 확장하고자 하는 사람이다. 혹시 자바만 알고 자바스크립트와 HTML에는 문외한이라면, 이 책을 읽기 전에 조금 공부하길 바란다. 이 책은 언어를 다루지 않고, 대부분의 문법을 알고 있다고 가정한다. 또 기본적으로 서버가 무엇인지, 데이터베이스가 무엇인지에 대한 개념이 잡혀있다고 가정한다. 그러나 스프링 부트와 React, AWS에 대한 사전 지식은 없어도 된다.

사전 지식이 없는 경우 다른 자료들을 찾아가며 공부해야 할 수 있으나 사전 지식이 없어도 책을 따라가는 데는 지장이 없다.

이 책은 개발에 초점을 맞춰 설명하며 개발하는 데 필요한 최소한의 지식만을 알려 준다. 예를 들어, 우리 책은 스프링 부트, 웹, JPA 등 애플리케이션을 만들기 위해 필 요한 프로젝트를 집중적으로 알아본다. 대신 스프링 AOP나 스프링 클라우드 등 이 책에서 사용하지 않는 기술은 설명하지 않는다. 데이터베이스도 마찬가지다. 우리가 사용할 JPA는 자세히 설명하지만 트랜잭션, 관계 기수^{Cardinality} 등 데이터베이스 자체 에 관련된 설명은 깊게 하지 않는다. 또 불필요한 혼란을 피하기 위해 어려운 용어는 최대한 사용하지 않도록 노력했다.

또한 이 책의 목표는 프로덕션 환경에서 많이 사용하는 웹 서비스 아키텍처를 처음 부터 끝까지 개발하는 것이다. 처음이란 프론트엔드와 백엔드를 로컬 환경에서 개발 하는 것을 말하며 끝은 이 애플리케이션들을 사용자들이 사용할 수 있도록 배포하는 것을 뜻한다. 그래서 비즈니스 로직 구현 방법이나 복잡한 기능 및 도메인 설계에 초 점을 덜 두고 있다.

우리가 다루는 각 주제는 그 주제 하나가 책으로 나올 정도로 내용이 방대하고 복잡 한 기술이다. 그 부분을 세세히 다루지 못하는 점에 양해를 구하며, 부족한 이론이나 사용하는 기술의 더 깊은 동작 과정은 여러분이 주체적으로 학습해나가길 바란다.

이 책에서는 다루지 않는 내용은 다음과 같다.

- 프로그래밍 및 마크업 언어에 대한 문법 설명
- 단위 테스트와 통합 테스트
- CI/CD^{Continuous Integration}과 Continuous Deployment
- 우리가 사용할 각 AWS 서비스에 대한 자세한 설명

문의

이 책에 대해 질문이 있거나 내용에 오류가 있는 경우 깃허브의 디스커션(https://github.com/fsoftwareengineer/todo-application-revision2/discussions)에서 새 디스커션을 작성해 다른 독자들의 도움을 얻을 수 있다. 또 에이콘출판사 편집 팀(editor@acornpub.co.kr)으로 문의해주길 바란다.

정오표는 에이콘출판사의 도서정보 페이지(http://www.acornpub.co.kr/book/reactjs-springboot-2e)에서 찾아볼 수 있다.

01

개발을
시작하기 전에

일주일에 한 번 수영장에서 수영하는 사람과 일주일에 한 번 동영상으로 수영 강의를 보는 사람 중 누가 더 수영을 빨리 배울까? 뼛속부터 수영 유전자를 타고난 사람이 아니라면 수영장에서 수영하는 사람이 분명 더 빨리 배울 것이다. 개발도 마찬가지로, 실전에서 경험할 때 가장 효과적이다. 그러므로 이 책에서는 React.js와 스프링 부트^{Spring Boot}를 이용해 웹 애플리케이션을 직접 만들고, 배포하면서 모던 웹 애플리케이션을 구현하는 방법을 안내할 것이다.

이 책은 수영 동영상 강의와 같다. 책을 읽으면 개발을 이해하는 데 어느 정도 도움이 되겠지만 개발 실력은 책을 따라 해야 더 빨리 늘 수 있다. 분명히 강사나 강의는 기본 사항을 가르쳐준다. '팔을 쭉 뻗고 고개를 돌리고 다리로 헤엄치세요.'하고 말이다. 그런데 직접 해보면 뜻대로 잘 되지 않는다. 수영장에서 수영을 배우는 사람은

'이렇게 하면 물 먹게 되는구나, 저렇게 하면 더 잘 뜨는구나'하며 기술을 체득하게
된다. 강사와 강의와는 별개로 말이다. 여러분은 이제 개발이라는 수영을 배우는 사
람이다. 이 책을 진행하면서 스스로 개발해야 한다. 개발하다 보면 책에서 나오지 않
은 난관을 맞닥뜨릴 수도 있다. 소위 말해 물을 먹게 되는 것이다. 하지만 그런 예기
치 못한 에러나 오류를 해결하는 과정에서 여러분의 개발 근육이 늘어난다는 사실을
잊지 말자.

1.1 이 책을 읽는 방법

1.1.1 예제와 실습 코드

이 책은 크게 예제와 실습 코드로 구성되며, 예제는 읽거나 확인하고 넘어가면 된다.
예제는 보통 기반 기술 설명을 위해 또는 이전 기술과 비교하기 위해 작성한 불완전
한 코드인 경우가 많다. 따라서 예제 코드는 이전 기술은 이런 단점이 있어서 새로운
기술이 나오게 됐다는 정도로 이해하면 된다.

반면에 실습 코드는 프로젝트를 완성하기 위해 반드시 직접 작성해야 한다. 비록 소
스 코드를 제공하지만, 소스 코드에 의존하지 않고 책을 따라 코드를 작성하는 것을
추천한다.

1.1.2 소스 코드

이 책의 실습 코드로 작성된 소스 코드는 모두 깃허브(https://github.com/fsoftware
engineer/todo-application-revision2)에서 다운로드할 수 있다.

```
$ git clone https://github.com/fsoftwareengineer/todo-application-revision2.git
```

1.1.3 커맨드라인 인터페이스

이 책은 커맨드라인 인터페이스^{Command Line Interface}를 많이 이용한다. 애플리케이션을 실행하거나 디렉터리를 만들거나 배포하는 경우에도 CLI를 이용한다. CLI는 운영체제 의존성이 낮다. 데스크톱 애플리케이션의 GUI는 보통 운영체제마다 다르다. 예를 들어 윈도우의 이클립스와 맥의 이클립스와 우분투의 이클립스는 다르게 생겼다. 그래서 윈도우의 이클립스를 이용한 애플리케이션을 실행 방법을 캡처해놓으면 맥과 우분투 사용자는 당황할 수 있다. 또한 이후에 이클립스의 GUI가 바뀌거나 윈도우의 버전이 업그레이드돼 GUI가 개편되는 경우 혼란을 일으킬 수 있다. CLI를 사용하면 그런 걱정을 하지 않아도 된다. CLI에 익숙해지는 것이 개발자에게 많은 도움이 되므로 CLI가 처음이라면 이 기회에 익혀보도록 하자.

1.1.4 정리

이 장에서 이 책을 읽는 데 도움이 될 만한 정보와 당부사항을 설명하며 다음 장에서는 우리가 개발할 애플리케이션에 대해 알아본다.

1.2 Todo 웹 애플리케이션

1.2.1 Todo 웹 애플리케이션 기능

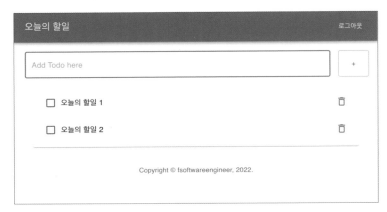

그림 1-1 Todo 웹 애플리케이션

이 책에서 개발하는 Todo 앱은 기본적인 기능만 있는 간단한 애플리케이션이다(그림 1-1 참고). Todo 애플리케이션은 우리에게 익숙한 애플리케이션이기도 하다. 이 애플리케이션은 7가지의 기본적인 기능을 제공한다.

- **Todo 생성** : + 버튼을 눌러 Todo 아이템을 생성할 수 있다.
- **Todo 리스트** : 생성된 아이템 목록을 화면에서 확인할 수 있다.
- **Todo 수정** : Todo 아이템을 체크하거나 내용을 수정할 수 있다.
- **Todo 삭제** : Todo 아이템을 삭제할 수 있다.
- **회원가입** : 사용자는 애플리케이션에 회원가입하고, 생성된 계정을 이용해 Todo 애플리케이션에 접근할 수 있다.
- **로그인** : 계정을 생성한 사용자는 계정으로 로그인할 수 있다.
- **로그아웃** : 로그인한 사용자는 로그아웃할 수 있다.

'와, 정말 별 기능이 없다.'라는 생각이 들 수 있다. 실제로 로그인 기능을 제외하면 5~6시간 내외로 모든 기본 기능을 작성할 수 있다. 그럼에도 특별히 복잡한 기능이 없는 애플리케이션을 만드는 이유는 이 책에서 다룰 부분이 개발만은 아니기 때문이다.

1.2.2 Todo 웹 애플리케이션 아키텍처

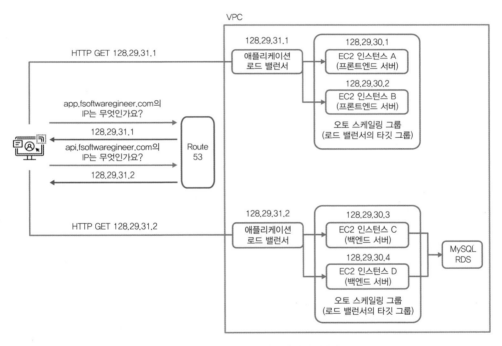

그림 1-2 배포할 애플리케이션의 아키텍처

이 책에서는 최종적으로 그림 1-2와 같은 아키텍처의 애플리케이션을 구현한다. 프론트엔드 서버와 백엔드 서버가 분리된 이 아키텍처에서, 브라우저는 백엔드의 REST API를 이용해 HTTP 요청을 보낸다. 더 나아가, 웹 애플리케이션을 로컬 환경에서 실행하거나 EC2가 제공하는 퍼블릭 도메인을 이용해 배포를 하는 것에 그치지 않고 실제 프로덕션에서 애플리케이션을 운영하기 위해 필요한 기술과 애플리케이션을 스케일링하기 위한 몇 가지 기술을 구현할 것이다. 예를 들어 로드 밸런서, 오토 스케일링 그룹, 도메인 등록 및 HTTPS 설정 등이 이에 속한다.

어차피 나 말고는 아무도 사용하지 않을 Todo 애플리케이션에 왜 굳이 사서 고생해가며 이런 기술을 구현하는가? 물론, 배우기 위해서다. 여러분은 제대로 된 로그인 기능을 스스로 구현할 수 있는가? 애플리케이션이 HTTPS만 이용해 통신하도록 설정할 수 있는가? 도메인을 연결할 수 있는가? 사용자가 많아지는 경우 서비스의 다운타임 없이 애플리케이션을 확장할 수 있는가? 'YES'라고 대답하기 어렵다면 꼭 따라 만들기를 바란다.

특히 프로덕션 개발 경험이 없거나 있어도 개발만 중점적으로 하는 경우, 운영에 관한 포괄적 지식을 스스로 습득하기 어렵다. 그 결과로 몇 년을 개발해왔지만 실제로 새 서비스를 런칭하고 운영해보라고 하면 할 수 없는 상태가 된다. 그 간극을 조금이라도 줄이기 위해 일부러 배포와 운영 부분을 생략하지 않았다.

1.2.3 기술과 구현 사이

그림 1-2를 통해 애플리케이션의 아키텍처에 대한 감을 잡았다. 이제 우리가 이용할 기술이 어디에 속하는지 짚고 넘어가 보자.

- HTML/CSS/React.js : 프론트엔드 애플리케이션 개발에 사용한다. 우리의 프론트엔드 애플리케이션은 프론트엔드 클라이언트를 반환하는 서버가 있다. 이 서버의 역할은 단 하나이다. 바로 React.js 애플리케이션을 반환하는 것이다. 이런 방식으로 프론트엔드와 백엔드를 분리^{decouple}할 수 있다. 왜 분리할까? 생각해보자.
- **스프링 부트** : 백엔드 애플리케이션 개발에 사용한다. 우리는 스프링 부트로 REST API를 구현한다. 이 API는 프론트엔드 애플리케이션이 사용한다. 프

론트엔드 애플리케이션은 꼭 웹 애플리케이션일 필요는 없다. 예를 들어 웹 애플리케이션 배포 이후 모바일 앱을 만든다고 하자. 모바일 앱 역시 별도의 백엔드 개발 없이 백엔드 애플리케이션의 REST API를 사용할 수 있다. REST API를 구현하고 프론트엔드를 분리하는 것은 이후 마이크로서비스 아키텍처로 서비스를 확장하는 데 용이하다.

- **AWS** : 프론트엔드와 백엔드 애플리케이션이 실행될 프로덕션 환경을 구축하기 위해 사용한다. 다행히도 우리는 AWS 내에서 필요한 모든 것을 구축할 수 있다. 구체적으로 어떤 기술을 사용할지는 6장에서 설명하도록 한다.

1.2.4 정리

1.2절에서는 우리가 만들 애플리케이션의 아키텍처와 요구사항을 설명했으며 최종적으로 아키텍처와 각 주요 기술의 용도를 알아봤다. 이제 프로젝트를 시작하기에 앞서 알고 있어야 하는 배경지식을 살펴보자.

1.3 배경지식

프로젝트에 들어가기 앞서 알아야 하는 기술이나 구현 방법을 설명하겠다. 이 장의 내용을 본 적도 들어본 적도 없다면 잠깐 멈추고 해당 배경지식을 먼저 익히기를 추천한다.

1.3.1 하이퍼텍스트 트랜스퍼 프로토콜

HTTP는 애플리케이션 레벨의 네트워크 프로토콜이다. 많은 웹 기반 애플리케이션이 HTTP를 이용하고, 우리 프로젝트도 마찬가지로 HTTP로 서버와 클라이언트 간에 통신한다. 그런데 이 HTTP라는 게 정확히 뭘까?

HTTP는 HyperText Transfer Protocol의 약자이다. Transfer Protocol이란 통신을 하기 위한 규약^{Protocol}이라는 뜻이다. 그렇다면 하이퍼텍스트^{HyperText}란 무엇인가? 처음에 하이퍼텍스트는 '다른 문서로 향하는 링크가 있는 텍스트'로 시작했다.

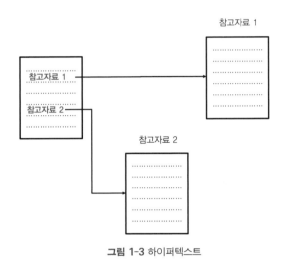

그림 1-3 하이퍼텍스트

그림 1-3은 하이퍼텍스트의 예이다. 우리에게 익숙하다. 하이퍼텍스트는 지금도 많이 사용하고 있기 때문이다. 이렇게 문서 내에서 하이퍼텍스트를 지정하기 위해선 특별히 하이퍼텍스트 마크업 언어^{HyperText Markup Language, HTML}(Wikipedia, n.d.)을 사용해야 한다.

오늘날의 HTTP는 HTML문서를 주고 받던 간단한 프로토콜에서 벗어나 그림 파일, 동영상, 3D 등 다양한 미디어^{HyperMedia} 리소스^{Resource}를 주고 받는 형태로 발전했다. 마찬가지로 HTML도 단순히 하이퍼링크를 위한 마크업 언어에서 다양한 시각적 기능을 제공하는 마크업 언어로 발전했다.

그림 1-4 HTTP 요청과 응답

웹 서비스에서 HTTP를 어떻게 사용하는지는 그림 1-4로 설명할 수 있다. 사용자는 브라우저라는 클라이언트를 통해 서버에 HTTP 요청을 전송할 수 있다. 브라우저의 주소 창에 URL을 치고 엔터를 누르면 브라우저는 HTTP GET 요청을 해당 URL서버로 전송한다. 그리고 그 결과인 HTTP 응답을 브라우저에 렌더링(화면에 디스플레이)하는 것이다.

예제 1-1. HTTP 요청

```
GET / HTTP/1.1
Accept: text/html,application/xhtml+xml,application/xml;q=0.9,*/*;q=0.8
Upgrade-Insecure-Requests: 1
Host: localhost:8080
User-Agent: Mozilla/5.0 (Macintosh; Intel Mac OS X 10_15_6) AppleWebKit/605.1.15 (KHTML,
like Gecko) Version/14.0.3 Safari/605.1.15
Accept-Language: en-us
Accept-Encoding: gzip, deflate
Connection: keep-alive
```

예제 1-1의 HTTP 요청을 보자. HTTP 요청에는 송신자의 다양한 정보가 담겨 있다. 예를 들어 예제 1-1의 송신자는 localhost:8080로 GET 요청을 전송하려 한다. 프로토콜은 HTTP 1.1 버전이다. 운영체제는 Mac OS X이고 요청 전송 당시 사파리 브라우저를 사용했다.

주목해야 할 부분은 요청 메서드이다. HTTP 요청에는 GET, POST, PUT, DELETE과 같은 메서드(Fielding & Reschke, 2014)를 지정할 수 있다. 이러한 메서드는 호스트에게 지정한 리소스에 어떤 작업을 하고 싶은지 알려주는 역할을 한다.

표 1-1은 우리가 사용하고 개발할 HTTP 메서드를 간략히 요약한 것이다.

표 1-1 HTTP 메서드와 기능

메서드	기능
GET	리소스를 가져올 때 사용
POST	리소스에 대해 임의의 작업(예, 생성, 수정)을 할 때 사용
PUT	리소스를 대체할 때 사용
DELETE	리소스를 삭제할 때 사용

비록 HTTP 메서드가 이런 기능을 한다고 하지만 실제 기능은 전적으로 API를 개발하는 개발자에게 달려 있다. 예를 들어 POST 메서드이지만 개발자는 리소스에 어떤 작업도 하지 않고 그냥 반환하도록 API를 작성할 수 있다. DELETE 메서드에 아무것도 삭제하지 않는 API를 구현해 사용할 수도 있다. 요지는, 표에서 HTTP 메서드 '기능'의 의미란 '이런 기능을 위한 API에 사용하는게 좋다'는 뜻이지 GET 메서드로 지정했으니 마법처럼 리소스가 반환되는 게 아니라는 뜻이다. 각 메서드에 연결되는 API는 개발자가 작성해야 하는 것이고, 2장에서 HTTP 메서드를 통해 실행할 API를 작성할 예정이다.

예제 1-2. HTTP 응답

```
HTTP/1.1 200
Content-Type: text/html;charset=UTF-8
Keep-Alive: timeout=60
Pragma: no-cache
X-XSS-Protection: 1; mode=block
Expires: 0
Cache-Control: no-cache, no-store, max-age=0, must-revalidate
Date: Sat, 17 Apr 2021 05:28:42 GMT
Content-Length: 32
Connection: keep-alive
X-Content-Type-Options: nosniff
X-Frame-Options: DENY
```

```
Vary: Origin, Access-Control-Request-Method, Access-Control-Request-Headers

<html></html>
```

HTTP 응답의 예를 예제 1-2를 통해 알아보자. HTTP 요청과 비슷하게 HTTP 응답도 여러 가지 정보를 가지고 있다.

첫 번째로 HTTP 응답 코드를 살펴보자. HTTP/1.1 옆에 200이라는 숫자가 적혀 있다. 이 숫자가 바로 응답 코드다. 예를 들어 200은 성공적으로 요청을 처리했다는 뜻이다. 404는 해당 리소스는 존재하지 않는다는 뜻이다. 403은 송신자에게 해당 리소스에 접근할 권한이 없다는 뜻이다. 500는 서버의 에러로 인해 요청을 처리할 수 없다는 뜻이다. 이렇게 HTTP 응답코드를 통해 사용자는 요청이 어떻게 처리되었는지 확인할 수 있다.

Content-Type은 응답의 미디어 타입을 의미한다. 미디어 타입은 예를 들어 text/html, text/css, application/json, video/mpeg 등이 있다. 또 Keep-Alive, Cache-control, Connection 등 통신에 관련된 정보를 확인할 수 있다.

마지막으로 응답 바디Response Body가 있다. 서버 애플리케이션은 보통 HTTP 응답 바디에 요청 처리 결과를 보낸다. 예를 들어 www.google.com에 GET 요청을 보내면 Google은 응답 바디에 Google의 랜딩페이지 HTML을 넣어 반환한다.

1.3.2 자바스크립트 오브젝트 노테이션

JSON^{JavaScript Object Notation}은 문자열이다. 단순한 문자열은 아니고 '오브젝트'를 표현하기 위한 문자열이다. 그렇다면 오브젝트를 왜 문자열로 표현해야 하는가? 여기서 헷갈리지 않도록 오브젝트가 무엇인지 잠깐 짚고 넘어가자.

오브젝트란 메모리상에 존재하는 어떤 자료구조다.

예제 1-3. 자바 TodoItem 클래스

```java
public class TodoItem {
 String title;
 boolean done;

 public TodoItem(String title, boolean done) {
  this.title = title;
  this.done = done;
 }
}
```

예제 1-3은 자바 클래스의 예이다. 이 클래스를 이용해 오브젝트를 생성하면 예제 1-4와 같다.

예제 1-4. TodoItem 오브젝트

```java
new TodoItem("myTitle", false);
```

이렇게 생성한 오브젝트는 메모리상에 아마도 그림 1-5와 비슷한 형태로 존재하고 있을 것이다.

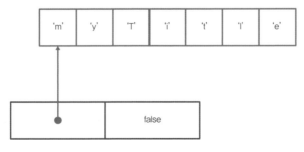

그림 1-5 메모리상의 오브젝트

실제로 오브젝트가 메모리상에 어떻게 존재하는지는 아키텍처와 언어에 따라 다르다. 또 메모리상의 오브젝트는 인간이 읽기 힘들다.

그림 1-6 인터넷을 이용해 데이터를 교환하는 애플리케이션

이제 그림 1-6처럼 애플리케이션 1은 애플리케이션 2에 인터넷을 통해 TodoItem을 전송하려 한다. 애플리케이션 1과 애플리케이션은 서로 언어도 다르고 아키텍처도 다르다고 하자. 이 오브젝트를 전송하려면 애플리케이션 1과 애플리케이션 2 둘 다 이해할 수 있는 형태로 오브젝트를 변환해야 한다. 이렇게 저장하기 위해 또는 전송하기 위해 메모리상의 오브젝트를 다른 형태로 변환하는 작업을 직렬화^{Serialization}(https://en.wikipedia.org/wiki/Serialization)라 하며 그 반대 작업을 역직렬화^{Deserialization}라 한다.

그럼 이제 어떤 형태로 오브젝트를 직렬화할 것인가에 대한 질문만 남는다. 이에 대한 해답이 JSON이다.

JSON은 키-값^{Key-Value}의 형태로 오브젝트를 표현한 문자열이다.

예제 1-5. JSON형태의 TodoItem 오브젝트

```
{
    "title":"myTitle",
    "done":false
}
```

예제 1-5는 TodoItem 오브젝트를 JSON으로 변환한 예이다. 자바의 인스턴스 변수의 이름은 키^{Key}가 되고, 변수에 들어간 값은 값^{Value}이 되는 것을 확인할 수 있다.

JSON에서 각 자료형을 표현하는 방법은 표 1-2와 같다.

표 1-2 JSON에서 자료형 표현 방법

자료형/구조	표현 방법
Boolean	true 또는 false
숫자	쌍따옴표 없는 숫자. 예) 10, 52.2 등
문자열	쌍따옴표로 감싼 형태. 예) "abc", "myTitle" 등
오브젝트	중괄호로 감싼 형태. 예) { "title" : "myTitle" }
배열	대괄호로 감싼 형태. 예) ["abc", "myTitle"] 등

표 1-2의 자료를 모두 표현하는 JSON의 예는 예제 1-6을 통해 확인할 수 있다.

예제 1-6. JSON 예제

```
{
  "myString":"hello", // 문자열
  "number":10, // 숫자
  "myStringArray":[ // 문자열 배열
    "abc",
    "def"
  ],
  "myObject":{ // 오브젝트
    "name":"obj1"
  }
}
```

그런데 왜 이런 형태의 문자를 다른 이름이 아니라 자바스크립트 오브젝트 노테이션
이라고 부를까? 그 이유는 이 형식이 자바스크립트에서 오브젝트를 생성하는 형식
(MDNContributors, 2022)과 같기 때문이다.

예제 1-7. 자바스트립트에서 오브젝트를 생성하는 방법

```
var object = {
  "title": "myTitle",
  "done": false
};
```

예제 1-7은 자바스크립트에서 오브젝트를 생성하는 방법의 예이다. 이 문법은 자바스크립트 문법이고 JSON이 아니다. 하지만 JSON과 형태가 같다. 이렇게 자바스크립트에서 오브젝트를 생성하는 문법과 유사해 자바스크립트 오브젝트 노테이션이라는 이름이 붙었다.

이제 다시 애플리케이션 1과 애플리케이션 2의 상황으로 돌아가보자. 애플리케이션 1과 애플리케이션 2는 JSON을 이용해 통신하기로 약속했다고 하자.

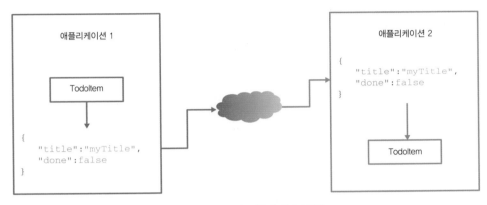

그림 1-7 JSON을 이용해 데이터 전달

그러면 그림 1-7은 오브젝트를 JSON 형태의 문자열로 변환한 후, HTTP 요청의 바디 부분에 변환한 JSON을 넣어 요청을 전송한다. 그러면 요청을 받은 애플리케이션 2는 HTTP 요청의 바디 부분에서 JSON을 꺼내 TodoItem 오브젝트로 변환해 사용할 수 있다.

이를 우리 애플리케이션에 적용하면 그림 1-8과 같다. 브라우저상에서 실행될 리액트 애플리케이션은 JSON을 요청 바디에 넣어 보낸다. 우리 프로젝트의 자바 백엔드 애플리케이션은 이 JSON을 바디에서 꺼내 TodoItem으로 변환한다. 물론 이런 변환 과정은 라이브러리와 프레임워크가 대신 해주므로 크게 신경 쓸 일이 없다. 하지만 우리 프로젝트가 JSON을 이용해 자료를 교환한다는 사실은 알고 넘어가는 것이 좋다.

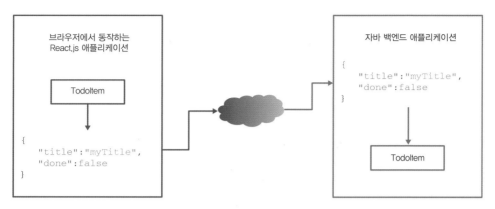

그림 1-8 Todo 프로젝트에 적용한 JSON 통신

1.3.3 서버란?

서버란 프로그램이다. 이 프로그램은 지정된 포트, 예를 들어 8080포트에 소켓을 열고 클라이언트가 연결할 때까지 무한 대기하며 기다린다. 그러다가 클라이언트가 연결하면 해당 클라이언트 소켓에서 요청을 받아와 수행하고 응답을 작성해 전달한다.

예제 1-8. 아주 간단한 서버 예

```
import java.net.ServerSocket;
import java.net.Socket;

public class WebServer {

  public static void main(String[] args) {
    new WebServer().run();
  }

  public void run() {
    try {
      ServerSocket serverSocket = new ServerSocket(8080);
      while (true) {
        try {
```

```java
    Socket client = serverSocket.accept();
    new Thread(() -> handleClient(client)).start();
  } catch (Exception e) {
    e.printStackTrace();
  }
 }
 } catch (Exception e) {
  e.printStackTrace();
 }
}

private static void handleClient(Socket client) {
  // 1. 클라이언트의 요청 읽어오기.
  // 2. 클라이언트의 요청에 맞는 작업 수행.
  // 3. 클라이언트에게 응답 작성하기.
  // 4. 소켓 닫기.
 }
}
```

예제 1-8의 아주 간단한 서버에서 클라이언트에게 요청을 읽어올 때, 또는 응답을 작성할 때 파일 트랜스퍼 프로토콜Fiⁱle Transfer Protocol을 사용한다면 FTP 서버가 되는 것이고, 하이퍼텍스트 트랜스퍼 프로토콜을 사용한다면 HTTP 서버가 되는 것이다.

물론 실제 서버는 예제 1-8보다 훨씬 복잡하다. 예제 1-8은 혹시 서버를 어떻게 구현하는지 전혀 모르더라도 감을 잡도록 아주 간단하게 개념만 구현한 것이다. 중요한 점은, 서버는 네트워크 오퍼레이션을 수행하는 프로그램이라는 것이다.

1.3.4 정적 웹 서버

정적 웹 서버Static Web Server란 HTTP 서버 중에서도 리소스 파일을 반환하는 서버를 의미한다. 예를 들어 그림 1-9는 정적 웹 서버가 주로 하는 일을 나타낸다.

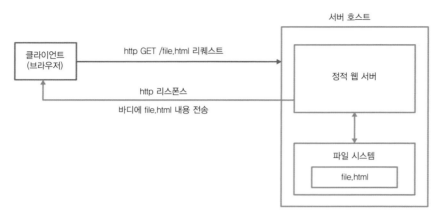

그림 1-9 정적 웹 서버가 주로 하는 일

예를 들어 그림 1-9의 서버 호스트는 8080에서 실행하고 있는 로컬 호스트라고 하자. localhost:8080/file.html HTTP 요청을 서버로 보내면 정적 웹 서버인 이 서버는 지정된 디렉터리 경로에서 file.html을 찾아, 그 내용을 HTTP 응답 바디에 넣어 전송한다.

이때 서버는 해당 HTML 파일에 아무 작업도 하지 않고, 파일을 있는 그대로 반환한다. 그래서 정적^{static} 웹 서버인 것이다. 이런 정적 웹 서버의 예로 아파치나 Nginx 등이 있다.

아파치나 Nginx를 설치한 후 지정된 경로에 원하는 리소스 파일을 저장하면 해당 리소스는 자동으로 웹 서버로 접근할 수 있게 된다. 그래서 서버를 설치 및 설정하고 원하는 리소스를 경로에 지정하는 것 말고는 개발자가 따로 할 일이 없다. 이 프로젝트에서는 리액트를 반환하는 프론트엔드 서버가 정적 웹 서버이다.

1.3.5 동적 웹 서버

동적 웹 서버^{Dynamic Web Server}는 조금 다르다. 동적 웹 서버는 파일을 있는 그대로 반환하지 않는다. 동적 웹 서버는 요청을 처리한 후, 처리한 결과에 따라 응답 바디를 재

구성하거나 HTML 템플릿 파일에 결과를 대체해 보낸다.

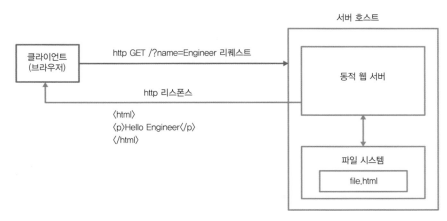

그림 1-10 동적 웹 서버의 예

그림 1-10으로 동적 웹 서버의 예를 확인해보자. 클라이언트는 요청에 요청 매개변수를 보낼 수 있다. 그림 1-10에서는 name=Engineer라는 매개변수와 값을 보낸다. 이를 확인한 서버는 요청과 매개변수에 맞는 작업을 수행한 후 그 자리에서 HTML 파일을 구성하거나, 템플릿 HTML 파일에서 적절한 값을 대체하는 방식으로 HTML을 구성해 반환한다. 따라서 어떤 클라이언트가 요청하든 같은 응답을 반환하는 정적 웹 서버와 달리, 동적 웹 서버는 클라이언트가 누군지, 어떤 매개변수를 보내는지에 따라 같은 요청이라도 다른 응답을 받을 수 있다.

각 요청과 매개변수에 따라 해야 하는 로직을 작성하는 것이 대부분의 백엔드 개발자의 일이다. 그러나 유추할 수 있듯이, 이 로직은 비즈니스 요구사항에 따라 변한다. 그러니 개발자들은 아파치나 Nginx 같은 서버 프로그램을 사용하지 못한다. 그렇다면 백엔드 개발자들은 처음부터 끝까지 소켓 프로그래밍, HTTP 파싱^parsing, 스레드풀^thread pool 관리 등 이 모든 것을 새로 다 짜야 한다는 말인가?

다행히 자바 프로그램 중 동적 웹 서버 구현을 도와주는 프로그램이 있다. 바로 서블릿 엔진이다. 아파치 톰캣이 서블릿 엔진에 해당한다.

1.3.6 자바 서블릿 컨테이너/엔진

서블릿 컨테이너 또는 서블릿 엔진은 서버 프로그램이다. 이 프로그램이 하는 일은 정적 웹 서버가 하는 일보다 조금 복잡하다. 개발자들은 서블릿 엔진을 설치한 후, 서블릿 엔진에게 본인이 개발한 비즈니스 로직, 즉 클래스 파일과 해당 클래스 파일을 어느 요청에서 실행해야 하는지 알려줘야 한다. 이때 우리는 서블릿 엔진이 이해할 수 있는 형태로 클래스 파일을 작성해야 한다(그림 1-11 참고).

구체적으로 서블릿 엔진이 이해할 수 있는 클래스란 javax.servlet.httpHttpServlet의 상속받는 서브 클래스를 의미한다. 우리는 HttpServlet을 상속받는 클래스를 작성해 특정 형식에 맞춰 압축해 전달한다. 이렇게 개발자는 서블릿 엔진을 이용해 서버를 처음부터 구현하지 않고도 각기 다른 비즈니스 로직을 구현하고 배포할 수 있다.

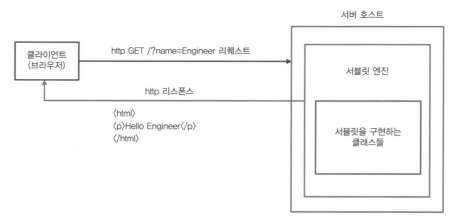

그림 1-11 서블릿 엔진

사용하게 될 스프링 부트도 내부적으로는 서블릿 엔진을 사용하기 위해 서블릿을 상속 및 구현한다. 구체적인 이야기는 백엔드를 개발할 때 다시 언급하도록 하겠다.

1.3.7 정리

프로젝트를 진행하기 위해 알아야 하는 배경지식을 배워봤다. 구체적으로는 웹 서버 기술에 대한 내용을 알아봤으며, 이 장 이후로는 여러분이 이미 HTTP, JSON이나 웹 서버의 전반적인 동작 과정을 개념적으로 알고 있다고 가정하고 프로젝트가 진행된다.

02
백엔드 개발

2장에서는 백엔드 개발에 필요한 도구와 용도를 알아본다. 백엔드 개발을 위해 스프링 부트, 그래들, 롬복, 포스트맨, REST, 레이어드 아키텍처 등의 유무형의 도구를 사용한다. 이런 도구의 사용법을 아는 것도 중요하지만 이 도구들을 사용하는 이유를 아는 것도 중요하다. 앞서 언급했듯, 대부분의 소프트웨어 엔지니어링 도구들은 어떤 문제를 해결하기 위해 창안됐다. 따라서 우리가 사용하는 도구가 어떤 문제를 해결하는지, 또 어떻게 해결하는지를 알아볼 예정이다. 물론 이 장에서 우리가 사용할 모든 도구를 다 설명하진 못한다. 따라서 웹 개발자가 알고있으면 좋은 기술들 위주로 설명할 것이다.

Todo 서비스는 Todo 생성, Todo 검색, Todo 수정, Todo 삭제라는 네 가지의 기본적인 기능을 제공한다. 생성, 검색, 수정, 삭제의 네 가지 기본 기능을 CRUD^{Create,}

Retrieve, Update, Delete라고 한다. 2장에서는 기능을 REST API의 형태로 구현하고, 그 과정에서 아키텍처 디자인, 아키텍처 패턴, JPA 등을 알아볼 것이다.

2.1 백엔드 개발 환경 설정

■ **학습 내용**
- 스프링 부트와 의존성 주입
- 디스패쳐 서블렛
- 빌드 자동화 툴

■ **실습 내용**
- 스프링 부트 프로젝트 설정
- 빌드 자동화 툴을 이용한 라이브러리 설정
- 롬복
- 포스트맨을 이용한 API 테스팅

2.1.1 Amazon Corretto 11 설치

Amazon Corretto 11은 아마존에서 배포하는 자바 11 버전이다. Amazon Corretto 11을 사용하는 이유는 무료이며, 상업적으로 사용 가능하고, 이후 일래스틱 빈스톡을 이용해 배포할 때 일래스틱 빈스톡 환경에서도 같은 배포본을 사용하기 때문이다.

아마존에서 제공하는 다운로드 사이트(https://docs.aws.amazon.com/ko_kr/corretto/latest/corretto-11-ug/downloads-list.html)에서 운영체제에 맞는 Amazon Corretto 11을 설치하도록 하자.

자바 설치 후, 실습 코드 2-1과 같이 CMD 또는 파워셸^{Powershell}을 열어 자바 설치 여부를 확인한다.

실습 코드. 2-1 자바 설치 여부 확인

```
PS C:\Users\Project> java -version
openjdk 11.0.14.1 2022-02-08 LTS
OpenJDK Runtime Environment Corretto-11.0.14.10.1 (build 11.0.14.1+10-LTS)
OpenJDK 64-Bit Server VM Corretto-11.0.14.10.1 (build 11.0.14.1+10-LTS, mixed mode)
```

2.1.2 이클립스 설치

이 프로젝트에서는 자바 IDE로 이클립스를 사용한다. 이클립스 공식 사이트 https://www.eclipse.org/downloads/에서 이클립스 인스톨러를 다운받도록 한다. 이클립스 인스톨러를 실행시키면 그림 2-1과 같은 화면이 나온다.

그림 2-1과 같은 화면에서 Eclipse IDE for Java Developer를 선택한다. Eclipse IDE for Java Developer를 눌러 Install을 진행한다. 다음부터 나오는 화면에서는 Accept 또는 Agree를 누르고 Next를 눌러 진행한다. 설치를 마친 후 Launch를 눌러 이클립스를 실행한다.

그림 2-1 이클립스 인스톨러

2.1.3 스프링 프레임워크와 의존성 주입

스프링 프로젝트에 들어가기 앞서, 스프링 프레임워크와 스프링의 주요 기능에 대해
잠깐 설명하겠다. 스프링이란 오픈 소스의 경량 프레임워크(geeksforgeeks, n.d.)이다.
오픈 소스란 말 그대로 소스 코드가 공개돼 있다는 뜻이다. '경량' 프레임워크의 의
미에 대해서는 의견이 분분하다. 보통 이 프레임워크를 사용하는 데 메모리나 CPU
자원이 많이 들지 않거나, 사용이 쉽고 간편한 경우 경량 프레임워크라고 지칭한다.
프레임워크란 코드로, 개발자들이 확장해서 사용할 수 있는 코드를 뜻한다. 확장해
서 사용한다는 것은 프레임워크가 제공하는 클래스나 라이브러리를 사용하거나, 프
레임워크가 제공하는 클래스나 인터페이스를 상속 및 구현해 우리 코드를 프레임워
크의 일부로 실행하는 것(RedHat – What is a Java framework, n.d.)을 의미한다.

스프링 프레임워크에는 여러 가지 컴포넌트가 존재한다. 우리가 함께 짚고 넘어갈 의존성 주입 외에도 스프링AOP^{Aspect Oriented Programming}, 스프링ORM, 스프링Web 등 여러 방면에서 개발을 돕기 위한 프레임워크를 제공한다. 그중 우리가 사용할 컴포넌트는 스프링 부트이다.

스프링 프레임워크의 핵심은 무엇일까? 누군가 스프링 프레임워크의 핵심을 한 단어로 표현하라고 한다면 주저 없이 의존성 주입^{DI, Dependency Injection}을 말할 것이다. 의존성 주입은 IoC^{Inversion of Control}와 함께 많이 언급되는데 IoC는 제어를 역전하는 것을 보편적으로 설명하는 단어(Fowler, n.d.)이고 의존성 주입은 디자인 패턴으로 IoC를 구현하는 방법 중 하나이다. 이 챕터에서는 의존성 주입이 무엇이고, 스프링 프레임워크가 어떤 문제를 해결해주는지에 대해 설명하도록 한다.

의존성 주입

의존성 주입을 설명하기 앞서, 의존성이란 무엇이고 의존성 주입이 왜 필요한지를 먼저 설명하려고 한다. 앞으로 Todo 애플리케이션을 만들 예정이므로, Todo 애플리케이션을 예로 들어보자. 자바를 주 언어로 사용하고 자바 프로그램을 작성해본 적이 있다면, 예제 2-1과 같이 클래스 내부에서 오브젝트를 생성하는 코드에 익숙할 것이다.

예제 2-1. 생성자 내부에서 오브젝트 초기화

```
public class TodoService {
  private final FileTodoPersistence persistence;

  public TodoService() {
    this.persistence = new FileTodoPersistence();
  }

  public void create(...) {
    ...
    persistence.create(...);
```

```
    }
}
```

Todo 애플리케이션은 TodoService 클래스가 있고 이 클래스가 Todo 목록을 관리
하는 기능을 제공한다고 하자. 이런 기능을 제공하기 위해 예제 2-1의 TodoService
는 FileTodoPersistence를 사용한다. FileTodoPersistence는 파일에 Todo 목록을 저
장할 수 있도록 도와주는 클래스라고 하자. TodoService는 FileTodoPersistence 없이
는 제 기능을 못한다. 따라서 TodoService는 FileTodoPersistence에 의존[Dependent] 한다.
예제 2-1의 경우 FileTodoPersistence에 의존하는 TodoService가 FileTodoPersistence
오브젝트를 생성하고 관리한다.

예제 2-2. 메인 메서드에서 TodoService 오브젝트 생성

```
public static void main(String[] args) {
    TodoService service = new TodoService();
}
```

TodoService는 메인에서 예제 2-2처럼 사용할 수 있다. 코드에 문제가 있는가? 당장
은 없다. 그런데 어느 날 여러분의 매니저가 와서 말한다. 파일에 저장하지 말고, 데
이터베이스에 저장하자고 말이다. 그래서 우리는 DatabaseTodoPersistence를 구현하
기 시작한다.

TodoService에서 FileTodoPersistence 대신 DatabaseTodoPersistence로 자료형을 바꾸
고 생성자에서 DatabaseTodoPersistence를 생성한다.

이렇게 코드를 고치고 집에 갔다. 그런데 몇 주 후 매니저가 말한다. 데이터베이스가
생각보다 비싸니, 가격이 좀 더 저렴한 AWS S3를 이용하자고 한다. 이뿐만 아니라
그 사이 개발이 진전돼, DatabaseTodoPersistence를 사용하는 클래스가 100개 정도
생겼다. 우리는 이제 100개의 클래스를 돌아다니면서 DatabaseTodoPersistence 대신
S3TodoPersistence를 생성하도록 고쳐야 한다.

엎친 데 덮친 격으로 예제 2-1처럼 클래스 내에서 오브젝트를 초기화하는 경우 단위 테스트[Unit Test] 작성이 어렵다. 단위 테스트에서 실제 애플리케이션이 사용하는 퍼시스턴스를 그대로 사용하긴 힘들다. 따라서 대충 껍데기만 있는 클래스(이런 클래스를 Mock 클래스라 한다.)를 만들어 써야 한다. 다만 껍데기만 있는 클래스를 만들어도 TodoService가 사용할 수 없다. 생성자 내부에서 FileTodoPersistence를 생성하기 때문이다.

이런 문제점을 해결하는 것이 의존성 주입이다. 의존성 주입이란 이 클래스가 의존하는 다른 클래스들을 외부에서 주입시킨다는 뜻이다. 이를 구현하는 방법으로는 생성자를 이용해 주입하는 방법과 Setter를 이용해 주입하는 방법이 있다.

예제 2-3. 생성자를 이용한 의존성 주입, 서비스 코드

```
public class TodoService {
  private final ITodoPersistence persistence; // 인터페이스

  public TodoService(ITodoPersistence persistence) {
    this.persistence = persistence;
  }

  public void create(...) {
   ...
   persistence.create(...);
    }
}
```

예제 2-3처럼 한 오브젝트가 의존하는 오브젝트를 생성하는 것이 아니라, 외부에서 넘겨받는 것을 의존성 주입이라고 한다. 예제 2-4처럼 TodoService 오브젝트를 생성할 때, ITodoPresistence 구현부를 넘겨줌으로써 의존성을 주입한다. 여기서 TodoPersistence가 아니라 ITodoPersistence임을 주목하라. ITodoPersistence는 인터페이스이다.

```
public static void main(String[] args) {
    ITodoPersistence persistence = new FileTodoPersistence();
    TodoService service = new TodoService(persistence);
}
```

Setter를 이용하는 경우 예제 2-5와 같이 생성자 대신 Setter를 만든다.

예제 2-5. Setter를 이용한 의존성 주입, 서비스 코드

```
public class TodoService {
  private final ITodoPersistence persistence;

  public void setITodoPersistence(ITodoPersistence persistence) {
    this.persistence = persistence;
  }
}
```

그리고 메인 메서드에서 사용할 때, 예제 2-6처럼 일단 오브젝트를 초기화한 후 그 다음 줄에서 Setter를 이용해 의존하는 오브젝트를 주입한다.

예제 2-6. Setter를 이용한 의존성 주입, 메인 코드

```
public static void main(String[] args) {
    ITodoPersistence persistence = new FileTodoPersistence();
    TodoService service = new TodoService();
  service.setITodoPersistence(persistence);
}
```

의존성 주입을 구현하는 것은 단위 테스트에서 껍데기만 있는 가짜 오브젝트, 즉 Mock 오브젝트를 주입할 때도 유용하다.

예제 2-7. 단위 테스트에서 Mock 오브젝트 주입

```
@Test
public void test() {
  ITodoPersistence persistence = new MockTodoPersistence();
  TodoService service = new TodoService(persistence);
}
```

단위 테스트를 작성할 때 예제 2-7처럼 Mock 오브젝트를 초기화하고, 이 오브젝트를 테스팅할 오브젝트에 주입할 수 있다.

'뭐야, 별 거 아니잖아? 그냥 생성자나 Setter를 사용하는 것을 의존성 주입이라고 부르는 것 아니야?'라고 생각할 수 있다. 여러분의 생각이 옳다. 이론은 어렵게 느껴지지만 실제로 구현 자체는 복잡하지 않다. 이런 의존성 주입을 아주 전문적으로 해주는 것이 의존성 주입 컨테이너^{Dependency Inject Container}이고, 그 의존성 주입 컨테이너 중 하나가 바로 스프링 프레임워크이다.

스프링 프레임워크

의존성 주입을 구현하는 게 간단한 일이라면 왜 스프링 프레임워크 같은 의존성 주입 컨테이너가 필요한 걸까? 우리가 규모가 작은 프로그램을 작성한다면 의존성 주입 컨테이너가 필요하지 않을 수 있다. 그런 경우 배보다 배꼽이 더 큰 격이다. 그러나 프로젝트의 규모가 커질수록, 또 관리해야 하는 오브젝트가 많아질수록 오브젝트를 생성하는 데 할애하는 시간도 늘어난다. 이런 경우 의존성 주입 컨테이너의 도움을 받아 오브젝트 생성과 관리를 효율적으로 할 수 있다.

피부로 느끼기 위해, 아주 단적인 예를 들어보자. 예를 들어 Todo 애플리케이션을 확장해 예약, 알람, 공유 기능을 만든다고 하자. 그래서 우리는 관련 클래스를 만들었다.

```java
public class MyService {
  TodoService todoService;
  ShareService shareService;
  NotificationService notificationService;
  ScheduledExecutorService scheduledExecutorService;

}

public class ShareService {
  UserService userService;
  EventService eventService;
  SharePersistence persistence;
}

public class NotificationService {
  EventService eventService;
  UserService userService;
  NotificationPersistence persistence;
}

public class SharePersistence {
  JDBCConnection connection;
...
}
```

예제 2-8의 서비스 오브젝트를 사용하기 위해서는 메인 혹은 이 서비스들을 사용하는 클래스에서 오브젝트를 생성해야 한다.

예제 2-9. 새 서비스 사용을 위한 오브젝트 생성

```java
JDBCConnection connection = new JDBCConnection("url", "name", "pwd", "port");
TodoService todoService = new TodoService(...);
UserService userService = new UserService(...);
EventService eventService = new EventService(...);
NotificationPersistence notificationPersistence = new NotificationPersistence(connecti
on);
```

```
SharePersistence sharePersistence = new SharePersistence(connection);
ShareService shareService = new ShareService(userService, eventService,
sharePersistence);
NotificationService notificationService = new NotificationService(userService,
eventService, sharePersistence);
MyService myService = new MyService(todoService, shareService, notificationService, new
ScheduledExecutorService(...));
```

예제 2-9와 같은 클래스들이 딱 50개 정도 있다고 생각해보자. 코딩할 맛이 나지 않는다. 이런 귀찮은 일은 누군가 대신 해주고 나는 각 클래스 내부의 기능을 짜는 데만 집중할 수 없을까? 있다. 스프링 프레임워크와 같은 의존성 주입 컨테이너가 꼭 우리 같은 사람들을 위해 존재하는 것이다.

스프링 프레임워크를 이용하면 어노테이션이나 XML나 또는 자바 코드를 이용해 오브젝트(빈Bean이라고 부른다) 사이의 의존성을 명시할 수 있다(5. The IoC container, n.d.). 그러면 애플리케이션 시작 시 스프링 프레임워크의 IoC 컨테이너라는 오브젝트가 우리가 등록한 오브젝트를 생성 및 관리해준다. 예제 2-9의 코드를 스프링 프레임워크의 어노테이션을 이용한다면 예제 2-10과 같이 간단해진다.

예제 2-10. 스프링IoC를 이용한 의존성 주입

```
@Service
public class MyService {
  @Autowired TodoService todoService;
  @Autowired ShareService shareService;
  @Autowired NotificationService notificationService;
  @Autowired ScheduledExecutorService scheduledExecutorService;
}


@Service
public class ShareService {
  @Autowired UserService userService;
  @Autowired EventService eventService;
  @Autowired SharePersistence persistence;
}
```

```
@Service
public class NotificationService {
  @Autowired EventService eventService;
  @Autowired UserService userService;
  @Autowired NotificationPersistence persistence;
}

@Service
public class SharePersistence {
  @Autowired JDBCConnection connection;
  ...
}
```

예제 2-10의 서비스 오브젝트를 사용하기 위해서는 아무것도 할 필요가 없다! 이제 예제 2-9처럼 new 키워드를 이용해 오브젝트를 일일이 생성하는 작업을 하지 않아도 된다. 그건 스프링 프레임워크의 IoC 컨테이너 오브젝트, 우리의 경우 Application Context라는 오브젝트가 대신 해준다.

언급했듯이 스프링 프레임워크는 어노테이션 기반, XML 기반, 자바 기반의 설정을 제공한다. 이 셋 중에 무엇을 쓰는 게 가장 좋을까? 정답은 '때에 따라 다르다'이다. 모든 소프트웨어 엔지니어링이 그렇듯, 기반 기술은 요구사항에 의해 결정된다. 우리 책의 경우 간편함이 우선이므로 가장 간편하게 사용할 수 있는 어노테이션 기반 설정을 사용한다.

___

✳️ 팁 ─────────────

어노테이션이란 무엇인가?

어노테이션이란 메타데이터(metadata)이다. 메타데이터(Wikipedia, n.d.)란 데이터다. 데이터인데 다른 데이터에 대한 데이터다. 말이 이상하다고 느껴질 수 있지만, 그냥 어떤 데이터에 대한 아주 기본적인 정보라고 생각하면 쉽다. 예를 들어 예제 2-10의 @Service 어노테이션은 이 클래스가 '서비스' 클래스라는 아주 기본적인 정보를 제공한다. 이후 스프링 부트가 클래스를 초기화할 때 메타데이터, 즉 어노테이션을 확인하고 이 클래스를 어떻게 관리해야 하는지 알게 된다.

스프링 부트

내가 처음 스프링을 배우기 시작했을 때, 스프링 프레임워크는 굉장히 복잡하게 느껴졌었다. 그때는 아직 스프링 부트가 나오기 이전이었고, 스프링 웹 애플리케이션을 구축하기 위해서 복잡한 XML 설정이 필요했다. 스프링을 조금 이해하는 지금 그 XML 파일을 다시 보면 특별히 복잡하게 느껴지지 않겠지만, 당시 스프링을 시작하는 초보자의 입장에서는 미궁에 빠진 기분이었다. 당시 나는 스프링 프레임워크를 이용해 간단한 웹 애플리케이션을 시작하기까지 대략 2주 정도 걸렸다. 반 정도는 나의 미숙함 때문이고, 다른 반은 설정이 복잡한 스프링 때문이라고 생각한다. 오늘날에는 그 나머지 반을 스프링 부트가 해결해준다.

스프링 부트를 이용하면 스탠드얼론stand-alone 프로덕션급의 스프링 기반 애플리케이션을 쉽게 구동할 수 있다(Spring Boot, n.d.). 스탠드얼론이란 이 애플리케이션을 실행하기 위해 여타 다른 애플리케이션이 필요하지 않다는 뜻이다. 쉽게 말하면 해당 애플리케이션을 실행하면 끝이라는 뜻이다. 스탠드얼론이 아닌 애플리케이션의 예로는 무엇이 있을까? 가장 대표적으로 아파치 톰캣Apache Tomcat과 같이 웹 서버/서블릿 컨테이너가 필요한 경우가 있다. 이런 경우 서버에 톰캣을 먼저 설치한다. 다음으로 자바 애플리케이션을 컴파일해서 톰캣이 이해할 수 있는 구조의 WAR 파일로 압축해야 한다. 그리고 이 WAR 파일을 톰캣에 배포해야 한다. 이런 경우 스탠드얼론이 아니다. 스프링 부트는 임베디드 톰캣embedded tomcat이나 제티jetty 같은 웹 서버를 애플리케이션 실행 시 함께 실행 및 설정해준다. 따라서 스프링 부트 애플리케이션을 실행하는 것 자체가 웹 서버를 실행하는 것이다. 이 기능은 스프링 부트 공식 사이트에도 나열돼 있다.

또 스프링 부트는 개발자가 최소의 설정을 할 수 있도록 많은 부분을 자동으로 설정해준다. 내가 처음 스프링 애플리케이션을 구동하기 위해 씨름했던 복잡한 설정을 더 이상 하지 않아도 된다는 뜻이다. 이 설정은 이후에 덮어쓸 수 있으므로 스프링에 대해 익숙해진 후 더 깊게 공부할 수 있는 부분이다. 따라서 여기서는 스프링 부트가 제공하는 자동 설정에 의존한다.

2.1.4 스프링 프레임워크와 디스패쳐 서블릿

웹 애플리케이션을 구현할 예정이니, 이제 스프링이 웹 애플리케이션 측면에서 우리에게 어떤 주요한 기능을 제공하는지 조금 짚고 넘어가 보자. 이 기능들은 spring-boot-starter-web이라는 프로젝트에 존재하는데, 다음 챕터에서 스프링 부트 프로젝트를 설정할 때 또 등장한다.

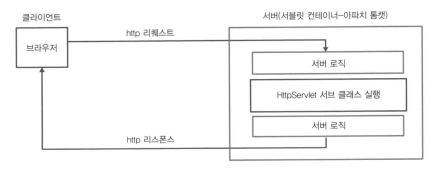

그림 2-2 서블릿 기반의 서버

우리가 개발하는 자바 웹 애플리케이션은 대부분 자바 서블릿$^{Java Servlet}$을 기반으로 한다고 1장에서 언급했다. 서블릿 기반의 서버를 사용하기 위해 개발자는 `Javax.servlet.http.HttpServlet`을 상속받는 서브 클래스를 작성해야 한다. 그러면 서블릿 컨테이너$^{Servlet Container}$가 서블릿 서브 클래스를 실행시킨다.

예를 들어 그림 2-2처럼 http 요청이 서버로 전달되면, 웹 서버는 받은 요청을 해석해 해당되는 서블릿 클래스를 실행한다.

예제 2-11. HttpServlet 서브클래스 예

```
package com.example.Demo;

import java.io.*;
import javax.servlet.*;
import javax.servlet.http.*;
```

```java
public class Hello extends HttpServlet {

  @Override
   public void doGet(HttpServletRequest request, HttpServletResponse response) throws
ServletException, IOException {
     // parameter 해석
     String name = request.getParameter("name");

     // business logic 실행
     process(name);

     // response 구축
     response.setContentType("text/html");
     PrintWriter out = response.getWriter();
     out.print("<html>");
     // UI 부분
     out.print("</html>");
  }

  private void process(String name) {
     // business logic
  }
}
```

예제 2-11을 보면 웹 서비스를 개발하기 위해 어떤 작업을 해야 하는지 알 수 있다. 일단 HttpServlet을 상속하는 서브 클래스를 만들고 doGet(…) 메서드를 구현해야 한다. 다음으로 매개변수로 넘어오는 HttpServletRequest에서 원하는 정보를 추출한다. 다음으로 비즈니스 로직인 process(…)를 실행하고, 반환할 정보를 HttpServletResponse에 담는다. 우리가 정말 시간을 투자하고 싶은 로직은 process(…) 메서드 하나더라도 매개변수 해석과 응답을 부분을 항상 작성해야 한다. 또 API를 하나 만들 때마다 이 작업을 반복해야 한다. 하지만 반복 작업은 하고 싶지 않다. 반복 작업을 할 시간이 있으면 그 시간을 다른 더 생산적인 곳에 투자하고 싶다.

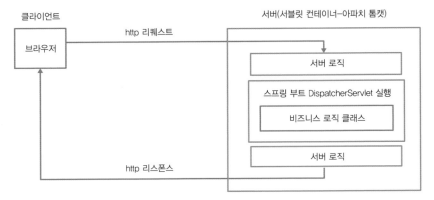

그림 2-3 스프링 부트의 디스패처 서블릿(DispatcherServlet)

스프링 부트는 어노테이션과 서브클래스를 적절히 이용해 개발자들이 반복 작업과 코드를 최소화할 수 있도록 도와준다. 스프링 부트는 그림 2-3처럼 Dispatcher Servlet(baeldung)이라는 서블릿 서브 클래스를 이미 구현하고 있다. 따라서 개발자가 서블릿 클래스를 작성하지 않아도 된다. 대신 개발자는 스프링 부트가 제공하는 어노테이션과 인터페이스를 이용해 스프링이 우리의 비즈니스 로직을 이해할 수 있도록 내부 기능을 구현하면 된다.

예제 2-12. 스프링 부트를 이용한 비즈니스 로직 클래스의 예

```
@RestController //JSON을 리턴하는 웹 서비스임을 명시
public class HelloController {


  @GetMapping("/test") // path 설정, GET 메서드 사용
  public String process(@RequestParam String name) {
    // 비즈니스 로직
    return "test" + name;
  }
}
```

예제 2-12처럼 스프링 부트가 제공하는 다양한 어노테이션과 인터페이스를 이용하면 우리가 반복적으로 서블릿 클래스를 작성하지 않아도 된다. 예제 2-11과 비교했을 때, 스프링을 사용하면

1. HttpServlet을 상속받지 않아도 되고
2. doGet을 오버라이드 하지 않아도 되고
3. HttpServletRequest를 직접 파싱하지 않아도 되고
4. HttpServletResponse를 작성하지 않아도 된다.

이러한 장점을 활용하고자 우리는 스프링 프로젝트를 이용하는 것이다.

2.1.5 스프링 부트 프로젝트 설정

스프링 프로젝트는 스프링 부트가 제공하는 툴인 https://start.spring.io/에서 원하는 라이브러리를 선택한 후 하단의 **Generate** 버튼을 눌러 생성할 수 있다.

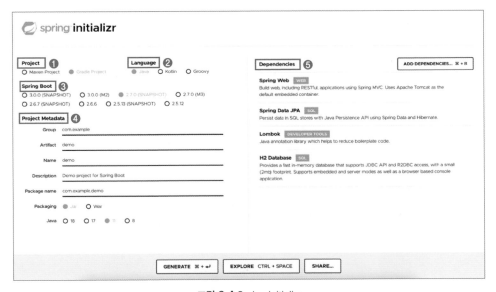

그림 2-4 Spring initializr

그림 2-4의 Spring initializr에서 프로젝트를 생성하기 위해선 5가지를 설정해야 한다.

❶ Project: 생성할 프로젝트의 빌드 자동화 툴을 선택한다. 대표적으로 Maven 과 Gradle이 있는데, 우리는 Gradle을 사용한다.

❷ Language: 생성할 프로젝트의 언어를 선택한다. 우리는 자바를 선택한다.

❸ Spring Boot: 생성할 프로젝트의 스프링 부트 버전을 선택한다. 이 책은 2.7.0(SNAPSHOT)버전을 기준으로 작성했다.

❹ Project Metadata: Group과 Artifact는 이후 프로젝트를 배포하는 경우 프로 젝트가 무슨 프로젝트인지 묘사하기 위해 쓴다. 우리는 공공 리포지터리Public Repository에 배포하는 게 아니므로 기본으로 들어가 있는 Group과 Artifact 를 사용한다. 아래의 Packaging에는 Jar를, 자바 버전은 11을 선택한다.

❺ Dependencies: Spring initializr에서는 필요한 디펜던시를 추가할 수 있다. 디펜던시에 대해서는 빌드 자동화 툴에 대해서 더 자세히 이야기 하도록 할 테니, 여기서 추가한 디펜던시는 build.gradle이라는 파일에 추가된다는 것 만 알고 있자. 우리는 웹 애플리케이션을 개발할 예정이므로 Spring Web, Spring Data JPA, H2 Database, Lombok을 추가한다. 추가는 오른쪽의 ADD… 또는 ADD DEPENDENCIES…에서 할 수 있다. 지금 단계에서 필요한 라 이브러리는 Spring Web, Spring Data JPA, H2, Lombok이다.

이후에 다른 라이브러리도 필요하지만 그것은 이후에 디펜던시 설정 방법을 설명하 며 추가하도록 한다.

프로젝트를 생성하기 위해 그림 2-4 또는 https://tinyurl.com/fsoftwareengineer -todotoday-r2를 참고하라. 프로젝트를 다 설정했으면 하단의 Generate을 눌러 프 로젝트 압축 파일을 받고, 원하는 곳에 압축 해제한다.

이클립스에서 프로젝트 import하기

압축 해제한 프로젝트를 이클립스에서 열기 위해 이클립스를 실행한 후 File ❯ Import를
선택한다.

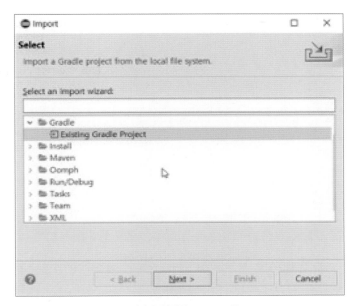

그림 2-5 이클립스 import 창

이전 단계에서 다운받은 프로젝트는 Gradle 프로젝트이다. 따라서 그림 2-5 화면에
서 Gradle ❯ Existing Gradle Project를 선택한다.

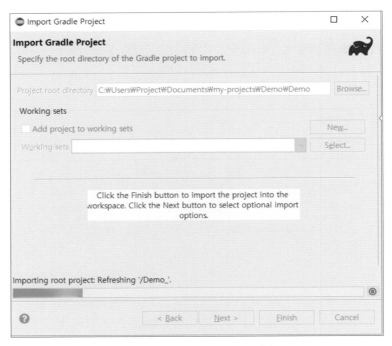

그림 2-6 이클립스 Project root 설정

Project root directory에 다운받아 압축 해제한 프로젝트 디렉터리 경로를 입력한다. Browse... 버튼을 눌러 프로젝트를 선택한다.

그림 2-6에서 Next를 누르면 그림 2-7처럼 Import Option이 나온다.

그림 2-7의 화면에서 상단에 Override workspace settings에 체크한 후 Gradle wrapper 를 Gradle distribution으로 선택한다.

그림 2-7 그래들 래퍼 선택

이 작업을 해야 하는 이유는 윈도우에 그래들을 설치하지 않았기 때문이다. 대신 Spring Initializr에서 프로젝트를 다운로드할 때 gradlew라는 프로그램을 같이 받았다. Gradlew가 바로 그래들 래퍼^{Gradle Wrapper}이다. 따로 그래들을 설치할 필요 없이 또는 이미 설치된 그래들 버전과의 호환 문제를 방지하기 위해 프로젝트 내의 그래들 래퍼를 사용한다.

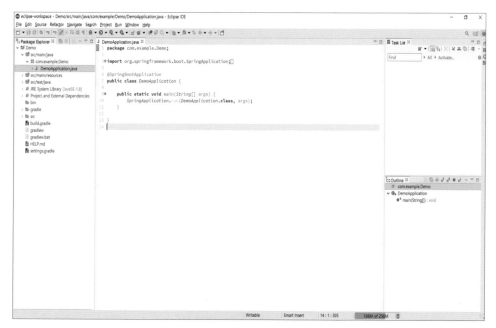

그림 2-8 이클립스 프로젝트 창

import가 완료되면 왼쪽 패널에 Package Explorer가 보이고, 그림 2-8과 같이 src/
main/java ▶ com.fsoftwareengineer.demo 아래에 DemoApplication.java이 생성된다.

2.1.6 메인 메서드와 @SpringBootApplication

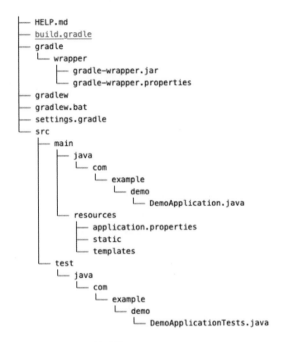

```
├── HELP.md
├── build.gradle
├── gradle
│   └── wrapper
│       ├── gradle-wrapper.jar
│       └── gradle-wrapper.properties
├── gradlew
├── gradlew.bat
├── settings.gradle
└── src
    ├── main
    │   ├── java
    │   │   └── com
    │   │       └── example
    │   │           └── demo
    │   │               └── DemoApplication.java
    │   └── resources
    │       ├── application.properties
    │       ├── static
    │       └── templates
    └── test
        └── java
            └── com
                └── example
                    └── demo
                        └── DemoApplicationTests.java

16 directories, 10 files
```

그림 2-9 프로젝트 디렉터리

생성된 프로젝트는 그림 2-9처럼 16개의 디렉터리와 10개의 파일로 구성돼 있다.

가장 상위에는 그래들 관련 폴더와 파일이 있고 src 폴더 아래로 패키지와 자바 파일이 존재한다. Src 폴더가 소스 코드가 존재하는 폴더이다. Test 폴더는 단위 테스트를 담는 폴더로 우리 프로젝트에서는 사용하지 않는다. 그래들은 다음 절에서 더 자세히 알아보기로 하고, 지금은 DemoApplication.java를 확인해보자.

예제 2-13. DemoApplication.java

```java
@SpringBootApplication
public class DemoApplication {
```

```
public static void main(String[] args) {
  SpringApplication.run(DemoApplication.class, args);
}

}
```

스프링 부트를 이용하면 많은 설정 작업을 어노테이션으로 간단히 수행할 수 있다. 예제 2-13의 클래스 바로 위에 @SpringBootApplication이라는 어노테이션을 보자. 이 어노테이션은 해당 클래스가 스프링 부트를 설정하는 클래스임을 의미한다. 또한 스프링은 @SpringBootApplication어노테이션이 달린 클래스가 있는 패키지를 베이스 패키지로 간주한다. 이 어노테이션을 무엇을 할까?

스프링의 중요 기능 중 하나가 의존성 주입 컨테이너로서의 기능이라고 했다. 스프링은 베이스 패키지와 그 하위 패키지에서 자바 빈을 찾아 스프링의 의존성 주입 컨테이너 오브젝트, 즉 ApplicationContext에 등록한다. 그리고 애플리케이션 실행 중 어떤 오브젝트가 필요한 경우, 의존하는 다른 오브젝트를 찾아 연결해준다.

자동으로 다른 오브젝트를 찾아 연결해주는 과정은 @Autowired라는 어노테이션으로 한다는 사실을 우리는 예제 2-10을 통해 이미 알고 있다. 그렇다면 스프링은 어떻게 애플리케이션 컨텍스트에 등록할 자바 빈을 찾는 것일까? 그 해답은 @Component에 있다.

@Component

@Component는 스프링에게 이 클래스를 자바 빈으로 등록시키라고 알려주는 어노테이션이다. 예제 2-10에서 사용한 @Service도 어노테이션 내부를 확인하면 @Component어노테이션을 달고 있다는 것을 확인할 수 있다(예제 2-14 참고).

예제 2-14. @Service 어노테이션의 내부

```
@Component
public @interface Service {
```

```
...
}
```

그러면 @Component를 클래스에 달기만 하면 무조건 스프링이 검색해서 등록해준
다는 말인가? 그건 아니다. @ComponentScan 어노테이션이 어떤 클래스에 있어야
지만 컴포넌트를 스캐닝할 수 있다(What Is The Difference Between @Bean and
@Component and When to Use What? , n.d.). 근데 우리 프로젝트를 아무리 찾아봐도
@ComponentScan은 없다. 대체 어떻게 된 일인가?

예제 2-15. @SpringBootApplication의 내부

```
// ...다른 어노테이션들
@ComponentScan // 매개변수 생략
public @interface SpringBootApplication {
 //...
}
```

@ComponentScan을 프로젝트 내부에서 사용하지 않았지만 DemoApplication 클래스의
@SpringBootApplication이 이미 @ComponentScan을 포함하고 있어 굳이 추가해주지 않
아도 됐다(예제 2-15 참고).

이렇게 스프링을 이용해 관리하고 싶은 빈의 클래스 상단에 @Component를 추가해 주
면 자동으로 이 오브젝트를 스프링에 빈으로 등록할 수 있다. 그리고 @Autowire와 함
께 이용하면, 스프링이 필요할 때 알아서 이 오브젝트를 생성해준다.

여기서 문제가 생긴다. 만약 스프링이 자동으로 오브젝트를 찾아 생성하게 하고 싶
지 않으면 어떻게 해야 할까? 다시 말해 @Component를 추가하지 않고, 스프링을 통해
빈을 관리하고 싶은 경우 어떻게 해야 할까?

@Bean

```
@Configuration
public class ConfigClass {

 @Bean
 public Controller getController() {
  if(env == 'local') {
   return new LocalController(...);
  }

  return new Controller(...);
 }
}
```

질문을 바꿔보자. 우리는 언제 @Component를 사용하고 싶지 않을까? 또는 언제 @Component를 사용하지 못할까? 엔터프라이즈 애플리케이션의 경우, @Autowired를 사용하지 않는 경향이 있다. 엔지니어가 오브젝트를 어떻게 생성하고 어느 클래스에서 사용하는지 정확히 알아야 하는 경우가 많기 때문이다. 이런 경우 외에 다른 예로는 로컬 환경에서 애플리케이션을 실행하는 경우 자동으로 연결될 빈이 아닌 다른 빈을 사용하고 싶은 경우가 있다. 예제 2-16이 딱 그런 경우이다. 또는 라이브러리를 사용하는데, 이 라이브러리 클래스는 스프링 기반이 아니라서 @Component를 추가하지 못하는 경우도 있다(Stack Overflow, n.d.). 어쨌든 이런 경우 스프링으로 빈을 관리하기 위해 직접적으로 '이 빈은 이렇게 생성해라'하고 말해줄 필요가 있다. 그 작업을 위한 어노테이션이 바로 @Bean이다.

다시 말해 @Bean을 이용해 우리는 스프링에게 이 오브젝트를 정확히 어떻게 생성해야 하는지, 매개변수를 어떻게 넣어줘야 하는지 알려줄 수 있다.

우리 프로젝트는 간단하므로 @Bean은 사용하지 않는다. 대신 모든 것이 @Component이다. 이후 프로젝트를 진행하면서 @Controller, @Service, @Repository 등 다양한 스테

레오타입 어노테이션이 나오는데, 이 어노테이션들 내부에는 전부 @Component어노테이션이 달려 있다.

다시 정리를 해보자.

1. 스프링 부트 애플리케이션을 시작한다.
2. @ComponentScan 어노테이션이 있는 경우, 베이스 패키지와 그 하위 패키지에서 @Component가 달린 클래스를 찾는다.
3. 필요한 경우 @Component가 달린 클래스의 오브젝트를 생성한다. 이때 생성하려는 오브젝트가 다른 오브젝트에 의존한다면, 즉 멤버 변수로 다른 클래스를 가지고 있다면 그 멤버 변수 오브젝트를 찾아 넣어줘야 한다. @Autowired를 사용하는 경우 스프링이 그 오브젝트를 찾아 생성해 넣어준다.
   a. 이때, @Autowired에 연결된 변수의 클래스가 @Component가 달린 클래스인 경우 스프링이 오브젝트를 생성해 넘겨준다.
   b. 만약 @Bean 어노테이션으로 생성하는 오브젝트인 경우 @Bean이 달린 메서드를 불러 생성해 넘겨준다.

애플리케이션 실행

이제 프로젝트를 실행해보자. 파워셸이나 CMD를 실행해 프로젝트가 있는 디렉터리로 경로를 이동하라.

실습 코드 2-2. 스프링 부트 애플리케이션 실행하기

```
$ ./gradlew bootRun

> Task :bootRun
```

```
   '  |___| ._|_| |_|_| |_\__, | / / / /
  =========|_|==============|___/=/_/_/_/
  :: Spring Boot ::        (v2.7.0-SNAPSHOT)


2022-04-02 18:33:21.874  INFO 3025 --- [            main] com.example.demo.
DemoApplication          : Starting DemoApplication using Java 11.0.14.1 on MacBook-
Pro.local with PID 3025 (<PROJECT_DIRECTORY>/todo-application-revision-2/2.1-Backend_
Development_Environment_Configuration/demo/build/classes/java/main started by alyssakim
in <PROJECT_DIRECTORY>/todo-application-revision-2/2.1-Backend_Development_Environment_
Configuration/demo)
2022-04-02 18:33:21.877  INFO 3025 --- [            main] com.example.demo.
DemoApplication          : No active profile set, falling back to 1 default profile:
"default"
2022-04-02 18:33:22.560 INFO 3025 --- [          main] .s.d.r.c.RepositoryConfigurati
onDelegate : Bootstrapping Spring Data JPA repositories in DEFAULT mode.
2022-04-02 18:33:22.572  INFO 3025 --- [          main] .s.d.r.c.RepositoryConfigurat
ionDelegate : Finished Spring Data repository scanning in 8 ms. Found 0 JPA repository
interfaces.
2022-04-02 18:33:22.998  INFO 3025 --- [          main] o.s.b.w.embedded.tomcat.
TomcatWebServer  : Tomcat initialized with port(s): 8080 (http)
2022-04-02 18:33:23.003  INFO 3025 --- [          main] o.apache.catalina.core.
StandardService   : Starting service [Tomcat]
2022-04-02 18:33:23.004  INFO 3025 --- [          main] org.apache.catalina.core.
StandardEngine  : Starting Servlet engine: [Apache Tomcat/9.0.60]
2022-04-02 18:33:23.095 INFO 3025 --- [        main] o.a.c.c.C.[Tomcat].[localhost].
[/]        : Initializing Spring embedded WebApplicationContext
2022-04-02 18:33:23.095  INFO 3025 --- [        main] w.s.c.ServletWebServerApplicat
ionContext : Root WebApplicationContext: initialization completed in 1177 ms
2022-04-02 18:33:23.212  INFO 3025 --- [            main] com.zaxxer.hikari.
HikariDataSource       : HikariPool-1 - Starting...
2022-04-02 18:33:23.264  INFO 3025 --- [            main] com.zaxxer.hikari.
HikariDataSource       : HikariPool-1 - Start completed.
2022-04-02 18:33:23.323 INFO 3025 --- [          main] o.hibernate.jpa.internal.util.
LogHelper  : HHH000204: Processing PersistenceUnitInfo [name: default]
2022-04-02 18:33:23.358  INFO 3025 --- [          main] org.hibernate.Version
: HHH000412: Hibernate ORM core version 5.6.7.Final
2022-04-02 18:33:23.444  INFO 3025 --- [          main] o.hibernate.annotations.
common.Version   : HCANN000001: Hibernate Commons Annotations {5.1.2.Final}
2022-04-02 18:33:23.486 INFO 3025 --- [          main] org.hibernate.dialect.Dialect
```

```
: HHH000400: Using dialect: org.hibernate.dialect.H2Dialect
2022-04-02 18:33:23.558  INFO 3025 --- [            main] o.h.e.t.j.p.i.JtaPlatformIn
itiator          : HHH000490: Using JtaPlatform implementation: [org.hibernate.engine.
transaction.jta.platform.internal.NoJtaPlatform]
2022-04-02 18:33:23.562  INFO 3025 --- [            main] j.LocalContainerEntityManagerF
actoryBean : Initialized JPA EntityManagerFactory for persistence unit 'default'
2022-04-02 18:33:23.610  WARN 3025 --- [            main] JpaBaseConfiguration$JpaWebCon
figuration : spring.jpa.open-in-view is enabled by default. Therefore, database queries
may be performed during view rendering. Explicitly configure spring.jpa.open-in-view to
disable this warning
2022-04-02 18:33:23.844  INFO 3025 --- [            main] o.s.b.w.embedded.tomcat.
TomcatWebServer  : Tomcat started on port(s): 8080 (http) with context path ''
2022-04-02 18:33:23.854  INFO 3025 --- [            main] com.example.demo.
DemoApplication          : Started DemoApplication in 2.586 seconds (JVM running for
2.932)
<===========---> 80% EXECUTING [14s]
> :bootRun
```

애플리케이션은 프로젝트 디렉터리에서 그래들 명령어인 ./gradlew bootRun
을 이용해 실행하거나(실습 코드 2-2참고) IDE에서 실행할 수 있다. 'Started Demo
Application in 2.586 seconds (JVM running for 2.932)'이 보이면 브라우저를 켜고
localhost:8080으로 접근한다.

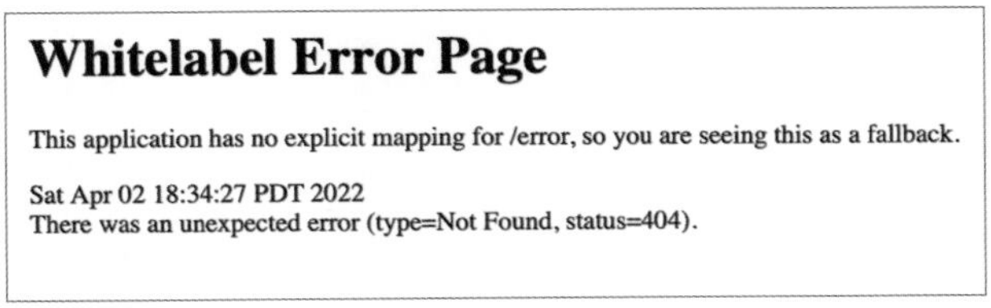

그림 2-10 localhost:8080 페이지

그림 2-10과 같이 Whitelabel Error Page가 뜬다면 서버가 정상적으로 작동하고
있는 것이다.

2.1.7 빌드 자동화 툴: Gradle과 라이브러리

Gradle은 빌드 자동화 툴이다. 빌드 자동화 툴을 이용하면 컴파일, 라이브러리 다운로드, 패키징, 테스팅 등을 자동화할 수 있다. 그렇다면 빌드 자동화는 왜 사용할까? 모든 자동화의 시작은 반복 작업에서 시작한다.

웹 애플리케이션을 만들기 위해서는 여러 가지 라이브러리가 필요하다. 빌드 자동화 툴이 없다면, 라이브러리를 사용하기 위해 라이브러리 사이트에서 .jar파일을 다운로드받아야 한다. 그리고 이클립스의 Project Build Path에 이 라이브러리를 추가해야 한다. 라이브러리를 추가하면 코드에서 이 라이브러리를 사용할 수 있다. 우리는 프로젝트 진행을 위해 스프링 이니셜라이져 사이트(https://start.spring.io/)에서 6개의 라이브러리를 추가했다. 추가한 6개의 라이브러리는 프로젝트를 진행하기 위한 최소한의 라이브러리이다. 빌드 자동화 툴이 없다면, 이 챕터에서는 어느 사이트로 가서 어떤 .jar 파일을 받아야 할지에 대한 내용으로 채워져 있었을 것이다. 또한 여러분은 라이브러리의 개수 만큼 .jar 파일을 다운받고, 어느 디렉터리에 설치하는 작업을 하고 있을 것이다. 10년 뒤엔 라이브러리의 사이트가 이전되어 여러분은 Jar 파일을 다운받을 수 없게 되고 혼자 리서치를 해야 할 것이다. 또는 저자인 내가 여러분을 위한 라이브러리 다운로드 사이트를 만들고 관리해야 했을 것이다.

또 프로젝트가 커지면 여러 가지 빌드를 나누어 작업해야 할 수도 있다. 이 과정에서 디펜던시가 있다면 빌드 순서를 고려해야 한다. 예를 들어 많은 프로젝트들이 프로덕션 릴리즈 빌드 과정에서 빌드 → 단위 테스트 실행 작업을 거친다. 빌드 자동화 툴이 없다면 오퍼레이터(또는 개발자)가 모든 라이브러리를 컴파일해 빌드를 하고, 단위 테스트를 실행시키는 작업을 해야 한다. 문제는 프로덕션 배포가 있을 때마다 오퍼레이터가 이 작업을 해야한다는 것이다. 대규모 프로젝트에선 몇 백 개 이상의 라이브러리를 기본으로 사용한다. 오퍼레이터에게 이 작업을 반복적으로 요구하는 것은 인적 자원의 낭비다. 그래서 이 작업을 자동화한다.

빌드 자동화 툴을 사용하면 이런 과정을 자동화할 수 있다. 라이브러리를 다운받는 대신 원하는 라이브러리와 버전을 코드로 작성한다. 오퍼레이터가 직접 컴파일, 빌드, 단위 테스트를 실행하는 대신 이 과정을 일련의 코드로 적는다. 그러면 빌드 자동화 툴이 이 코드를 해석해 프로젝트 빌드에 필요한 작업을 실행해준다.

이런 자동화 툴 중 하나인 그래들(https://gradle.org/)은 자바, 그루비, 스칼라 등 JVM에서 실행되는 언어의 빌드 자동화를 위해 사용된다. 그래들은 그루비라는 언어로 작성돼 있다. 그래들을 프로젝트에서 어떻게 사용하는지 확인하기 위해 프로젝트 내부의 build.gradle을 살펴보도록 하자(예제 2-17 참고).

예제 2-17. build.gradle

```
plugins {
    id 'org.springframework.boot' version '2.7.0-SNAPSHOT'
    id 'io.spring.dependency-management' version '1.0.11.RELEASE'
    id 'java'
}

group = 'com.example'
version = '0.0.1-SNAPSHOT'
sourceCompatibility = '11'

configurations {
    compileOnly {
        extendsFrom annotationProcessor
    }
}

repositories {
    mavenCentral()
    maven { url 'https://repo.spring.io/milestone' }
    maven { url 'https://repo.spring.io/snapshot' }
}

dependencies {
    implementation 'org.springframework.boot:spring-boot-starter-data-jpa'
```

```
    implementation 'org.springframework.boot:spring-boot-starter-web'
    compileOnly 'org.projectlombok:lombok'
    runtimeOnly 'com.h2database:h2'
    annotationProcessor 'org.projectlombok:lombok'
    testImplementation 'org.springframework.boot:spring-boot-starter-test'
}

tasks.named('test') {
    useJUnitPlatform()
}
```

그래들 공식 웹사이트에 따르면 그래들은 의도적으로 많은 기능을 제공하지 않는
다(Using Gradle Plugins)고 한다. 대신 플러그인으로 그래들을 확장해 사용할 수 있
다. 그 대표적인 예가 바로 Java다. 자바를 컴파일하기 위해서는 그래들 자바 플러
그인이 필요하다. 플러그인의 id 'java'는 자바이고 이는 빌드를 위해 자바 플러그인
을 사용함을 명시한다. org.springframework.boot 나 io.spring.dependency-
management도 마찬가지다. 다만 이 플러그인을 사용하기 위해서는 버전 정보를
넘겨줘야 한다.

Group, Version, SourceCompatibility

이제 플러그인 바로 밑의 Group, Version, sourceCompatibility를 확인하자(예제
2-18 참고). Group, Version, SourceCompatibility는 프로젝트의 메타데이터다.

예제 2-18. group, version, sourceCompatibility

```
group = 'com.example'
version = '0.0.1-SNAPSHOT'
sourceCompatibility = '11'
```

group은 보통 artifact(애플리케이션)를 배포하기 위해 사용된다. Spring Initializr의
Project Metadata에서 정의한 바로 그 Group과 동일하다.

version은 이 프로젝트의 버전이다. 이상적으로 프로덕션 배포마다 버전이 올라간다. 버전을 어떻게 올리는지는 개개의 프로젝트마다 다르다. 우리 프로젝트에서는 크게 신경 쓰지 않을 것이다.

위에서 우리는 Java 컴파일을 위해 Java 플러그인을 추가했다. 이 자바 플러그인은 sourceCompatibility에 명시된 자바 버전을 이용해 소스를 컴파일한다.

Lombok

예제 2-19. 롬복과 어노테이션 프로세서

```
configurations {
    compileOnly {
        extendsFrom annotationProcessor
    }
}

dependencies {
    // 다른 디펜던시
    compileOnly 'org.projectlombok:lombok'
    annotationProcessor 'org.projectlombok:lombok'
    // 다른 디펜던시
}
```

개발 시간 단축을 위해 롬복^{Lombok} 라이브러리를 사용한다. 롬복은 어노테이션을 추가하면 컴파일 시 그에 상응하는 코드를 만들어주는 라이브러리이다. 이때, 롬복이 컴파일 시 코드를 작성하려면 어노테이션 프로세서^{annotationProcessor}라는 게 필요하다. 그래서 예제 2-19의 코드 configurations 부분에서 컴파일 당시 annotation Processor를 사용하라고 그래들에게 알려준다. 또 이 '어노테이션 프로세서'로 org.projectlombok:lombok을 사용하도록 디펜던시에 명시하는 것이다.

Repository

```
repositories {
 mavenCentral()
 maven { url 'https://repo.spring.io/milestone' }
 maven { url 'https://repo.spring.io/snapshot' }
}
```

그래들이 라이브러리를 어디에서 다운로드할까? 그래들이 라이브러리를 다운로드하는 곳을 리포지터리라고 부른다. 여기선 그중 메이븐센트럴^{mavenCentral}을 주로 사용한다(예제 2-20 참고). 메이븐센트럴은 https://mvnrepository.com/repos/central 이다. 이후 롬복 어노테이션 프로세서 설치를 위해 메이븐 센트럴을 이용하며 더 자세히 설명하도록 한다. 나머지 두 리포지터리는 스프링 관련 리포지터리이다.

Dependency

```
dependencies {
 implementation 'org.springframework.boot:spring-boot-starter-data-jpa'
 implementation 'org.springframework.boot:spring-boot-starter-web'
 compileOnly 'org.projectlombok:lombok'
 runtimeOnly 'com.h2database:h2'
 annotationProcessor 'org.projectlombok:lombok'
 testImplementation 'org.springframework.boot:spring-boot-starter-test'
}
```

dependency 섹션에서 이 프로젝트에서 사용할 라이브러리를 명시하면(예제 2-21 참고) 그래들이 리포지터리에서 라이브러리를 다운 및 설치한다. implementation, runtimeOnly 등은 다운로드 후 라이브러리의 scope에 대한 내용인데, 이 책에서는 넘어가도록 한다. 각 메서드가 어떤 의미인지 확인하고 싶다면 그래들 자바 라이브러리 컨피규레이션(https://docs.gradle.org/current/userguide/java_library_plugin.
html#sec:java_library_configurations_graph)을 참조하면 된다.

Test

예제 2-22. 테스트

```
test {
    useJUnitPlatform()
}
```

그래들을 사용하면 빌드뿐만 아니라 단위 테스트도 실행시킬 수 있다고 했다. 예제
2-22처럼 build.gradle의 test에는 테스트에 관련된 설정을 할 수 있다. 우리 build.
gradle에서는 JUnitPlatform을 사용해 단위 테스트를 하도록 명시했다.

이 절에서는 build.gradle을 섹션별로 나눠 간단히 설명했다. 지금 단계에서 그래들
을 모두 이해하는 게 버거울 수 있다. build.gradle은 이후에도 사용하게 되므로, 지
금은 필요한 설정들 혹은 의존하는 라이브러리를 추가하는 데 집중하도록 하자.

2.1.8 디펜던시 라이브러리 추가

이제 실습을 통해 디펜던시 라이브러리를 추가하는 방법을 알아보자. 우리는 구글
구아바 라이브러리를 추가할 예정이다. 구글 구아바는 반드시 프로젝트에 필요한 라
이브러리는 아니다. 구글 구아바가 제공하는 기능이 애플리케이션 구동에 반드시 필
요한 것은 아니란 뜻이다. 그럼에도 여기서 다루는 이유는, 여러분이 스프링 부트 프
로젝트를 하다 보면 나중에 분명히 라이브러리를 추가해야 하는 상황이 오기 때문
이다. 따라서 이 책에서 메이븐 리포지터리를 이용해 라이브러리를 추가하는 방법을
설명하지 않고 넘어가는 것은 물고기는 주되 물고기를 잡는 방법은 가르쳐주지 않는
격이다.

우리는 메이븐 센트럴을 사용하므로 메이븐 리포지터리를 이용해 라이브러리르 추가
하면 된다. 원하는 라이브러리, 여기선 google guava를 메이븐 센트럴(https://mvnre
pository.com/)에서 검색한다.

그림 2-11 메이븐 리포지터리

그림 2-11과 같이 메이븐 리포지터리에서 라이브러리를 검색하면 여러 가지 결
과가 나온다. 그중에서 원하는 라이브러리인 Guava: Google Core Libraries
For Java를 선택한다. 라이브러리를 선택하면 버전을 선택하는 화면으로 넘어간다.

라이브러리 페이지의 하단 테이블(그림 2-12)에서 원하는 버전을 선택한다. 딱히 뭘
선택해야 할지 모르겠다면 최근 버전 중에 Usage가 많은 버전을 선택하면 된다. 이
책에서는 31.1-jre를 선택했다.

그림 2-12 라이브러리 버전 선택

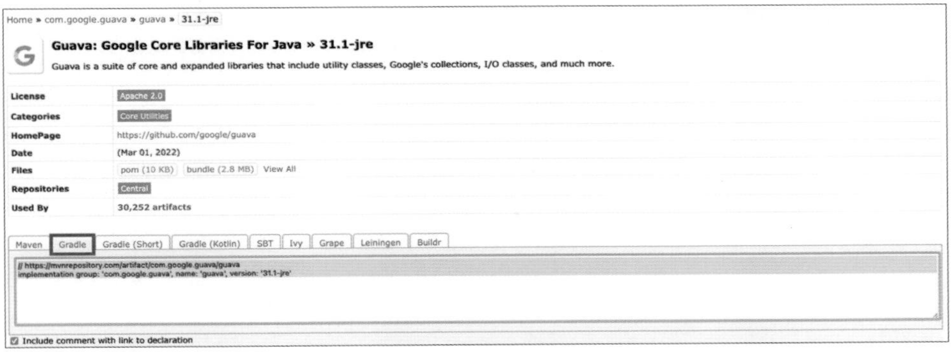

그림 2-13 그래들 코드 스니펫

버전을 선택하면 그림 2-13처럼 하단에 Maven, Gradle, SBT, Ivy 등 각 빌드 자동화 툴마다 어떤 코드를 추가해야 할지 알려준다. 우리는 그래들을 사용하므로 Gradle을 누른다. 그러면 바로 아래 인풋 필드에 예제 2-23와 같은 코드가 뜬다.

```
// https://mvnrepository.com/artifact/com.google.guava/guava
implementation group: 'com.google.guava', name: 'guava', version: '31.1-jre'
```

이 코드가 build.gradle의 dependency 부분에 추가해야 할 코드이다(실습 코드 2-3 참고).

실습 코드 2-3. 구글 구아바 그래들 스니펫에 추가하기

```
dependencies {
 implementation 'org.springframework.boot:spring-boot-starter-data-jpa'
 implementation 'org.springframework.boot:spring-boot-starter-web'
 compileOnly 'org.projectlombok:lombok'
 runtimeOnly 'com.h2database:h2'
 annotationProcessor 'org.projectlombok:lombok'
 testImplementation 'org.springframework.boot:spring-boot-starter-test'
 // <https://mvnrepository.com/artifact/com.google.guava/guava>
implementation group: 'com.google.guava', name: 'guava', version: '31.1-jre'
}
```

2.1.9 롬복

롬복^{Lombok} 라이브러리를 이용하면 더 이상 getter/setter, builder, constructor 를 작성하는 데 시간을 소모할 필요가 없다. 롬복이 제공하는 어노테이션 프로세서 ^{annotation processor}가 getter, setter, builder, constructor 프로젝트 컴파일 시 관련 코 드를 자동으로 작성해준다. 따라서 롬복을 사용하면 코드의 양을 줄이고 개발 시간 도 단축할 수 있다.

이클립스에서 롬복을 사용하려면 Jar 파일을 이용해 플러그인을 설치해야 한다.

이클립스에 롬복 설치

우선 메이븐 리포지터리(https://mvnrepository.com/artifact/org.projectlombok/lombok)에서 원하는 라이브러리 버전의 Jar를 받아온다. 이 포스트에서는 1.18.22을 사용하고 있으니 1.18.22 리포지터리(https://mvnrepository.com/artifact/org.projectlombok/lombok/1.18.22)로 가서 Files란에 있는 Jar를 눌러 jar 파일을 다운로드한다([그림 2-14] 참고).

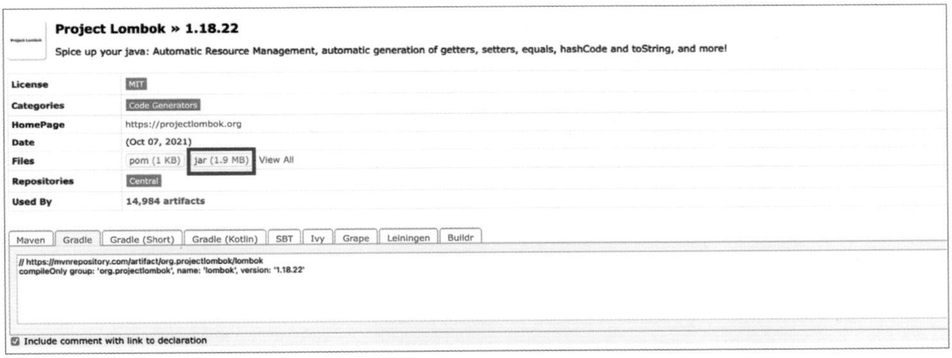

그림 2-14 메이븐 리포지터리 롬복 jar 인스톨

다운로드가 완료되면 cmd 또는 터미널 또는 파워셸을 켜 Jar 파일이 다운로드된 디렉터리로 이동한 후 실습 코드 2-4의 명령어로 롬복을 설치한다.

실습 코드 2-4. 롬복 설치하기

```
java -jar lombok-1.18.22.jar
```

커맨드라인을 실행하면 롬복 설치 화면이 뜨면 IDE를 추가하는 화면이 나온다. 윈도우의 경우 인스톨러가 이클립스 경로를 자동으로 찾아준다.

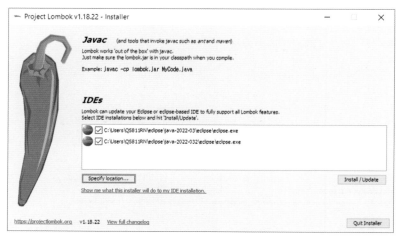

그림 2-15 롬복 이클립스 설치

만약 그림 2-15처럼 IDEs란에 이클립스가 보이지 않는다면 Specify location…을 눌러 이클립스가 설치된 경로를 명시해준다. 그다음 Install/Update를 눌러 진행한다.

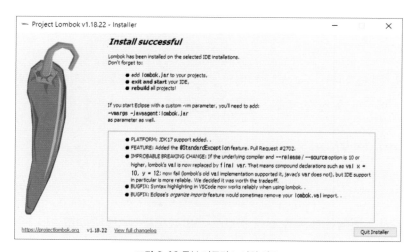

그림 2-16 롬복 이클립스 설치 완료

설치가 완료된 것을 확인하면 그림 2-16과 같은 화면이 나온다. 우측 하단의 Quit Installer를 클릭한 후 이클립스를 재시작한다.

```
annotationProcessor("org.projectlombok:lombok")
compileOnly("org.projectlombok:lombok")
```

이클립스를 재시작하고 builder.gradle을 열어 dependency 부분에 예제 2-24처럼 롬복 관련 디펜던시가 추가돼 있는지 다시 한 번 확인한다.

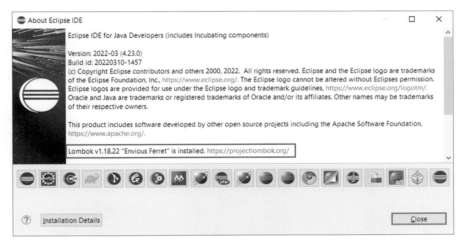

그림 2-17 롬복 설치 재확인

또 그림 2-17처럼 상단의 Help ＞ About Eclipse IDE로 들어가 About 하단에서 Lombok v.1.18.22 설치 여부를 확인한다.

어노테이션 프로세싱 설정

비록 그래들 디펜던시에 어노테이션 프로세서 라이브러리를 추가했지만, 이 라이브러리는 그래들이 인식하는 라이브러리이지 이클립스가 인식하는 라이브러리가 아니다. 이클립스는 우리가 롬복으로 대체한 메서드들의 존재를 모른다. 그래서 우리가 롬복으로 대체한 메서드의 존재를 알지 못한다. 이 상태에서 어노테이션을 추가하고 이용하려 하면 이클립스 이를 문법 에러로 간주한다. 그래서 이클립스가 어노테이션을 이해할 수 있도록 어노테이션 프로세서 설정을 해야 한다.

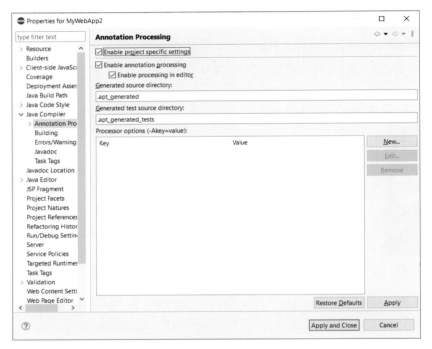

그림 2-18 이클립스 어노테이션 프로세서 설정

이클립스에서 어노테이션 프로세싱을 설정하기 위해서 좌측의 프로젝트 패널에서 Demo(마우스 우클릭) ▶ Properties으로 Properties 창에 진입한다. 팝업된 창에서 Java Compiler ▶ Annotation Processing을 선택하고 그림 2-18처럼 Annotation Processing 관련 체크박스를 체크한 후, 다음으로 Apply and Close를 클릭한다.

롬복의 동작 여부를 확인하기 위해 com.example.demo 아래에 DemoModel.java 라는 클래스를 만들어보자. 실습 코드 2-5와 같은 클래스를 작성해보고 컴파일이 되는지 확인한다.

```
package com.example.demo;

import lombok.Builder;
import lombok.NonNull;
import lombok.RequiredArgsConstructor;

@Builder
@RequiredArgsConstructor
public class DemoModel {

  @NonNull
  private String id;
}
```

에러 없이 컴파일이 된다면 롬복을 성공적으로 설치한 것이다.

2.1.10 포스트맨 API 테스트

마지막으로 이 프로젝트에서 개발할 REST API를 테스트하기 위한 툴을 소개하도록 한다. REST API는 크게 나눠 URI^Unified Resource Identifier, HTTP 메서드, 요청 매개변수 또는 요청 바디로 구분되는데, 이를 브라우저에서 테스팅하는 것에는 한계가 있다. 또 REST API를 테스팅 한답시고 임시로 프론트엔드 UI를 만드는 것은 지속 가능한 방법이 아니다. 브라우저에서 테스팅하는 것 말고도 cURL을 이용하는 방법이 있다. cURL은 커맨드라인 툴인데 이 역시 초보자가 사용하기 쉽진 않다. 따라서 사용이 간편하고 직관적인 GUI를 제공하는 포스트맨^Postman 프로그램을 사용한다.

포스트맨을 이용하면 간단히 RESTful API를 테스트할 수 있다. 또 테스트를 저장해 API 스모크 테스팅^Smoke Testing용으로 사용할 수 있다. 포스트맨을 https://www.postman.com/downloads/에서 다운받아 설치 후 실행해보자.

포스트맨을 시작하면 로그인창이 뜬다. 그 창 하단에 'Skip and go to the app'을 클릭하면 로그인 없이도 포스트맨을 사용할 수 있다.

그림 2-19 포스트맨 새 요청 작성

API 테스트를 하기 위해 API 요청을 작성한다. 그림 2-19처럼 + 버튼을 누르면 새 요청을 작성할 수 있다.

실습을 위해 Get 부분에 www.google.com을 입력하고 **Send**를 누른다(그림 2-20참고). 그러면 구글 메인 페이지의 HTML이 하단의 결과 부분에 출력된다.

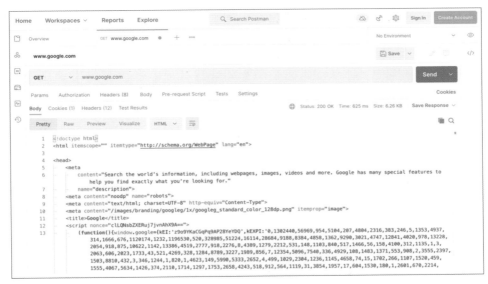

그림 2-20 포스트맨 요청 실습

스프링 부트 애플리케이션을 다시 실행 한 후 포스트맨을 이용해 localhost:8080 HTTP GET 요청을 날려보자. 무엇이 반환되는가? 브라우저에 보이는 것과 비교했을 때 무엇이 다른가?

2.1.11 정리

2.1절에서는 프로젝트를 시작하기 위한 기본적인 설정 및 설치 작업을 했다.

표 2-1 2.1장 정리

실습 내용	이론 내용
자바/이클립스 설치	〈없음〉
스프링 부트 프로젝트 설정	스프링 의존성 주입, 스프링 웹 디스패쳐 서블릿
메이븐 리포지터리를 이용한 라이브러리 추가	그래들과 빌드 자동화 툴
포스트맨	API 테스팅

표 2-1과 같이 2.1절에서는 실습과 이론에 대해 다뤘다.

첫 번째로 자바와 이클립스를 설치했다. 자바와 이클립스는 기본적인 내용이고, 이 책을 읽는 독자라면 스스로 설치할 수 있을 거라 믿기 때문에 간단히 다운로드 사이트와 버전만 명시했다.

두 번째로는 스프링 부트 프로젝트 설정에 들어가기 전에 스프링이 해결하는 문제를 알아봤다. 스프링이 해결하는 문제는 정말 많지만 그중 자바 오브젝트(빈)을 관리하는 의존성 주입 컨테이너를 알아봤다. 더 나아가 웹서비스 개발을 도와주는 스프링 웹의 디스패처 서블릿에 대해 알아봤다. 스프링의 두 기능을 공부한 후 스프링 부트 프로젝트를 설정했다. 또한 DemoApplication.java의 어노테이션과 메인 메서드의 의미에 대해 알아보고 스프링 부트 애플리케이션을 실행했다.

그에 이어 세 번째로 빌드 자동화 툴인 그래들에 대해 알아봤다. 빌드에 라이브러리나 단위 테스트처럼 코드 컴파일 이외에도 필요한 작업이 있음을 알게 됐고, 이 작업을 자동화하기 위해 빌드 자동화 툴을 사용한다는 것을 배웠다. 그리고 롬복과 구글 구아바 라이브러리를 설정하며 메이븐 리포지터리에서 라이브러리를 찾고 이를 그래들에 추가하는 과정을 실습했다.

마지막으로 포스트맨 프로그램을 설치했고 사용법에 대해 간단히 알아봤다.

2.2 백엔드 서비스 아키텍처

■ **학습 내용**
- 레이어드 아키텍처 패턴
- REST 아키텍처 스타일
- 스프링 어노테이션
- JPA와 스프링 Data JPA

■ **실습 내용**
- Model/Entity와 DTO 클래스
- Controller, Service, Persistence 클래스
- 테스팅용 REST API

2.2절에서는 본격적으로 백엔드 서비스를 구현한다. 백엔드 서비스를 구현하면서 우리는 REST 아키텍처 스타일, 레이어드 아키텍처 패턴 등 우리가 백엔드에서 구현하는 아키텍처에 관한 내용을 배운다. 또 스프링 어노테이션을 이용해 테스팅용 API를 구현하며 배운 내용을 실습해본다.

레이어드 아키텍처 패턴은 스프링 프로젝트 내부에서 어떻게 코드를 적절히 분리하고 관리할 것이냐에 대한 이야기이다. 코드를 적절히 분리하고 관리하는 것은 코드베이스가 커질수록 증가한다. 비록 우리 애플리케이션의 규모는 크지 않으나, 이 글을 읽는 독자들은 현재 또는 훗날 규모가 있는 코드를 다루게 될 것이다. 그때를 대비하기 위해 레이어드 아키텍처 패턴을 따라 애플리케이션을 구현한다.

레이어드 아키텍처 패턴이 프로젝트 내부에서 어떻게 코드를 관리할 것인가에 대한 내용이라면, REST 아키텍처는 클라이언트(브라우저)가 우리 서비스를 이용하려면 어떤 형식으로 요청을 보내고 응답을 받는지에 대한 이야기이다. 클라이언트는 몇개의

정해진 메서드로 우리 서비스를 이용할 예정이다. 이렇게 REST 아키텍처 스타일을 따라 설계하고 구현된 서비스를 RESTful 서비스라고 한다.

스프링은 우리가 레이어드 아키텍처 패턴이나 REST 아키텍처 스타일을 이용하는 데 도움을 주는 어노테이션을 제공한다. 우리는 이 어노테이션을 이용해 테스팅용 API를 구현하고, 전체적인 틀을 이해한 후 본격적으로 Todo 서비스를 만드는 2.3절로 넘어간다.

2.2.1 레이어드 아키텍처

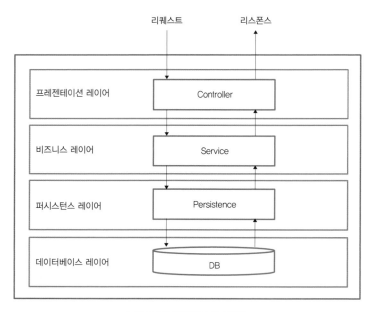

그림 2-21 레이어드 아키텍처

레이어드 아키텍처^Layered Architecture 패턴은 애플리케이션을 구성하는 요소들을 수평으로 나눠 관리하는 것이다(Rechard, 2015)(그림 2-21 참고).

수평으로 나눴다는 게 무슨 뜻일까? 간단히 말하면 이렇다. 그림처럼 레이어로 나누어놓은 것들을 예제 2-25처럼 하나의 클래스에 하나의 메서드 안에 전부 구현한다고 생각해보자.

예제 2-25. 레이어가 없는 웹 서비스

```java
public String getTodo(Request request) {
  // 요청 검사
  if(request.userId == null) {
    JSONObject json = new JSONObject();
    json.put("error", "missing user id");
    return json.toString();
  }

  List<Todo> todos = new ArrayList<>();

  // 데이터베이스 콜
  String sqlSelectAllPersons = "SELECT * FROM Todo where USER_ID = " + request.getUserId();
  String connectionUrl = "jdbc:mysql://mydb:3306/todo";

  try (Connection conn = DriverManager.getConnection(connectionUrl, "username", "password");
      PreparedStatement ps = conn.prepareStatement(sqlSelectAllPersons);
      ResultSet rs = ps.executeQuery()) {

    while (rs.next()) {
      long id = rs.getLong("ID");
      String title = rs.getString("TITLE");
      Boolean isDone = rs.getBoolean("IS_DONE");

      todos.add(new Todo(id, title, isDone));
    }
  } catch (SQLException e) {
    // handle the exception
  }

  // 응답 생성
```

```
    JSONObject json = new JSONObject();
JSONArray array = new JSONArray();

    for(Todo todo : todos) {
        JSONObject todoJson = new JSONObject();
        jsonObj.put("id", todo.getId());
        jsonObj.put("title", todo.getTitle());
        json.put("isdone", todo.isDone());
        array.put(json);
        }
    json.put("data", array);
    return json.toString();
}
```

별로 길지 않아 보인다. 과연 그럴까? 사실 예제 2-25 같은 코드는 이제 잘 작성하지
않는다. 데이터베이스 라이브러리도 JSON을 위한 라이브러리도 많기 때문이다. 그
러나 아주 잠깐 우리가 라이브러리가 없던 시절로 돌아간다고 생각해보자. getTodo
는 아주 간단한 로직이니까 몇 줄 안되지만, 복잡한 비즈니스 로직을 구현한다면 메
서드가 금방 몇 백 줄을 넘을 것이다. 이런 경우 우리 같은 훌륭한 개발자들은 무엇
을 하는가? 바로 메서드를 쪼개 작은 메서드로 나눈다.

예제 2-26. 메서드로 분리한 웹 서비스

```
public String getTodo(Request request) {
    // request validation
    if(request.userId == null) {
        JSONObject json = new JSONObject();
        json.put("error", "missing user id");
        return json.toString();
    }
    List<Todo> todos = this.getTodoFromPersistence(request);

    return this.getResponse(todos);
}
```

```java
private List<Todo> getTodoFromPersistence(Request request) {
 List<Todo> todos = new ArrayList<>();

 // 데이터베이스 콜
 String sqlSelectAllPersons = "SELECT * FROM Todo where USER_ID = " + request.
getUserId();
 String connectionUrl = "jdbc:mysql://mydb:3306/todo";

 try (Connection conn = DriverManager.getConnection(connectionUrl, "username",
"password");
     PreparedStatement ps = conn.prepareStatement(sqlSelectAllPersons);
     ResultSet rs = ps.executeQuery()) {

  while (rs.next()) {
   long id = rs.getLong("ID");
   String title = rs.getString("TITLE");
   Boolean isDone = rs.getBoolean("IS_DONE");

   todos.add(new Todo(id, title, isDone));
  }
 } catch (SQLException e) {
  // handle the exception
 }
 return todos;
}

private String getResponse(List<Todo> todos) {
 // 응답 생성
 JSONObject json = new JSONObject();
 JSONArray array = new JSONArray();

 for(Todo todo : todos) {
  JSONObject todoJson = new JSONObject();
  jsonObj.put("id", todo.getId());
  jsonObj.put("title", todo.getTitle());
  json.put("isdone", todo.isDone());
  array.put(json);
 }
```

```
json.put("data", array);
return json.toString();
}
```

예제 2-26처럼 메서드로 쪼개니 코드가 한결 깨끗해졌다. 분명 이전 코드보다는 낫다. 하지만 여전히 문제가 있다. 다른 클래스에서 예제 2-26과 똑같이 데이터베이스에서 Todo를 불러오는 작업을 하는 경우이다. 이런 경우 메서드를 복사-붙여넣기 하면 된다. 똑같은 작업이 필요한 곳마다 메서드를 복사-붙여넣기 하는 것이다. 이렇게 복사-붙여넣기를 하다 보면 이 메서드는 클래스로 따로 빼서 쓰는 게 더 낫다는 생각이 들기 시작한다. 이 작업은 국소적으로 봤을 때 레이어로 나누는 것이다. 이렇게 레이어로 나눈다는 것은 메서드를 클래스 또는 인터페이스로 쪼개는 것이다. 이 레이어는 작게는 지금부터 할 작업처럼 그냥 클래스를 여러 레이어로 나누는 것부터 아주 다른 애플리케이션으로 레이어를 분리하는 경우까지 그 범위가 다양하다.

레이어에는 또 다른 특징이 있다. 레이어 사이에 계층이 있다는 점이다. 그래서 레이어는 자기보다 한 단계 하위의 레이어만 사용한다. 이는 전통적인 회사의 운영방식과 비슷하다. 부장이 고객에게 요청을 받는다. 부장이 차장을 쫀다, 차장은 과장을 쫀다, 과장은 대리를 쫀다, 대리는 사원을 쫀다. 사원은 대리에게 결과물을 보고한다. 대리는 과장에게, 과장은 차장에게, 차장은 부장에게 결과물 검토하거나 가공한 후 보고한다. 부장은 마지막으로 결과물을 검토 후 고객에게 응답한다. 이 작업을 컴퓨터로 치환해보자. 컨트롤러는 요청을 받는다. 컨트롤러는 서비스를 쫀다, 서비스는 퍼시스턴스를 쫀다. 퍼시스턴스는 요청한 데이터를 반환한다. 서비스는 데이터를 검토 및 가공한 후 컨트롤러에게 반환한다. 컨트롤러 또한 데이터를 검토 및 가공한 후 응답을 반환한다.

물론 대부분의 패턴이 그렇듯이, 반드시 정해진 대로 하위 레이어만 사용해야 하는 것은 아니다. 필요에 따라 서비스가 서비스를 사용하기도 하고, 레이어가 많은 경우 중간 레이어를 섞어 사용하는 경우도 있다. 하지만 기본적인 레이어드 아키텍처에서는 상위 레이어가 자신의 바로 하위 레이어를 사용한다고 한다(Rechard, 2015).

예제 2-27. 레이어드 아키텍처를 적용해 클래스/인터페이스로 분리한 웹 서비스

```java
public class TodoService {

 public List<Todo> getTodos(String userId) {
  List<Todo> todos = new ArrayList<>();

  // ... 비즈니스 로직

  return todos;
 }
}


public class WebController {

 private TodoService todoService;

 public String getTodo(Request request) {
  // request validation
  if(request.userId == null) {
   JSONObject json = new JSONObject();
   json.put("error", "missing user id");
   return json.toString();
  }

  // 서비스 레이어
  List<Todo> todos = service.getTodos(request.userId);

  return this.getResponse(todos);
 }

}
```

예제 2-27처럼 분리한 경우 다른 클래스에서 getTodos를 사용하고 싶다면 서비스 클래스를 사용하면 된다. 또 비즈니스 로직이 변하는 경우 서비스 레이어의 클래스만 고치면 된다. 메서드를 복사-붙여넣기했다면 모든 메서드를 돌아다니면서 코드를 고쳐야 한다. 정말 끔찍한 일이 아닐 수 없다.

2.2.2 모델, 엔티티, DTO

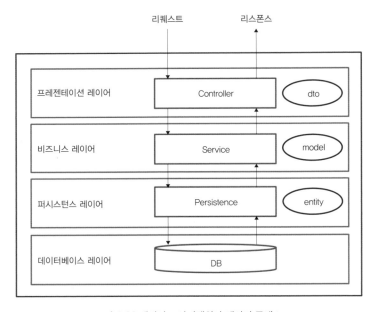

그림 2-22 레이어드 아키텍처와 데이터 클래스

이제 용도가 조금 다른 클래스에 대해 이야기해보자. 보통 자바로 된 비즈니스 애플리케이션의 클래스는 두 가지 종류로 나눌 수 있다. 첫 번째는 일을 하는 클래스, 즉 기능을 수행하는 클래스이고 두 번째는 데이터를 담는 클래스이다. 일을 하는 클래스는 컨트롤러, 서비스, 퍼시스턴스처럼 로직을 수행하는 클래스이다. 우리는 대부분의 시간을 컨트롤러, 서비스, 퍼시스턴스 로직을 구현하는 데 사용한다. 데이터를 담

는 클래스란 말 그대로 데이터만 가지고 있는 클래스다.

예제 2-27에서 TodoService는 List<Todo> todos를 리턴한다. 이는 Todo 오브젝트 리스트이다. Todo 오브젝트는 기능이 없다. 그냥 데이터베이스에서 반환된 정보를 가지고 있을 뿐이다. 이렇게 아무 기능 없이 데이터베이스에서 반환된 비즈니스 데이터를 담기 위한 클래스들이 있다. 그런 클래스들을 기능에 따라 엔티티, 모델, DTO^{Data Transfer Object} 등으로 부른다. 이름에 큰 의미를 둘 필요는 없다. 무엇을 위한 클래스인지가 중요하다.

모델과 엔티티

이 프로젝트에서는 모델과 엔티티를 한 클래스에 구현한다. 따라서 모델은 비즈니스 데이터를 담는 역할과 데이터베이스의 테이블과 스키마를 표현하는 두 역할을 한다. 큰 애플리케이션의 경우 모델과 엔티티를 따로 구현하지만 우리는 규모가 작으므로 합쳐서 구현하는 것이다. 이 모델/엔티티의 이름은 TodoEntity이고, Todo 리스트의 한 아이템에 해당한다.

TodoEntity를 작성하기에 앞서, model 패키지 com.example.demo.model를 생성 한다. package 아래에 TodoEntity.java를 생성하자. 멤버 변수에 대한 설명은 주석으로 대신했다.

실습 코드 2-6. TodoEntity.java

```
package com.example.demo.model;

import lombok.AllArgsConstructor;
import lombok.Builder;
import lombok.Data;
import lombok.NoArgsConstructor;

@Builder
@NoArgsConstructor
```

```
@AllArgsConstructor
@Data
public class TodoEntity {
    private String id; // 이 오브젝트의 아이디
    private String userId; // 이 오브젝트를 생성한 유저의 아이디
    private String title; // Todo 타이틀 예) 운동 하기
    private boolean done; // true - todo를 완료한 경우(checked)
}
```

어노테이션

롬복이 익숙하지 않은 독자들을 위해 TodoEntity에 사용된 어노테이션을 설명하고 간단히 설명하고 넘어가려 한다.

@Builder

Builder는 오브젝트 생성을 위한 디자인 패턴 (Refactoring Guru) 중 하나이다. 롬복이 제공하는 @Builder 어노테이션을 사용하면 우리가 Builder 클래스를 따로 개발하지 않고도 Builder 패턴을 사용해 오브젝트를 생성할 수 있다. 예를 들어 예제 2-18과 같은 형태로 오브젝트를 생성한다.

예제 2-28. 롬복이 생성하는 Builder 메서드 사용법

```
TodoEntity todo = TodoEntity.builder()
                    .id("t-10328373")
                    .userId("developer")
                    .title("Implement Model")
                    .build();
```

이렇게 Builder 패턴을 사용하는 것은 생성자를 사용해 오브젝트를 생성하는 것과 비슷하다. 생성자를 이용하는 것과 비교해 장점이 있다면, 생성자 매개변수의 순서를 기억할 필요가 없다는 점이다.

@NoArgsConstructor

@NoArgsConstructor 어노테이션는 매개변수가 없는 생성자를 구현해준다. NoArgs
Constructor를 사용하는 것은 예제 2-29와 같은 생성자를 구현하는 것과 같다.

예제 2-29. 롬복이 생성하는 NoArgsConstructor

```
public TodoEntity() {

}
```

@AllArgsConstructor

@AllArgsConstructor 어노테이션은 클래스의 모든 멤버변수를 매개변수로 받는 생성
자를 구현 해준다. AllArgsConstructor를 사용하는 것은 예제 2-30와 같은 생성자
를 구현하는 것과 같다.

예제 2-30. 롬복이 생성하는 AllArgsConstructor

```
public TodoEntity(String id, String userId, String title, boolean done) {
  super();
  this.id = id;
  this.userId = userId;
  this.title = title;
  this.done = done;
  }
```

@Data

@Data 어노테이션은 예제 2-31과 같이 클래스 멤버 변수의 Getter/Setter 메서드를
구현해준다.

```java
public String getId(){
    return id;
    }
public void setId(String id){
    this.id=id;
    }
public String getUserId(){
    return userId;
    }
public void setUserId(String userId){
    this.userId=userId;
    }
public String getTitle(){
    return title;
    }
public void setTitle(String title){
    this.title=title;
    }
public boolean isDone(){
    return done;
    }
public void setDone(boolean done){
    this.done=done;

    }
```

DTO(Data Transition Object)

서비스가 요청을 처리하고 클라이언트로 반환할 때, 모델^{Model} 자체를 그대로 리턴하는 경우는 별로 없다. 보통은 데이터를 전달하기 위해 사용하는 오브젝트인 Data Transfer Object^{DTO}로 변환해 리턴한다. 왜 모델을 그냥 리턴하지 않고 DTO로 변환하는 것일까?

첫 번째 이유는 비즈니스 로직을 캡슐화^{encapsulation}하기 위함이다. 모델은 데이터베이스 테이블 구조와 매우 유사하다. 모델이 가지고 있는 필드^{Field}들은 테이블의 스키마와 비슷할 확률이 높다. 대부분의 회사들은 외부인이 자사의 데이터베이스의 스키마를 아는 것을 원치 않는다. 이때 DTO처럼 다른 오브젝트로 바꿔 반환하면 외부 사용자에게 서비스 내부의 로직, 데이터베이스 구조 등을 숨길 수 있다.

두 번째 이유는 클라이언트가 필요한 정보를 모델이 전부 포함하지 않는 경우가 많기 때문이다. 가장 대표적인 예로 에러 메시지가 있다. 만약 서비스 실행 도중 유저 에러가 나면 이 에러 메시지를 어디에 포함해야 하는가? 모델은 서비스 로직과는 관련이 없기 때문에 모델에 담기는 애매하다. 이런 경우 DTO에 에러 메시지 필드를 선언하고 DTO에 포함하면 된다.

com.example.demo 아래에 dto 패키지를 생성한다. 그 아래에 TodoEntity의 DTO버전 클래스인 TodoDTO.java를 생성하자(실습 코드 2-7 참고). 사용자는 이 클래스를 이용해 Todo 아이템을 생성, 수정, 삭제할 예정이다.

실습 코드 2-7. TodoDTO.java

```
package com.example.demo.dto;

import com.example.demo.model.TodoEntity;
import lombok.AllArgsConstructor;
import lombok.Builder;
import lombok.Data;
import lombok.NoArgsConstructor;

@Builder
@NoArgsConstructor
@AllArgsConstructor
@Data
public class TodoDTO {
    private String id;
    private String title;
    private boolean done;
```

```
public TodoDTO(final TodoEntity entity) {
  this.id = entity.getId();
  this.title = entity.getTitle();
  this.done = entity.isDone();
 }
}
```

실습 코드 2-7의 TodoDTO에는 userId가 없다. 이 프로젝트는 이후 스프링 시큐리티를 이용해 인증을 구현한다. 따라서 유저가 자기 아이디를 넘겨주지 않아도 인증이 가능하다. userId는 애플리케이션과 데이터베이스에서 사용자를 구별하기 위한 고유 식별자로 사용하기 때문에 숨길 수 있다면 숨기는 것이 보안상 알맞다. 따라서 DTO에는 userId를 포함하지 않았다.

이제 HTTP 응답으로 사용할 DTO가 필요하다. 실습 코드 2-8처럼 DTO 패키지 아래에 ResponseDTO를 생성하자.

실습 코드 2-8. ResponseDTO.java

```
package com.example.demo.dto;

import java.util.List;
import lombok.AllArgsConstructor;
import lombok.Builder;
import lombok.Data;
import lombok.NoArgsConstructor;

@Builder
@NoArgsConstructor
@AllArgsConstructor
@Data
public class ResponseDTO<T> {
 private String error;
 private List<T> data;
}
```

TodoDTO뿐만 아니라 이후 다른 모델의 DTO도 ResponseDTO를 이용해 리턴할 수 있도록 자바 Generic을 이용했다. 또한 이 프로젝트의 경우 Todo를 하나만 반환하는 경우보다 리스트를 반환하는 경우가 많으므로 데이터를 리스트로 반환하도록 짰다.

2.2.3 REST API

REST는 Representational State Transfer의 약자로 아키텍처 스타일이다(REST API Tutorial). 아키텍처 스타일은 아키텍처 패턴과는 조금 다른데, 패턴은 어떤 반복되는 문제 상황을 해결하기 위한 도구이고 아키텍처 스타일은 반복되는 아키텍처 디자인을 의미한다. REST 아키텍처 스타일은 6가지 제약 조건으로 구성된다. 이 가이드라인을 따르는 API를 RESTful API라고 한다.

REST 제약 조건

- 클라이언트-서버Client-Server
- 상태가 없는Stateless
- 캐시Cache 가능한 데이터Cacheable
- 일관적인 인터페이스Uniform Interface
- 레이어 시스템Layered System
- 코드 온-디맨드(선택사항)Code-On-Demand

클라이언트-서버

클라이언트-서버라는것은 리소스를 관리하는 서버가 존재하고, 다수의 클라이언트가 리소스를 소비하기 위해 네트워크를 통해 서버에 접근하는 구조를 의미한다. 이런 구조 중 우리에게 가장 친숙한 것이 바로 웹 애플리케이션이고 우리가 만들려는 Todo 앱도 클라이언트(브라우저)-서버 구조이다.

상태가 없음

상태가 없다^{Stateless}는 것은 클라이언트가 서버에 요청을 보낼 때, 이전 요청의 영향을 받지 않음을 의미한다. 예를 들어 /login으로 로그인 요청을 보내고, 로그인이 되어 다음 페이지인 /page로 넘어갔다고 하자. /page로 리소스를 불러올 때, 이전 요청에서 login한 사실을 서버가 알고 있어야 한다면 그것은 상태가 있는^{Stateful} 아키텍처이다. 서버가 그 사실을 알지 못한다면 상태가 없는 것이다. 그럼 로그인을 어떻게 하란 말인가? 또는 부득이한 경우 상태를 어떻게 유지하는가? 클라이언트는 서버에 요청을 날릴 때마다 요청에 리소스를 받기 위한 모든 정보를 포함해야 한다.

예를 들어서 로그인의 경우, 서버는 로그인 상태를 유지하지 못하므로, 요청을 보낼 때마다 로그인 정보를 항상 함께 보내야 한다. 리소스를 수정 후 수정한 상태를 유지해야 하는 경우는 서버가 아닌 데이터베이스 같은 퍼시스턴스에 상태를 저장해야 한다.

HTTP는 기본적으로 상태가 없는 프로토콜이다. 따라서 HTTP를 사용하는 웹 애플리케이션은 기본적으로 상태가 없는 구조를 따른다.

캐시 가능한 데이터

서버에서 리소스를 리턴할 때 캐시^{Cache}가 가능한지 아닌지 명시할 수 있어야 한다. HTTP에서는 cache-control이라는 헤더에 리소스의 캐시 여부를 명시할 수 있다.

일관적인 인터페이스

일관적인 인터페이스^{Uniform Interface}라는 것은 시스템 또는 애플리케이션의 리소스에 접근하기 위한 인터페이스가 일관적이어야 한다는 뜻이다. 예를 들어서 Todo 아이템을 가져오기 위해서 http://fsoftwareengineer.com/todo를 사용했다고 하자. 이때 Todo 아이템을 업데이트하기 위해서 http://fsoftwareengineer2.com/todo 를 사용해야 한다면 이는 일관적인 인터페이스가 아니다. 여기서 예로 든 것은 URI 의 일관성이다. 또 다른 일관성의 예를 보자.

예를 들어 http://fsoftwareengineer.com/todo는 JSON 형식의 리소스를 리턴했 다. 그런데 http://fsoftwareengineer.com/account는 HTML을 리턴했다. 이런 인터페이스는 리턴 타입에 일관성이 있다고 할 수 없다. 이렇게 리소스에 접근하는 방식, 요청의 형식, 응답의 형식이 애플리케이션 전반에 걸쳐 URI, 요청의 형태와 응 답의 형태가 일관적이어야 한다는 것이 일관적인 인터페이스 방침이다.

또한 서버가 리턴하는 응답에는 해당 리소스를 수정하기 위한 충분한 정보가 있어 야 한다. 예를 들어서 Todo 아이템을 받아왔는데 ID가 없다면, 이후 클라이언트는 Todo 아이템을 업데이트하거나 삭제하지 못한다. 리소스를 수정하기 위한 충분한 정보가 부족한 것이다.

레이어 시스템(Layered System)

클라이언트가 서버에 요청을 날릴 때, 여러 개의 레이어로 된 서버를 거칠 수 있다. 예를 들어 서버는 인증 서버, 캐싱 서버, 로드 밸런서를 거쳐서 최종적으로 애플리케 이션에 도착한다고 하자. 이 사이의 레이어들은 요청과 응답에 어떤 영향을 미치지 않으며 클라이언트는 서버의 레이어 존재 유무를 알지 못한다.

코드-온-디맨드(Code-on-Demand)

이 제약은 선택 사항이다. 클라이언트는 서버에 코드를 요청할 수 있고, 서버가 리턴 한 코드를 실행할 수 있다.

REST는 HTTP와 다르다. REST는 HTTP를 이용해 구현하기 쉽고, 대부분 그렇게 구현하지만 엄밀히 말하면 REST는 아키텍처이고, HTTP는 REST 아키텍처를 구현 할 때 사용하면 쉬운 프로토콜이다.

2.2.4 컨트롤러 레이어 : 스프링 REST API 컨트롤러

HTTP는 GET/POST/PUT/DELETE/OPTIONS 등과 같은 메서드와 URI를 이용해 서버에 HTTP 요청을 보낼 수 있다. 그렇다면 서버는 이 요청을 받은 후 어떻게 처리 해야 할까?

예를 들어 예제 2-32와 같은 HTTP 리퀘스트가 있다고 하자.

예제 2-32. HTTP 요청

```
GET /test HTTP/1.1
Host: localhost:8080
Content-Type: application/json
Content-Length: 17

{
    "id": 123
}
```

예제 2-32는 localhost:8080에게 http GET 메서드를 이용해 test라는 리소스를 요청한다는 뜻이다. 따라서 서버는 자기 주소를 제외한 /{리소스} 부분을 이해하고, 또이 요청이 어떤 HTTP 메서드를 이용했는지 알아야 한다. 그 후 해당 리소스의 HTTP 메서드에 연결된 메서드를 실행해야 한다.

스프링 부트 스타터 웹spring-boot-starter-web의 어노테이션을 이용하면 이 연결을 쉽게할 수 있다. 스프링 부트 스타터 웹은 스프링 부트 프로젝트 설정 시 함께 다운받았던 라이브러리다.

예제 2-33. 스프링 부트 스타터 build.gradle

```
implementation 'org.springframework.boot:spring-boot-starter-web'
```

build.gradle을 열어보면 예제 2-33처럼 스프링 부트 스타터 앱이 이미 디펜던시로 설정돼 있는 것을 확인할 수 있다. 지금부터 할 연결 작업의 어노테이션은 모두 스프링 부트 스타터 웹 패키지에서 제공하는 것이다.

TestController

com.example.demo.controller라는 패키지를 생성하자. 이 패키지에는 컨트롤러에 관련된 클래스만 생성할 것이다. 생성된 패키지 아래에 컨트롤러 실습을 위한 Test Controller.java를 실습 코드 2-9와 같이 생성한다.

실습 코드 2-9. TestController.java

```java
package com.example.demo.controller;

import org.springframework.web.bind.annotation.GetMapping;
import org.springframework.web.bind.annotation.RequestMapping;
import org.springframework.web.bind.annotation.RestController;

@RestController
@RequestMapping("test") //리소스
public class TestController {

}
```

우리는 REST API를 구현하므로 @RestController 어노테이션을 이용해 이 컨트롤러가 RestController임을 명시한다. @RestController를 이용하면 http 관련된 코드 및 요청/응답 매핑을 스프링이 알아서 해준다. 작성할 컨트롤러 테스팅을 위해 실습 코드 2-10과 같은 메서드를 TestController에 추가했다.

실습 코드 2-10. TestController.java의 testController 메서드

```java
@GetMapping
  public String testController() {
```

```
    return "Hello World!";
}
```

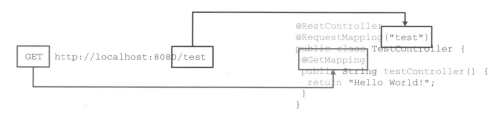

그림 2-23 스프링의 HTTP 요청 컨트롤러 메서드 매핑 1

@GetMapping 어노테이션을 이용해 이 메서드의 리소스와 HTTP 메서드를 지정한다. 클라이언트가 이 리소스에 대해 Get 메서드로 요청하면, @GetMapping에 연결된 컨트롤러가 실행된다. 예제 메서드에서는 "localhost:8080/test"의 GET Method는 testController()에 연결된다는 뜻이다(그림 2-23 참고). 이 작업을 스프링이 대신 해 준다.

실습 코드 2-11. TestController.java 클래스 전체

```
package com.example.demo.controller;

import org.springframework.web.bind.annotation.GetMapping;
import org.springframework.web.bind.annotation.RequestMapping;
import org.springframework.web.bind.annotation.RestController;

@RestController
@RequestMapping("test")
public class TestController {
  @GetMapping
  public String testController() {
    return "Hello World!";
  }
}
```

실습 코드 2-11처럼 클래스를 작성했다면 testController()를 테스팅하기 위해 애플리케이션을 빌드 및 실행해보자.

실행은 2.1.6절에서 했던 것처럼 터미널이나 파워셸에서 ./gradlew bootRun를 실행하거나 이클립스에서 메인 메서드를 실행하면 된다.

그림 2-24 브라우저를 이용한 http://localhost:8080/test GET 요청

애플리케이션 실행 후 브라우저를 통해 localhost:8080/test로 접근하면 그림 2-24와 같이 Hello World!가 뜨는 것을 확인할 수 있다. 브라우저에서 URI을 입력해 접근하는 것은 GET 요청이다.

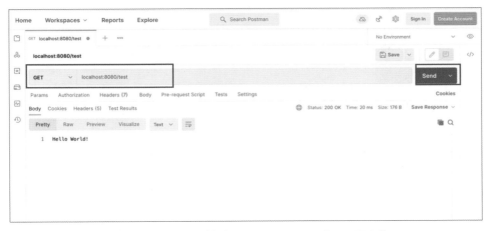

그림 2-25 포스트맨을 이용한 http://localhost:8080/test GET 요청

포스트맨을 이용해 테스팅하면 HTTP Method를 확실히 구분할 수 있다. 그림 2-25처럼 GET을 선택하고 **Send**를 누르면 Hello World! 결과가 리턴된다.

실습을 통해 스프링이 `@RequestMapping("/test")`는 URI 경로에 `@GetMapping`은 HTTP 메서드에 매핑한다는 사실을 깨달았다. 그런데 URI 경로를 꼭 `RequestMapping`에서만 지정할 수 있는 것은 아니다. `@GetMapping`에서도 URI 경로를 지정할 수 있다.

실습 코드 2-12. @GetMapping에 경로 지정

```
@GetMapping("/testGetMapping")
public String testControllerWithPath() {
 return "Hello World! testGetMapping ";
}
```

실습 코드 2-12와 같은 메서드를 `TestController` 클래스에 구현한 후 애플리케이션을 재시작해보자. 포스트맨에서 경로에 localhost:8080/test/testGetMapping으로 GET 요청을 보내면 'Hello World! testGetMapping'하고 응답이 반환되는 것을 확인할 수 있다(그림 2-26 참고).

그림 2-26 포스트맨 @GetMapping("/testGetMapping") 확인

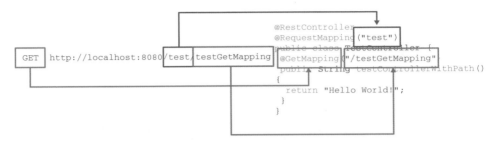

그림 2-27 스프링의 HTTP 요청 컨트롤러 메서드 매핑 2

@GetMapping의 매개변수로 경로를 지정하는 경우 스프링이 어떻게 URI를 매핑하는지 그림 2-27을 통해 알아보자. 스프링은 이 요청이 GET 요청임을 안다. 그래서 GetMapping이 지정된 메서드를 실행해야 한다는 사실을 안다. 또 메서드 testControllerWithPath()의 클래스에 추가된 @RequestMapping("test")과 @GetMapping("/testGetMapping")을 통해 /test/testGetMapping이 이 메서드에 연결돼야 한다는 사실을 안다.

예제 2-34. @RequestMapping이 없는 경우

```
@RestController
public class TestController {
 @GetMapping("/testGetMapping")
 public String testControllerWithPath() {
  return "Hello World! testGetMapping ";
 }
}
```

만약 예제 2-34처럼 @RequestMapping 어노테이션을 추가하지 않는다면 이 메서드는 http://localhost:8080/testGetMapping에 연결된다.

예제 2-35. @GetMapping에 /test/testGetMapping

```
@RestController
public class TestController {
```

```
@GetMapping("/test/testGetMapping")
public String testControllerWithPath() {
  return "Hello World! testGetMapping ";
 }
}
```

또는 예제 2-35처럼 전체 경로를 @GetMapping에 지정할 수도 있다. 섞어서 사용하는 것도 당연히 가능하다. @GetMapping과 비슷한 어노테이션으로 @PostMapping, @PutMapping, @DeleteMapping이 있는데, 각각 HTTP 메서드 POST, PUT, DELETE를 의미한다.

※ 팁 ─────────────────────

@GetMapping, @PostMapping, @PutMapping, @DeleteMapping은 스프링 4.3부터 지원되기 시작했다(baeldung, 2020). 그 이전에는

　　@RequestMapping(value="/경로", method=RequestMethod.GET)
　　@RequestMapping(value="/경로", method=RequestMethod.POST)
　　@RequestMapping(value="/경로", method=RequestMethod.PUT)
　　@RequestMapping(value="/경로", method=RequestMethod.DELETE)

처럼 하나의 어노테이션에 HTTP 메서드를 매개변수로 주는 형태로 컨트롤러 메서드를 연결했다.

매개변수를 넘겨받는 방법

만약 /test가 아닌 /test/{id}처럼 PathVariable이나 /test?id=123처럼 요청 매개변수를 받아야 한다면 어떻게 해야할까?

@PathVariable

@PathVariable을 이용하면 /{id}와 같이 URI의 경로로 넘어오는 값을 변수로 받아 올 수 있다.

```
import org.springframework.web.bind.annotation.PathVariable; // import는 맨 위에 추가


@GetMapping("/{id}")
  public String testControllerWithPathVariables(@PathVariable(required = false) int id)
{
    return "Hello World! ID " + id;
}
```

TestController 클래스에 실습 코드 2-13을 구현한 후 실행해보자. 이제 http://local host:8080/test/123 같은 요청을 날릴 수 있다.

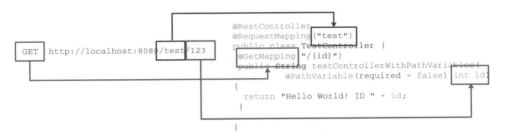

그림 2-28 스프링의 PathVariable 매핑

PathVariable도 마찬가지로 그림 2-28처럼 매핑된다. @GetMapping("/{id}")의 매개 변수 /{id}는 경로로 들어오는 임의의 숫자 또는 문자를 변수 id에 매핑하라는 뜻이 다. 그림에서는 id가 정수형이므로 test/ 다음에 오는 정수가 id에 매핑된다. 예를 들 어 http://localhost:8080/test/123를 실행하는 경우 컨트롤러의 id 변수에 123이 들 어간다. (required = false)은 이 매개변수가 꼭 필요한건 아니라는 뜻이다. 따라서 id=123을 명시하지 않아도 에러가 나지 않는다.

@RequestParam

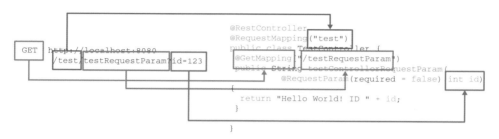

그림 2-29 스프링의 RequestParam 매핑

또 다른 방법으로는 @RequestParam을 이용하는 방법이 있다. @RequestParam을 이용하면 ?id={id}와 같이 요청 매개변수로 넘어오는 값을 변수로 받아올 수 있다(그림 2-29참고).

실습 코드 2-14. RequestParam을 이용한 매개변수 전달

```
import org.springframework.web.bind.annotation.RequestParam; // import는 맨 위에 추가

// /test경로는 이미 존재하므로 /test/testRequestParam으로 지정했다.
@GetMapping("/testRequestParam")
public String testControllerRequestParam(@RequestParam(required = false) int id) {
 return "Hello World! ID " + id;
}
```

TestController에 실습 코드 2-14와 같이 testControllerRequestParam() 메서드를 추가해보자. 스프링 부트 애플리케이션을 재시작하고 포스트맨에서 localhost:8080/test/testRequestParam?id=123로 GET 요청을 전송해 테스팅해보라. 그러면 실습 코드 2-13에서 확인했던 것처럼 실습 코드 2-14에서도 결과로 Hello World! ID 123가 반환되는 것을 확인할 수 있다.

@RequestBody

마지막으로 @RequestBody를 사용하는 방법이 있다. RequestBody는 보통 반환하고자 하는 리소스가 복잡할 때 사용한다. 예를 들어서 String이나 int 같은 기본 자료형이 아닌 오브젝트처럼 복잡한 자료형을 통째로 요청에 보내고 싶은 경우가 이에 해당한다.

실습 코드 2-15. RequestBody 실습을 위한 TestRequestBodyDTO

```
package com.example.demo.dto;

import lombok.Data;

@Data
public class TestRequestBodyDTO {
 private int id;
 private String message;
}
```

실습 코드 2-15와 같이 dto 패키지 안에 TestRequestBodyDTO 생성 후 실습 코드 2-16과 같이 TestRequestBodyDTO를 요청 바디로 받는 tsetControllerReuestBody() 메서드를 추가해보자.

실습 코드 2-16. TestController에 RequestBody 매개변수 추가

```
package com.example.demo.controller;

import com.example.demo.dto.ResponseDTO;
import com.example.demo.dto.TestRequestBodyDTO;
import org.springframework.http.ResponseEntity;
import org.springframework.web.bind.annotation.GetMapping;
import org.springframework.web.bind.annotation.PathVariable;
import org.springframework.web.bind.annotation.RequestBody;
import org.springframework.web.bind.annotation.RequestMapping;
import org.springframework.web.bind.annotation.RequestParam;
import org.springframework.web.bind.annotation.RestController;
```

```
import java.util.ArrayList;
import java.util.List;


@RestController
@RequestMapping("test")
public class TestController {

    // /test 경로는 이미 존재하므로 /test/testRequestBody로 지정했다.
    @GetMapping("/testRequestBody")
    public String testControllerRequestBody(@RequestBody TestRequestBodyDTO
testRequestBodyDTO) {
        return "Hello World! ID " + testRequestBodyDTO.getId() + " Message : " +
testRequestBodyDTO.getMessage();
    }
}
```

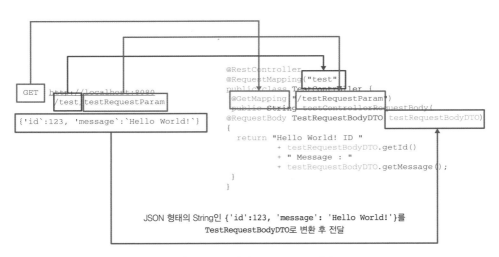

그림 2-30 스프링의 RequestBody 매핑

@RequestBody TestRequestBodyDTO testRequestBodyDTO는 RequestBody로 날아오
는 JSON을 TestRequestBodyDTO 오브젝트로 변환해 가져오라는 뜻이다. 다시 말해 클

라이언트는 요청 바디로 JSON 형태의 문자열을 넘겨준다. 이 JSON의 내부는 의미적으로 TestRequestBodyDTO와 같아야 한다(그림 2-30 참고). 예를 들어서 TestRequestBodyDTO는 int 형태의 id와 String형태의 message를 받는다. 그러므로 요청 바디에 명시할 JSON도 실습 코드 2-17처럼 {id : 정수 ..}를 넘겨줘야 한다. 정수 대신 정수로 캐스팅 될 수 없는 문자열을 넣으면 에러가 난다. 마찬가지로 message에는 문자열을 넣어준다.

실습 코드 2-17. JSON 형태의 TestRequestBodyDTO

```
{
    "id" : 123,
    "message" : "Hello ?"
}
```

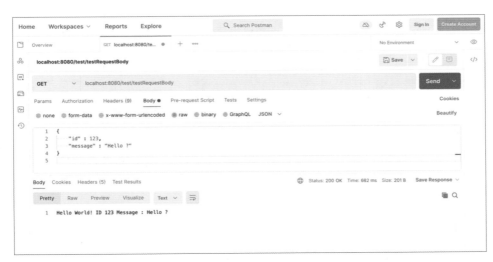

그림 2-31 포스트맨에서 RequestBody를 이용해 GET 요청 보내기

포스트맨에서 그림 2-31와 같이 Body ❯ raw ❯ JSON을 선택해 실습 코드 2-17와 같은 요청 바디를 넣고 실행하면 결과가 리턴되는 것을 확인할 수 있다.

@ResponseBody

지금까지 우리는 문자열을 리턴했다. 만약 문자열보다 복잡한, 예컨대 오브젝트 같은 것을 리턴하려면 어떻게 해야 할까? 요청을 통해 오브젝트를 가져올 수 있는데, 응답으로 오브젝트를 리턴하지 못하라는 법은 없다. 실제로 이를 구현하는 법은 아주 간단하다. 오브젝트를 그냥 리턴하면 된다. 이런 간단함의 비밀은 @RestController 어노테이션에 있다.

예제 2-36. @RestController

```
@Controller
@ResponseBody
public @interface RestController {
...
}
```

스프링은 @RestController는 안을 들여다보면 크게 두 어노테이션의 조합으로 이루어져 있다. 하나는 @Controller이고 다른 하나는 @ResponseBody이다(예제 2-36참고). @Controller는 더 들여다보면 @Component로 스프링이 이 클래스의 오브젝트를 알아서 생성하고 다른 오브젝트들과의 의존성을 연결한다는 뜻이다. @ResponseBody는 이 클래스의 메서드가 리턴하는 것은 웹 서비스의 ResponseBody라는 뜻이다. 다시 말해, 메서드가 리턴할 때 스프링은 리턴된 오브젝트를 JSON의 형태로 바꾸고 HttpResponse에 담아 반환한다는 뜻이다(baeldung, 2021).

✴ 팁 ─────────────

스프링이 오브젝트를 JSON으로 바꾸는 것처럼 오브젝트를 저장하거나 네트워크를 통해 전달할 수 있도록 변환하는 것을 Serialization이라고 한다. 반대의 작업을 Deserialization이라고 한다.

실습을 위해 ResponseDTO를 리턴하는 컨트롤러를 구현해보도록 하자. 이 프로젝트의 모든 컨트롤러는 ResponseDTO를 반환할 예정이다(실습 코드 2-18 참고).

```
@GetMapping("/testResponseBody")
public ResponseDTO<String> testControllerResponseBody() {
 List<String> list = new ArrayList<>();
 list.add("Hello World! I'm ResponseDTO");
 ResponseDTO<String> response = ResponseDTO.<String>builder().data(list).build();
 return response;
}
```

컴파일 후 localhost:8080/test/testResponseBody를 실행시키면 예제 2-37 같은 JSON이 리턴된다.

예제 2-37. localhost:8080/test/testResponseBody HTTP 응답

```
{
    "error": null,
    "data": [
        "Hello World! I'm ResponseDTO"
    ]
}
```

마지막으로 ResponseEntity를 알아보자. 우리가 작성할 컨트롤러는 모두 Response Entity를 반환할 예정이다. ResponseEntity는 HTTP 응답의 바디뿐만 아니라 여러 다른 매개변수들, 예를 들어 status나 header를 조작하고 싶을 때 사용한다.

실습 코드 2-19. ResponseEntity를 반환하는 컨트롤러 메서드

```
@GetMapping("/testResponseEntity")
public ResponseEntity<?> testControllerResponseEntity() {
 List<String> list = new ArrayList<>();
 list.add("Hello World! I'm ResponseEntity. And you got 400!");
 ResponseDTO<String> response = ResponseDTO.<String>builder().data(list).build();
// http status를 400로 설정.
 return ResponseEntity.badRequest().body(response);
}
```

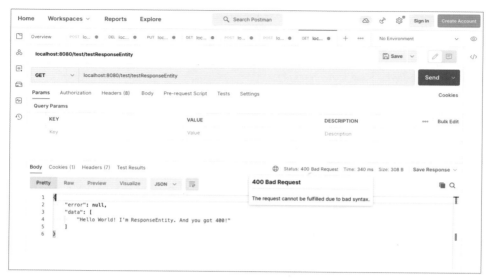

그림 2-32 400 BadRequest

포스트맨을 이용해 실습해보면 그림 2-32처럼 400 Bad Request가 반환된 것을 확인할 수 있다. ResponseEntity를 리턴하는 것과 그냥 ResponseDTO를 리턴하는 것을 비교했을 때, 리턴된 body에는 아무 차이가 없다. 단지 헤더와 HTTP Status를 조작할 수 있다는 점이 다르다는 사실을 기억하자. 또 실습 코드 2-19에서는 비교를 위해 badRequest 메서드를 사용했지만 정상적으로 응답을 반환한다면 예제 2-38처럼 ok 메서드를 사용하면 된다.

예제 2-38. ResponseEntity ok 응답

```
return ResponseEntity.ok().body(response);
```

같은 방식으로 실습 코드 2-20과 같이 TodoController를 작성해보자. 스스로 ResponseEntity를 리턴하는 HTTP GET testTodo() 메서드를 작성할 수 있는가?

```java
package com.example.demo.controller;

import org.springframework.web.bind.annotation.RequestMapping;
import org.springframework.web.bind.annotation.RestController;

@RestController
@RequestMapping("todo")
public class TodoController {
 // testTodo 메서드 작성하기
}
```

2.2.5 서비스 레이어 : 비즈니스 로직

서비스 레이어는 컨트롤러와 퍼시스턴스 사이에서 비즈니스 로직을 수행하는 역할을 한다. 서비스 레이어는 HTTP와 긴밀히 연관된 컨트롤러에서 분리돼 있고, 또 데이터베이스와 긴밀히 연관된 퍼시스턴스와도 분리돼 있다. 따라서 서비스 레이어에서는 우리가 개발하고자 하는 로직에 집중할 수 있다.

Todo 프로젝트를 위한 비즈니스 로직 구현을 위해 com.example.demo.service 패키지를 생성하고 TodoService.java를 그 아래에 만들자.

실습 코드 2-21. TodoService.java

```java
package com.example.demo.service;

import org.springframework.stereotype.Service;

@Service
public class TodoService {

  public String testService() {
   return "Test Service";
```

```
    }
}
```

@Service 어노테이션은 스테레오타입 어노테이션이다. @Service는 내부에 @Component 어노테이션을 가지고 있는데, @Component 어노테이션과 비교했을 때 특별한 기능 차이는 없다. 단지 이 클래스는 스프링 컴포넌트며 기능적으로는 비즈니스 로직을 수행하는 서비스 레이어임을 알려주는 어노테이션이다.

실습 코드 2-21을 통해 간단한 서비스를 만들었으니, 이 서비스를 사용하기 위해 실습 코드 2-20에서 작성한 TodoController.java를 수정하도록 하자. 수정한 코드는 실습 코드 2-22와 같다.

실습 코드 2-22. TodoController에서 TodoService 사용

```
// 여러 가지 다른 패키지...
import org.springframework.beans.factory.annotation.Autowired;
// 여러 가지 다른 패키지...


@RestController
@RequestMapping("todo")
public class TodoController {

 @Autowired
 private TodoService service;

@GetMapping("/test")
public ResponseEntity<?> testTodo() {
 String str = service.testService(); // 테스트 서비스 사용
 List<String> list = new ArrayList<>();
 list.add(str);
 ResponseDTO<String> response = ResponseDTO.<String>builder().data(list).build();
 return ResponseEntity.ok().body(response);
}


}
```

여기에 한 가지 비밀이 있다. 바로 @RestController도 내부에 @Component 어노테이션을 가지고 있다는 것이다. 따라서 @Service도 @RestController도 모두 자바 빈이고, 스프링이 관리한다. 스프링은 TodoController 오브젝트를 생성할 때, TodoContoller 내부에 선언된 TodoService에 @Autowired 어노테이션이 붙어있다는 것을 확인한다. @Autowired는 알아서 빈Bean을 찾아서 그 빈을 이 인스턴스 멤버변수에 연결하라는 뜻이다. 그러므로 TodoController를 초기화할 때 스프링은 알아서 TodoService를 초기화 또는 검색해 TodoController에 주입해준다. 우리가 아무것도 할 필요 없이 말이다.

테스팅

이제 애플리케이션을 재시작하고 포스트맨을 이용해 GET localhost:8080/todo/test 요청을 보내보자. 예제 2-39처럼 "Test Service"를 담은 ResponseDTO가 리턴되는 것을 확인할 수 있다.

예제 2-39. 서비스 레이어 테스팅

```
{
    "error": null,
    "data": [
        "Test Service"
    ]
}
```

2.2.6 퍼시스턴스 레이어 : 스프링 데이터 JPA

우리 애플리케이션은 Todo 아이템을 데이터베이스에 저장해야 한다. 저장 장소로 관계형 데이터베이스를 선택했으므로, 관계형 데이터베이스에 대한 이야기를 잠깐 해보도록 하자. 보통 관계형 데이터베이스에 쿼리를 날리기 위해 어떻게 하는가? 첫 번째로 데이터베이스 클라이언트를 설치한다. 예를 들어서 MySQL이라면 MySQL

Workbench 같은 MySQL 클라이언트를 설치한다. 클라이언트는 데이터베이스에 연결하는 작업을 도와준다. 클라이언트를 이용해 데이터베이스에 연결되면 쿼리를 작성한다.

예제 2-40. Create Table 쿼리

```
CREATE TABLE IF NOT EXISTS Todo(
  id VARCHAR(100) NOT NULL PRIMARY KEY,
  userId VARCHAR(100) NOT NULL,
  title VARCHAR(100) NOT NULL,
  done boolean DEFAULT false
);
```

테이블을 생성하고 아이템을 몇 개 넣었다고 하자(예제 2-40참고). 그러면 우리는 이후 이 아이템을 검색하기 위해 SELECT 쿼리를 날린다.

예제 2-41. Select 쿼리

```
SELECT id, title, done
FROM Todo
WHERE id = "ff80808177";
```

예제 2-41처럼 쿼리를 날리면 조건에 맞는 결과가 리턴된다. 결과는 아마도 그림 2-33과 같은 모양일 것이다.

id	userId	title	done
ff80808177	760001	공부하기	False
ff80808178	87300b	운동하기	False

그림 2-33 SELECT 쿼리 결과

여기까지는 좋다. 그런데 우리는 이렇게 반환된 결과를 자바 애플리케이션 내에서 사용해야 한다. 이뿐만 아니라 테이블을 생성하는 것도, 테이블에 엔트리를 추가하는 것도, 수정하는 것도, 삭제하는 것도 다 웹 서비스의 일부로 동작해야 한다. 어떻게 해야 할까?

우선 JDBC 드라이버가 있어야 한다. JDBC 드라이버는 자바에서 데이터베이스에 연결할 수 있도록 도와주는 라이브러리이다. 쉽게 말하자면 MySQL 클라이언트 같은 것이다.

✳️ **팁** ─────────────────

MySQL 클라이언트도 내부에서 JDBC/ODBC 등의 드라이버를 사용한다.

JDBC 드라이버를 통해 데이터베이스에 연결했다고 치자. 우리는 SQL을 작성해 날린다. 그러면 그림 2-33의 테이블이 자바로 반환된다.

참고를 위해 2.1.1 레이어드 아키텍처에서 설명했던 데이터베이스 콜 부분의 코드 스니펫을 다시 보자(예제 2-42 참고).

예제 2-42. 데이터베이스 콜 코드

```
// 데이터베이스 콜
String sqlSelectAllTodos = "SELECT * FROM Todo where USER_ID = " + request.getUserId();
String connectionUrl = "jdbc:mysql://mydb:3306/todo";

try {
  /* 1. 데이터베이스에 연결 */
  Connection conn = DriverManager.getConnection(connectionUrl, "username", "password");
  /* 2. SQL 쿼리 준비 */
  PreparedStatement ps = conn.prepareStatement(sqlSelectAllTodos);
  /* 3. 쿼리 실행 */
  ResultSet rs = ps.executeQuery();

  /* 결과를 오브젝트로 파싱 */
```

```
while (rs.next()) {
 long id = rs.getString("id");
 String title = rs.getString("title");
 Boolean isDone = rs.getBoolean("done");

 todos.add(new Todo(id, title, isDone));
 }
} catch (SQLException e) {
 // handle the exception
}
```

예제 2-42는 JDBC 커넥션인 Connection을 이용해 데이터베이스에 연결하고, sqlSelectAllTodos에 작성된 SQL을 실행 후 ResultSet이라는 클래스에 결과를 담아온다. 그리고 while문 내부에서 ResultSet을 Todo 오브젝트로 바꿔준다. 이 일련의 작업을 ORM^{Object-Relation Mapping}이라고 한다.

데이터베이스 테이블을 자바 내에서 사용하기 위해선 이 작업을 엔티티^{Entity}마다 해줘야 한다. 보통 데이터베이스 테이블 하나마다 그에 상응하는, 예를 들어 MySQL의 Todo 테이블과 TodoEntity.java 같은, 엔티티 클래스가 존재한다. 또 이런 ORM 작업을 집중적으로 해주는 DAO^{Data Access Object} 클래스를 작성해야 한다. 테이블과 매핑하는 오브젝트만 달랐지 하는 일은 거의 비슷하다. 보통 생성, 검색, 수정, 삭제 같은 기본적인 오퍼레이션들을 엔티티마다 작성해준다. 시간이 흐르면서 이런 반복 작업을 줄이기 위해 Hibernate 같은 ORM 프레임워크가 나왔고, 더 나아가 JPA나 스프링 데이터 JPA 같은 도구들이 개발됐다.

JPA는 반복해서 데이터베이스 쿼리를 날리고 ResultSet을 파싱해야 하는 개발자들의 노고를 덜어준다. JPA는 스펙^{Specification}이다. 스펙이라는 것은, 'JPA를 구현하기 위해서 이런 이런 기능을 작성하라'라고 말해주는 그야말로 지침이 되는 문서이다. 그리고 이 스펙이 명시 한 대로 동작한다면 그 내부의 구현 세부 사항은 구현자의 마음이다. 여하튼 JPA란 자바에서 데이터베이스 접근, 저장, 관리에 필요한 스펙이다. 그리고 이 스펙을 구현하는 구현자를 JPA Provider라고 부르는데, 그중 대표적인 JPA Provider가 Hibernate이다.

그렇다면 스프링 데이터 JPA는 무엇이고 JPA와 무슨 관계인가? 스프링 데이터 JPA는 JPA에 +a 라고 생각하면 된다. JPA를 더 사용하기 쉽게 도와주는 스프링의 프로젝트라고 생각하면 쉽다. 기술적인 말로 이를 추상화^{Abstraction}했다고 한다. 추상화했다는 건, 사용하기 쉬운 인터페이스를 제공한다는 것이다. 이 프로젝트에서는 그런 인터페이스 중 하나인 JpaRepository를 사용한다.

데이터베이스와 스프링 데이터JPA 설정

데이터베이스에 연결하기 위해서는 첫 번째로 데이터베이스가 필요하다. 우리는 Spring Initializr에서 프로젝트를 생성할 때 몇 가지 디펜던시 라이브러리를 추가했는데, 그중 H2가 있었다(예제 2-43참고).

예제 2-43. build.gradle h2 디펜던시

```
runtimeOnly 'com.h2database:h2'
```

H2는 In-Memory데이터베이스로, 로컬 환경에서 메모리상에 데이터베이스를 구축 해준다. H2를 사용하면 개발자들이 따로 데이터베이스 서버를 구축하는 데 시간을 들일 필요 없어, 초기 개발 시 많이 사용한다. 우리도 당분간 H2를 데이터베이스로 이용할 예정이다. build.gradle에 h2를 디펜던시로 설정하면, @SpringBoot Application 어노테이션의 일부로 스프링이 알아서 애플리케이션을 H2 데이터베이스에 연결해준다. 이때, H2를 기본 설정인 In-Memory로 실행하는 경우 애플리케이션 실행 시 테이블을 생성하고, 마찬가지로 애플리케이션 종료 시 테이블도 함께 소멸된다.

또 스프링 데이터 JPA를 사용하기 위해선 spring-boot-starter-jpa 라이브러리가 필요하다. 이 라이브러리도 Spring Initializr에서 프로젝트를 생성할 때 이미 포함했다. build.gradle에서 spring-boot-starter-jpa를 추가했는지 확인하자(예제 2-44 참고).

예제 2-44. build.gradle spring-boot-starter 디펜던시

```
implementation 'org.springframework.boot:spring-boot-starter-data-jpa'
```

H2가 동작하는지, 스프링 데이터 JPA가 동작하는지는 애플리케이션 실행 시 출력되는 로그를 보면 확인할 수 있다.

예제 2-45. 애플리케이션 실행 로그

```
Bootstrapping Spring Data JPA repositories in DEFAULT mode.
Finished Spring Data repository scanning in 74 ms. Found 1 JPA repository interfaces.
...
HHH000412: Hibernate ORM core version 5.4.28.Final
HHH000400: Using dialect: org.hibernate.dialect.H2Dialect
```

예제 2-45를 통해 JPA가 생성됐다는 사실과 JPA Provider로 Hibernate ORM을 사용한다는 것, 또 애플리케이션이 H2 데이터베이스를 사용한다는 사실을 알 수 있다.

TodoEntity.java

보통 데이터베이스 테이블마다 그에 상응하는 엔티티 클래스가 존재한다고 언급했다. 우리 프로젝트에서는 Todo 테이블에 상응하는 TodoEntity가 존재한다. 하나의 엔티티 인스턴스는 데이터베이스 테이블의 한 행에 해당한다(BalasubramaniamVivek, 2019)(그림 2-34 참고).

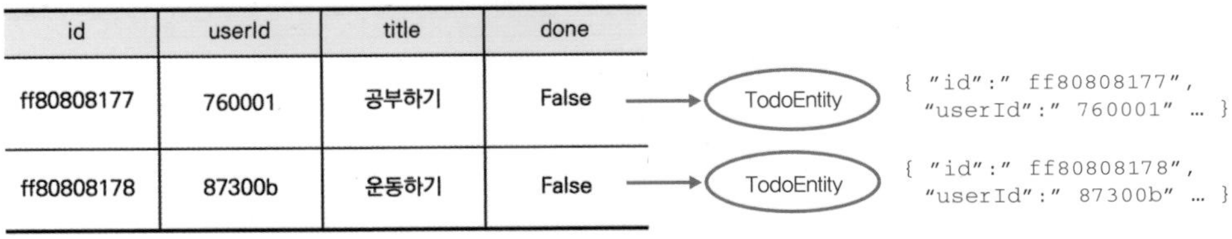
id
userId
title
done
ff80808177
760001
공부하기
False
TodoEntity
{ "id":" ff80808177",
"userId":" 760001" … }
ff80808178
87300b
운동하기
False
TodoEntity
{ "id":" ff80808178",
"userId":" 87300b" … }

그림 2-34 테이블 - 엔티티 매핑

엔티티 클래스는 클래스 그 자체가 테이블을 정의해야 한다. 이 말은 즉, ORM이 엔티티를 보고 어떤 테이블의 어떤 필드에 매핑해야 하는지 알 수 있어야 한다는 뜻이다. 또 어떤 필드가 기본 키Primary Key인지 외래 키Foreign Key인지 구분할 수 있어야 한다. 이런 데이터베이스 테이블 스키마에 관한 정보는 Javax.persistence가 제공하는 JPA 관련 어노테이션을 이용해 정의한다.

자바 클래스를 엔티티로 정의할 때 주의해야 하는 점이 몇 가지 있다. 첫 번째로 클래스에는 매개변수가 없는 생성자, NoArgsConstructor가 필요하다. 두 번째로 Getter/Setter가 필요하다. 세 번째는 기본키Primary Key를 지정해줘야 한다. 이 점을 유의하며 TodoEntity에 데이터베이스에 관련된 어노테이션을 추가해보자.

실습 코드 2-23. TodoEntity에 @Entity 어노테이션 추가

```
package com.example.demo.model;

import javax.persistence.Entity;
import lombok.AllArgsConstructor;
import lombok.Builder;
import lombok.Data;
import lombok.NoArgsConstructor;

@Builder
@NoArgsConstructor
@AllArgsConstructor
@Data
@Entity
```

```
public class TodoEntity {
    private String id;
    private String userId;
    private String title;
    private boolean done;
}
```

자바 클래스를 엔티티로 지정하기 위해 실습 코드 2-23처럼 TodoEntity에 @Entity
를 추가하라. 엔티티에 이름을 부여하고 싶다면 @Entity("TodoEntity")처럼 매개변수
를 넣어 줄 수 있다. 우리 프로젝트에서는 엔티티에 이름을 따로 붙이지 않으므로 매
개변수를 추가하지 않는다.

실습 코드 2-24. TodoEntity에 @Table 어노테이션 추가

```
package com.example.demo.model;

import javax.persistence.Entity;
import javax.persistence.Table;

import lombok.AllArgsConstructor;
import lombok.Builder;
import lombok.Data;
import lombok.NoArgsConstructor;

@Builder
@NoArgsConstructor
@AllArgsConstructor
@Data
@Entity
@Table(name = "Todo")
public class TodoEntity {
    private String id;
    private String userId;
    private String title;
    private boolean done;
}
```

테이블 이름을 지정하기 위해 실습 코드 2-24처럼 @Table(name = "Todo") 어노테이션을 추가하라. 이 엔티티는 데이터베이스의 Todo 테이블에 매핑된다는 뜻이다. 만약 @Table을 추가하지 않거나, 추가해도 name을 명시하지 않는다면 @Entity의 이름을 테이블 이름으로 간주한다. 만약 @Entity에 이름을 지정하지 않는 경우 클래스의 이름을 테이블 이름으로 간주한다.

실습 코드 2-25. @Id - 기본 키

```java
package com.example.demo.model;

import javax.persistence.Entity;
import javax.persistence.Id;
import javax.persistence.Table;

import lombok.AllArgsConstructor;
import lombok.Builder;
import lombok.Data;
import lombok.NoArgsConstructor;

@Builder
@NoArgsConstructor
@AllArgsConstructor
@Data
@Entity
@Table(name = "Todo")
public class TodoEntity {
 @Id
 private String id;
 private String userId;
 private String title;
 private boolean done;
}
```

@Id는 기본키가 될 필드에 지정한다. 우리의 경우 id가 기본 키이므로 id 필드 위에 @Id를 추가해야 한다(실습 코드 2-25참고). Id 필드는 우리가 오브젝트를 데이터베이

스에 저장할 때마다 생성할 수도 있지만, @GeneratedValue 어노테이션을 이용해 자동으로 생성할 수도 있다(실습 코드 2-26 참고).

실습 코드 2-26. @GeneratedValue, @GenericGenerator

```java
package com.example.demo.model;

import javax.persistence.Entity;
import javax.persistence.GeneratedValue;
import javax.persistence.Id;
import javax.persistence.Table;

import lombok.AllArgsConstructor;
import lombok.Builder;
import lombok.Data;
import lombok.NoArgsConstructor;
import org.hibernate.annotations.GenericGenerator;

@Builder
@NoArgsConstructor
@AllArgsConstructor
@Data
@Entity
@Table(name = "Todo")
public class TodoEntity {
 @Id
 @GeneratedValue(generator="system-uuid")
 @GenericGenerator(name="system-uuid", strategy = "uuid")
 private String id;
 private String userId;
 private String title;
 private boolean done;
}
```

실습 코드 2-26에서 @GeneratedValue와 @GenericGenerator 두 어노테이션을 사용했다. @GeneratedValue는 앞서 말했듯 ID를 자동으로 생성하겠다는 뜻이다. 이

때 매개변수인 generator로 어떻게 ID를 생성할지 지정할 수 있다. 우리의 경우 system-uuid라는 generator를 사용한다고 했다. system-uuid는 @Generic Generator에 정의된 generator의 이름이다. @GenericGenerator는 Hibernate이 제공하는 기본 Generator가 아닌 나만의 Generator를 사용하고 싶을 때 이용한다. 기본 Generator로는 INCREMENTAL, SEQUENCE, IDENTITY 등이 있는데, 우리는 문자열 형태의 UUID를 사용하기 위해 커스텀 generator를 만드는 것이다. UUID를 사용하기 위해 GenericGenerator의 매개변수 strategy로 "uuid"를 넘겼다. 이렇게 uuid를 사용하는 "system-uuid"라는 이름의 Generic Generator를 만들었고, 이 Generator는 @GeneratedValue가 참조해 사용한다.

TodoRepository.java

컨트롤러와 서비스에서 했던 것과 마찬가지로, 퍼시스턴스를 관리하기 위한 패키지를 com.example.demo.persistence에 만든다. 그리고 그 아래에 Todo Repository 인터페이스를 생성한 후 실습 코드 2-27과 같은 코드를 구현하자.

실습 코드 2-27. TodoRepository.java

```
package com.example.demo.persistence;

import org.springframework.data.jpa.repository.JpaRepository;
import org.springframework.stereotype.Repository;
import com.example.demo.model.TodoEntity;

@Repository
public interface TodoRepository extends JpaRepository<TodoEntity, String>{

}
```

JpaRepository는 인터페이스이다. 이 인터페이스를 사용하기 위해서는 새 인터페이스를 작성해 JpaRepository를 확장^{extend}해야 한다. 이때 JpaRepository⟨T, ID⟩

이 Genetic Type을 받는 것을 주의하자. 첫 번째 매개변수인 T는 테이블에 매핑할 엔티티 클래스이고, ID는 이 엔티티의 기본 키 타입이다. 우리의 경우 TodoEntity TodoEntity의 기본 키인 id의 타입인 String을 넣어 준다.

인터페이스 상단에 @Repository 어노테이션을 추가한 것을 확인할 수 있다. @Repository가 무슨 기능을 하는지 유추할 수 있는가? Repository 어노테이션 또한 Component 어노테이션의 특별 케이스이다. 따라서 스프링이 관리한다.

이제 테스팅을 위해 실습 코드 2-28과 같이 서비스에 임의로 TodoEntity 오브젝트를 추가해보자.

실습 코드 2-28. TodoService에서 TodoRepository 사용하기

```
package com.example.demo.service;

import org.springframework.beans.factory.annotation.Autowired;
import org.springframework.stereotype.Service;
import com.example.demo.model.TodoEntity;
import com.example.demo.persistence.TodoRepository;

@Service
public class TodoService {

  @Autowired
  private TodoRepository repository;

  public String testService() {
   // TodoEntity 생성
   TodoEntity entity = TodoEntity.builder().title("My first todo item").build();
   // TodoEntity 저장
   repository.save(entity);
   // TodoEntity 검색
   TodoEntity savedEntity = repository.findById(entity.getId()).get();
   return savedEntity.getTitle();
  }

}
```

테스팅

수정된 서비스를 실행하고 포스트맨을 이용해 GET localhost:8080/todo/test 요청을 날려 보면 예제 2-46 같은 응답이 리턴되는 것을 확인할 수 있다.

예제 2-46. 리포지터리 테스트 결과

```
{
    "error": null,
    "data": [
        "My first todo item"
    ]
}
```

기본 쿼리와 쿼리 작성 방법

리포지터리가 어떻게 동작하는지 알아보기 위해 JpaRepository 인터페이스 내부를 살펴봤다. 그 내부는 예제 2-47과 같다.

예제 2-47. JpaRepository.java

```java
@NoRepositoryBean
public interface JpaRepository<T, ID> extends PagingAndSortingRepository<T, ID>,
QueryByExampleExecutor<T> {
  List<T> findAll();

  List<T> findAll(Sort var1);

  List<T> findAllById(Iterable<ID> var1);

  <S extends T> List<S> saveAll(Iterable<S> var1);

  void flush();

  <S extends T> S saveAndFlush(S var1);
```

```
    void deleteInBatch(Iterable<T> var1);

    void deleteAllInBatch();

    T getOne(ID var1);

    <S extends T> List<S> findAll(Example<S> var1);

    <S extends T> List<S> findAll(Example<S> var1, Sort var2);
}
```

TodoRepository는 JpaRepository를 상속한다. JpaRepository는 기본적인 데이터베이스 오퍼레이션 인터페이스를 제공한다. save, findById, findAll 등이 기본적으로 제공되는 인터페이스에 해당한다. 구현은 스프링 데이터 JPA가 실행 시에 알아서 해준다. 따라서 save 메서드를 구현하기 위해 "Intert into ..."와 같은 sql 쿼리를 짤 필요가 없다.

☀️ 팁 ──────────────────────────────

잠깐, TodoRepository는 인터페이스인데 어떻게 TodoRepository를 구현하는 클래스가 없이도 동작하는 걸까? 우리는 추상 클래스나 인터페이스는 반드시 구현하는 클래스가 있어야 사용 가능하다는 법칙을 알고 있다. 하지만 적어도 JpaRepository에서는 그 법칙을 무시하는 것 같다.

스프링이 JpaRepository를 실행하는 과정을 정확히 알려면 AOP(Aspect Oriented Programming)을 알아야 한다. 이는 책의 범위 밖이므로 원한다면 스스로 공부하는 것을 추천한다. 그래도 간단하게 설명하자면 스프링은 MethodInterceptor라는 AOP 인터페이스를 이용한다. MethodInterceptor는 우리가 JpaRepository의 메서드를 부를 때마다 이 메서드 콜을 가로채 간다(10. Spring AOP APIs). 가로챈 메서드의 메서드 이름을 확인하고, 메서드 이름을 기반으로 쿼리를 작성한다.

그렇다면 기본적인 쿼리가 아닌 쿼리는 어떻게 짤까?

실습 코드 2-29. findByUserId 메서드

```
@Repository
public interface TodoRepository extends JpaRepository<TodoEntity, String>{
```

```
    List<TodoEntity> findByUserId(String userId);
}
```

이후에 사용할 findByUserId를 여기서 구현해보자. 실습 코드 2-29처럼 Todo Repository 아래에 `findByUserId`라는 메서드를 작성한다. 이 메서드를 작성하면 스프링 데이터 JPA가 메서드 이름을 파싱해서 `SELECT * FROM Todo WHERE userId = '{userId}'`와 같은 쿼리를 작성해 실행한다. 메서드 이름은 쿼리, 매개변수는 쿼리의 Where문에 들어갈 값을 의미한다. 더 복잡한 쿼리는 @Query 어노테이션을 이용해 지정할 수 있다.

예제 2-48. @Query를 이용한 쿼리 메서드 작성

```
@Repository
public interface TodoRepository extends JpaRepository<TodoEntity, String>{

    // ?1 은 메서드의 매개변수의 순서 위치이다.
    @Query("select * from TodoEntity t where t.userId = ?1")
    List<TodoEntity> findByUserIdQuery(String userId);
}
```

어떻게 메서드 이름을 작성해야 하는지와 예제는 공식 사이트의 레퍼런스를 통해 확인할 수 있다.

- https://docs.spring.io/spring-data/jpa/docs/current/reference/html/#jpa.query-methods.query-creation

2.2.7 정리

2.2절에서는 아키텍처 패턴과 REST API, JPA 등 스프링 부트를 이용해 웹 서비스를 구현하기 위해 필요한 개념을 공부하고 실습했다.

표 2-2 2.2절 정리

실습 내용	이론 내용
퍼시스턴스, 서비스, 컨트롤러, 모델/엔티티 및 DTO로 구성된 레이어드 아키텍처 패턴 구현	레이어드 아키텍처의 특성. 레이어 사이에는 계층이 존재하며 상위 계층에서 하위 계층으로 보통 요청을 보낸다.
@RequestMapping, @GetMapping, @Request Body, @RequestParam, @PathVariable 등을 이용해 테스트 REST API 구현	REST 아키텍처의 6가지 가이드라인
엔티티 및 리포지터리 구현	JPA와 Spring Data JPA

2.2절에서는 표 2-2와 같이 주로 서비스 개발을 위한 기초 작업을 했다. 기초 작업이란 패키지를 나누는 방법을 정하거나, 모델과 엔티티를 정의하는 것이다. 우리는 레이어드 아키텍처를 따라 패키지를 model, dto, persistence, service, controller로 나눴다. 이렇게 나눈 각 레이어는 저마다 하는 일이 있었다. 퍼시스턴스 레이어는 데이터베이스와 통신하며 필요한 쿼리를 날리고, 해석해 엔티티 오브젝트로 변환해 주는 역할을 했다. 서비스 레이어는 HTTP나 데이터베이스 같은 외부 컴포넌트로부터 추상화되어 온전히 비즈니스 로직에만 집중할 수 있었다. 컨트롤러 레이어는 주로 HTTP 요청과 응답을 어떻게 넘겨받고 리턴하느냐, 즉 외부세계와 통신하기 위한 규약을 정의했다.

2.3절부터는 2.2절에서 공부한 내용을 바탕으로 Todo 애플리케이션에 필요한 CRUD REST API를 구현한다. 2.2절까지 진행했다면 2.3절을 참고하지 않고도 필요한 API를 구현할 수 있다. 따라서 가능하다면 여기서 잠깐 책을 덮고 스스로 CRUD REST API를 구현해보자.

2.3 서비스 개발 및 실습

■ **실습 내용**

- Logger 설정
- HTTP POST를 이용하는 Create REST API 개발
- HTTP GET를 이용하는 Retrieve REST API 개발
- HTTP UPDATE를 이용하는 Update REST API 개발
- HTTP DELETE를 이용하는 Delete REST API 개발

2.2절에서 익힌 스프링과 JPA 어노테이션을 기반으로 이제 진짜 Todo 서비스를 작성해보자. 이 장에서 작성할 서비스는 생성[Create], 검색[Retrieve], 수정[Update], 삭제[Delete] 네 가지 API이다.

퍼시스턴스 → 서비스 → 컨트롤러 순으로 구현한다.

로그 어노테이션

서비스 구현에 앞서 디버깅을 위한 로그 설정을 설명하겠다. 로그를 어떻게 남길 수 있을까? 가장 간단한 방법으로는 System.out.println을 하는 방법이 있다. 이 방법은 유용하지만 기능이 제한적이다. 어떤 로그는 그냥 정보를 위한 것이고, 아니면 디버깅을 위한 자세한 정보일 수도 있다. 또 일부 로그는 심각한 에러를 알려주는 로그일 수도 있다. 이렇게 용도에 따라 로그를 크게 info, debug, warn, error으로 나누고 이를 로그 레벨이라고 부른다. System.out.println으로 이를 모두 구현할 수도 있겠지만 이미 이런 기능을 제공하는 라이브러리가 존재한다. 바로 Slf4j 라이브러리다.

로깅은 웹 서비스에서 반드시 필요한 존재이다. 로깅 없이 디버깅하는 건 코와 입을 막고 숨을 쉬는 것과 비슷한 것이다. 그래서 그런지 시중에는 로그 라이브러리가 많이 나와있는데, 그중 Slf4j^{Simple Logging Façade for Java}는, 로그계의 JPA 정도로 생각하면 된다. 그래서 Slf4j를 사용하려면 구현부를 연결해야 한다. 짐작했겠지만 스프링이 이 작업을 알아서 해준다. 스프링은 기본적으로 Logback 로그 라이브러리를 사용한다(Spring Boot Reference Documentation).

실습 코드 2-30. @Slf4j 롬복 어노테이션 추가

```
@Slf4j
@Service
public class TodoService {
//... 메서드 생략
}
```

로그 라이브러리를 사용하기 위해 실습 코드 2-30처럼 클래스 위에 @Slf4j를 추가하자. 다른 클래스에서도 로깅할 생각이라면 해당 클래스에도 @Slf4j를 클래스에 추가하라.

2.3.1 Create Todo 구현

이 절에서는 Todo 아이템을 생성하기 위한 리포지터리, 서비스, 컨트롤러 등을 알아보고 구현한다.

퍼시스턴스 구현

퍼시스턴스로 2.2.6절에서 작성한 TodoRepository를 사용한다. TodoRepository는 JpaRepository를 상속하므로 JpaRespository가 제공하는 메서드를 사용할 수 있다. 엔티티 저장을 위해서 save 메서드를 사용하고, 새 Todo 리스트를 반환하기 위해 실습 코드 2-31에서 구현한 findByUserId() 메서드를 사용한다.

서비스 구현

서비스 추가를 위해 TodoService에 실습 코드 2-31와 같이 create 메서드를 작성하자. 메서드는 크게 세 단계로 구성되어 있다.

- 검증^{Validation} : 넘어온 엔티티가 유효한지 검사하는 로직. 이 부분은 코드가 더 커지면 TodoValidator.java로 분리시킬 수 있다.
- Save() : 엔티티를 데이터베이스에 저장한다. 로그를 남긴다.
- findByUserId() : 저장된 엔티티를 포함하는 새 리스트를 리턴한다.

실습 코드 2-31. create 메서드

```java
public List<TodoEntity> create(final TodoEntity entity) {
// Validations
 if(entity == null) {
  log.warn("Entity cannot be null.");
  throw new RuntimeException("Entity cannot be null.");
 }

 if(entity.getUserId() == null) {
  log.warn("Unknown user.");
  throw new RuntimeException("Unknown user.");
 }

 repository.save(entity);

log.info("Entity Id : {} is saved.", entity.getId());


return repository.findByUserId(entity.getUserId());


}
```

코드 리팩토링

검증 부분은 다른 메서드에서도 계속 쓰일 예정이므로 실습 코드 2-32와 같이 private method로 리팩토링한다.

실습 코드 2-32. 리팩토링한 create 메서드

```java
public List<TodoEntity> create(final TodoEntity entity) {
  // Validations
  validate(entity);

  repository.save(entity);

  log.info("Entity Id : {} is saved.", entity.getId());

  return repository.findByUserId(entity.getUserId());

}


// 리팩토링한 메서드
private void validate(final TodoEntity entity) {
  if(entity == null) {
    log.warn("Entity cannot be null.");
    throw new RuntimeException("Entity cannot be null.");
  }

  if(entity.getUserId() == null) {
    log.warn("Unknown user.");
    throw new RuntimeException("Unknown user.");
  }
}
```

컨트롤러 구현

HTTP 응답을 반환할 때, 비즈니스 로직을 캡슐화하거나 추가적인 정보를 함께 반환하기 위해 DTO를 사용한다고 했다. 따라서 컨트롤러는 유저에게서 TodoDTO를 요청 바디로 넘겨받고, 이를 TodoEntity로 변환해 저장해야 하며 또 TodoService 의 create()이 리턴하는 TodoEntity를 TodoDTO로 변환해 리턴해야 한다.

TodoDTO.java에 DTO를 Entity로 변환하기 위해 실습 코드 2-33처럼 toEntity 메서드를 작성하자.

실습 코드 2-33. TodoDTO. toEntity 메서드 작성

```java
package com.example.demo.dto;

import com.example.demo.model.TodoEntity;
import lombok.AllArgsConstructor;
import lombok.Data;
import lombok.NoArgsConstructor;

@NoArgsConstructor
@AllArgsConstructor
@Data
public class TodoDTO {
 private String id;
 private String title;
 private boolean done;

 public TodoDTO(final TodoEntity entity) {
  this.id = entity.getId();
  this.title = entity.getTitle();
  this.done = entity.isDone();
 }

 public static TodoEntity toEntity(final TodoDTO dto) {
  return TodoEntity.builder()
     .id(dto.getId())
     .title(dto.getTitle())
     .done(dto.isDone())
     .build();
 }
}
```

DTO에 toEntity를 구현했다면 이제 실습 코드 2-34를 참고해 컨트롤러를 구현하자.

실습 코드 2-34. TodoController – createTodo

```
package com.example.demo.controller;

import com.example.demo.dto.ResponseDTO;
import com.example.demo.dto.TodoDTO;
import com.example.demo.model.TodoEntity;
import com.example.demo.service.TodoService;
import org.springframework.beans.factory.annotation.Autowired;
import org.springframework.http.ResponseEntity;
import org.springframework.web.bind.annotation.DeleteMapping;
import org.springframework.web.bind.annotation.GetMapping;
import org.springframework.web.bind.annotation.PostMapping;
import org.springframework.web.bind.annotation.PutMapping;
import org.springframework.web.bind.annotation.RequestBody;
import org.springframework.web.bind.annotation.RequestMapping;
import org.springframework.web.bind.annotation.RestController;

import java.util.ArrayList;
import java.util.List;
import java.util.stream.Collectors;


@RestController
@RequestMapping("todo")
public class TodoController {

    @Autowired
    private TodoService service;

// testTodo 생략


@PostMapping
public ResponseEntity<?> createTodo(@RequestBody TodoDTO dto) {
```

```
try {
  String temporaryUserId = "temporary-user"; // temporary user id.

  // (1) TodoEntity로 변환한다.
  TodoEntity entity = TodoDTO.toEntity(dto);

  // (2) id를 null로 초기화한다. 생성 당시에는 id가 없어야 하기 때문이다.
  entity.setId(null);

  // (3) 임시 유저 아이디를 설정해준다. 이 부분은 4장 인증과 인가에서 수정할 예정이다. 지금은 인증과
  인가 기능이 없으므로 한 유저(temporary-user)만 로그인 없이 사용 가능한 애플리케이션인 셈이다.
  entity.setUserId(temporaryUserId);

  // (4) 서비스를 이용해 Todo 엔티티를 생성한다.
  List<TodoEntity> entities = service.create(entity);

  // (5) 자바 스트림을 이용해 리턴된 엔티티 리스트를 TodoDTO 리스트로 변환한다.

  List<TodoDTO> dtos = entities.stream().map(TodoDTO::new).collect(Collectors.
toList());

  // (6) 변환된 TodoDTO 리스트를 이용해 ResponseDTO를 초기화한다.
  ResponseDTO<TodoDTO> response = ResponseDTO.<TodoDTO>builder().data(dtos).build();

  // (7) ResponseDTO를 리턴한다.
  return ResponseEntity.ok().body(response);
} catch (Exception e) {
  // (8) 혹시 예외가 나는 경우 dto 대신 error에 메시지를 넣어 리턴한다.

  String error = e.getMessage();
  ResponseDTO<TodoDTO> response = ResponseDTO.<TodoDTO>builder().error(error).build();
  return ResponseEntity.badRequest().body(response);
  }
 }
}
```

각 라인의 의도는 실습 코드 2-34의 주석을 통해 명시했다.

테스팅

프로그램을 실행(./gradlew bootRun 또는 IDE 메인 메서드 실행)시키고 포스트맨을 이용해 HTTP POST 요청을 작성한다.

그림 2-35 HTTP POST를 이용한 Create Todo 테스트

이때, 그림 2-35처럼 메뉴에서 Body를 누르고, raw 라디오 버튼 선택 후 오른쪽 드랍 다운에 Text ❯ JSON으로 변경한다. 하단의 창에 실습 코드 2-35처럼 JSONRequest Body를 작성한다.

실습 코드 2-35. Create Todo HTTP 요청 바디

```
{
    "title": "새 포스트1"
}
```

Send를 누르면 예제 2-49 같은 JSON 형태의 HTTP 응답이 리턴된다. Id는 자동 생성되므로 예제와 다를 수 있음을 기억하자.

```
{
    "error": null,
    "data": [
        {
            "id": "ff8080817801215a0178012370a30000",
            "title": "새 포스트1",
            "done": false
        }
    ]
}
```

2.3.2 Retrieve Todo 구현

이 절에서는 Todo 리스트를 검색하기 위한 리포지터리, 서비스, 컨트롤러를 구현한다.

퍼시스턴스 구현

마찬가지로 퍼시스턴스로는 2.2.6절에서 작성한 TodoRepository를 사용한다. createTodo에서 했던 것처럼 새 Todo 리스트 반환을 위해 실습 코드 2-29에서 구현한 findByUserId() 메서드를 사용한다.

서비스 구현

리포지터리의 findByUserId()를 이용해 TodoService에 실습 코드 2-36와 같이 findAll이라는 메서드를 작성하자.

실습 코드 2-36. TodoService의 retrieve 메서드

```
public List<TodoEntity> retrieve(final String userId) {
    return repository.findByUserId(userId);
}
```

필요하다면 로그를 추가해도 좋다.

컨트롤러 구현

TodoController에 실습 코드 2-37과 같이 새 GET 메서드를 만들어준다. 그리고 메서드 내부를 서비스 코드를 이용해 작성한다.

실습 코드 2-37. TodoController의 retrieveTodoList 메서드

```
@GetMapping
public ResponseEntity<?> retrieveTodoList() {
 String temporaryUserId = "temporary-user"; // temporary user id.

 // (1) 서비스 메서드의 retrieve 메서드를 사용해 Todo 리스트를 가져온다
 List<TodoEntity> entities = service.retrieve(temporaryUserId);

 // (2) 자바 스트림을 이용해 리턴된 엔티티 리스트를 TodoDTO 리스트로 변환한다.
 List<TodoDTO> dtos = entities.stream().map(TodoDTO::new).collect(Collectors.toList());

 // (6) 변환된 TodoDTO 리스트를 이용해 ResponseDTO를 초기화한다.
 ResponseDTO<TodoDTO> response = ResponseDTO.<TodoDTO>builder().data(dtos).build();

 // (7) ResponseDTO를 리턴한다.
 return ResponseEntity.ok().body(response);
}
```

테스팅

프로그램을 재시작하고 포스트맨에서 테스팅해보자. H2 데이터베이스를 사용하고 있으니 이전에 생성했던 Todo 아이템은 이미 없어졌을 것이다. 그림 2-35를 참고해 HTTP POST 메서드로 새 Todo 아이템을 생성한 후, HTTP GET 메서드로 리스트를 받아보자(그림 2-36참고).

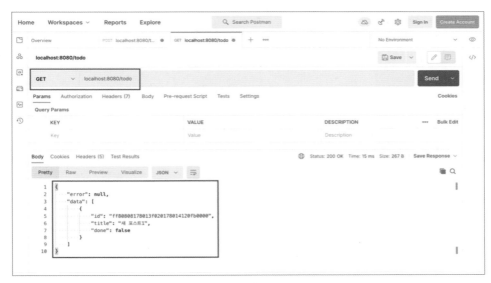

그림 2-36 HTTP GET을 이용한 Retrieve Todo 테스트

마찬가지로 JSON 형태의 HTTP 응답이 리턴한 것을 확인할 수 있다(예제 2-50참고).

예제 2-50. Get Todo HTTP 응답 바디

```
{
    "error": null,
    "data": [
        {
            "id": "ff8080817801215a0178012370a30000",
            "title": "새 포스트1",
            "done": false
        }
    ]
}
```

2.3.3 Update Todo 구현

이 절에서는 Todo를 업데이트하기 위한 리포지터리, 서비스, 컨트롤러를 구현한다.

퍼시스턴스 구현

예상하겠지만, 퍼시스턴스로는 2.2.6절에서 작성한 TodoRepository를 사용한다. 업데이트하기 위해서 save(), findByUserId() 메서드를 사용한다.

서비스 구현

Update 기능을 구현하기 위해 TodoService에 실습 코드 2-38과 같은 update() 메서드를 작성하자. 구현 설명은 주석으로 대신했다.

실습 코드 2-38. TodoService의 update 메서드

```
public List<TodoEntity> update(final TodoEntity entity) {
 // (1) 저장할 엔티티가 유효한지 확인한다. 이 메서드는 2.3.1 Create Todo에서 구현했다.
 validate(entity);

 // (2) 넘겨받은 엔티티 id를 이용해 TodoEntity를 가져온다. 존재하지 않는 엔티티는 업데이트할 수 없기
때문이다.
 final Optional<TodoEntity> original = repository.findById(entity.getId());

 original.ifPresent(todo -> {
  // (3) 반환된 TodoEntity가 존재하면 값을 새 entity의 값으로 덮어 씌운다.
  todo.setTitle(entity.getTitle());
  todo.setDone(entity.isDone());

  // (4) 데이터베이스에 새 값을 저장한다.
  repository.save(todo);
 });

 // 2.3.2 Retrieve Todo에서 만든 메서드를 이용해 유저의 모든 Todo 리스트를 리턴한다.
 return retrieve(entity.getUserId());
}
```

만약 Optional과 Lambda에 익숙하지 않다면 예제 2-51의 코드를 사용해도 된다.

예제 2-51. 실습 코드 2-38의 다른 버전

```
public List<TodoEntity> update(final TodoEntity entity) {
 // (1) 저장할 엔티티가 유효한지 확인한다. 이 메서드는 2.3.1 Create Todo에서 구현했다.
 validate(entity);

 // (2) 넘겨받은 엔티티 id를 이용해 TodoEntity를 가져온다. 존재하지 않는 엔티티는 업데이트할 수 없기
때문이다.
 final Optional<TodoEntity> original = repository.findById(entity.getId());


 if(original.isPresent()) {
 // (3) 반환된 TodoEntity가 존재하면 값을 새 entity의 값으로 덮어 씌운다.
 final TodoEntity todo = original.get();
 todo.setTitle(entity.getTitle());
 todo.setDone(entity.isDone());

 // (4) 데이터베이스에 새 값을 저장한다.
 repository.save(todo);
 }

 // 2.3.2 Retrieve Todo에서 만든 메서드를 이용해 유저의 모든 Todo 리스트를 리턴한다.
 return retrieve(entity.getUserId());
}
```

컨트롤러 구현

TodoController에 실습 코드 2-39과 같이 새 PUT 메서드를 만들어 준다. 그리고 메
서드 내부를 서비스 코드를 이용해 작성한다.

실습 코드 2-39. TodoController의 updateTodo 메서드

```
@PutMapping
public ResponseEntity<?> updateTodo(@RequestBody TodoDTO dto) {
```

```
        String temporaryUserId = "temporary-user"; // temporary user id.

        // (1) dto를 entity로 변환한다.
        TodoEntity entity = TodoDTO.toEntity(dto);

        // (2) id를 temporaryUserId로 초기화한다. 여기는 4장 인증과 인가에서 수정할 예정이다.
        entity.setUserId(temporaryUserId);

        // (3) 서비스를 이용해 entity를 업데이트한다.
        List<TodoEntity> entities = service.update(entity);

        // (4) 자바 스트림을 이용해 리턴된 엔티티 리스트를 TodoDTO 리스트로 변환한다.
        List<TodoDTO> dtos = entities.stream().map(TodoDTO::new).collect(Collectors.toList());

        // (5) 변환된 TodoDTO 리스트를 이용해 ResponseDTO를 초기화한다.
        ResponseDTO<TodoDTO> response = ResponseDTO.<TodoDTO>builder().data(dtos).build();

        // (6) ResponseDTO를 리턴한다.
        return ResponseEntity.ok().body(response);
}
```

테스팅

프로그램을 재시작하고 포스트맨에서 테스팅하자. 2.3.2절의 테스팅과 마찬가지로 H2 데이터베이스를 사용하고 있으니 이전에 생성했던 Todo 아이템은 이미 없어졌을 것이다. 그림 2-37을 참고해 POST 메서드로 새 Todo 아이템을 생성하자.

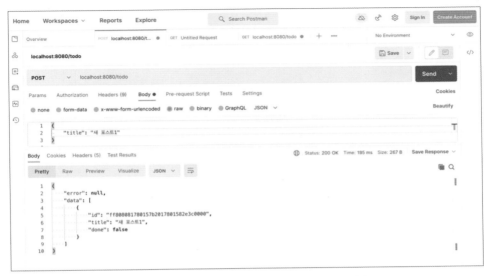

그림 2-37 Update Todo 테스트를 위해 Todo 아이템 생성

이제 HTTP PUT 메서드로 Todo 아이템을 수정해보자(그림 2-38 참고).

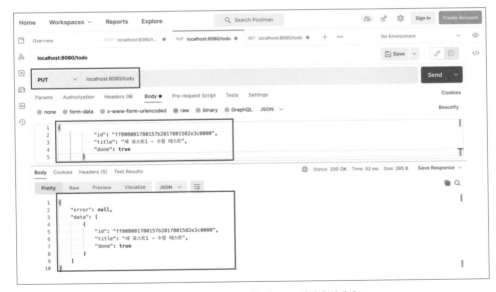

그림 2-38 HTTP PUT을 이용해 Todo 아이템 업데이트

2.3.4 Delete Todo 구현

2.3.4절에서는 Todo를 삭제하기 위한 리포지터리, 서비스, 컨트롤러를 구현한다.

퍼시스턴스 구현

퍼시스턴스로는 2.2.6절에서 작성한 TodoRepository를 사용한다. 업데이트를 하기 위해서 delete(), findByUserId() 메서드를 사용한다.

서비스 구현

Delete 기능을 구현하기 위해 TodoService에 실습 코드 2-40과 같은 delete() 메서드를 작성하자. 구현 설명은 주석으로 대신했다.

실습 코드 2-40. TodoService의 delete 메서드

```
public List<TodoEntity> delete(final TodoEntity entity) {
  // (1) 저장할 엔티티가 유효한지 확인한다. 이 메서드는 2.3.1 Create Todo에서 구현했다.
  validate(entity);

  try {
    // (2) 엔티티를 삭제한다.
    repository.delete(entity);
  } catch(Exception e) {
    // (3) exception 발생 시 id와 exception을 로깅한다.
    log.error("error deleting entity ", entity.getId(), e);

    // (4) 컨트롤러로 exception을 날린다. 데이터베이스 내부 로직을 캡슐화하기 위해 e를 리턴하지 않고 새
exception 오브젝트를 리턴한다.
    throw new RuntimeException("error deleting entity " + entity.getId());
  }
  // (5) 새 Todo 리스트를 가져와 리턴한다.
  return retrieve(entity.getUserId());
}
```

컨트롤러 구현

TodoController에 실습 코드 2-41과 같이 새 DELETE 메서드를 만들어 준다. 그리고 메서드 내부를 서비스 코드를 이용해 작성한다.

실습 코드 2-41. TodoController의deleteTodo 메서드

```
@DeleteMapping
public ResponseEntity<?> deleteTodo(@RequestBody TodoDTO dto) {
 try {
  String temporaryUserId = "temporary-user"; // temporary user id.

  // (1) TodoEntity로 변환한다.
  TodoEntity entity = TodoDTO.toEntity(dto);

  // (2) 임시 유저 아이디를 설정해준다. 이 부분은 4장 인증과 인가에서 수정할 예정이다. 지금은 인증과
인가 기능이 없으므로 한 유저(temporary-user)만 로그인 없이 사용 가능한 애플리케이션인 셈이다.
  entity.setUserId(temporaryUserId);

  // (3) 서비스를 이용해 entity를 삭제한다.
  List<TodoEntity> entities = service.delete(entity);

  // (4) 자바 스트림을 이용해 리턴된 엔티티 리스트를 TodoDTO 리스트로 변환한다.
   List<TodoDTO> dtos = entities.stream().map(TodoDTO::new).collect(Collectors.
toList());

  // (5) 변환된 TodoDTO 리스트를 이용해 ResponseDTO를 초기화한다.
  ResponseDTO<TodoDTO> response = ResponseDTO.<TodoDTO>builder().data(dtos).build();

  // (6) ResponseDTO를 리턴한다.
  return ResponseEntity.ok().body(response);
 } catch (Exception e) {
  // (8) 혹시 예외가 나는 경우 dto 대신 error에 메시지를 넣어 리턴한다.
  String error = e.getMessage();
  ResponseDTO<TodoDTO> response = ResponseDTO.<TodoDTO>builder().error(error).build();
  return ResponseEntity.badRequest().body(response);
 }
}
```

테스팅

프로그램을 재시작하고 포스트맨에서 테스팅해보자. 2.3.2절과 2.3.3절의 테스팅과 마찬가지로 H2 데이터베이스를 사용하고 있으니 이전에 생성했던 Todo 아이템은 이미 없어졌을 것이다. 그림 2-39를 참고해 POST 메서드로 새 Todo 아이템을 생성 하자.

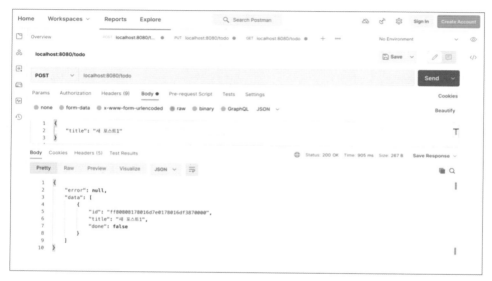

그림 2-39 Delete Todo 테스트를 위해 Todo 아이템 생성

아이템 생성 후 Delete 메서드로 Todo 아이템을 수정해보자(그림 2-40 참고). 그림 2-40에서 요청 바디로 id만 명시한 것에 주의하자. 바디 전체를 보내도 상관 없지만 삭제할 Todo 아이템의 id만 보내도 된다. 어차피 다른 필드는 삭제를 위해 사용하 지 않기 때문이다.

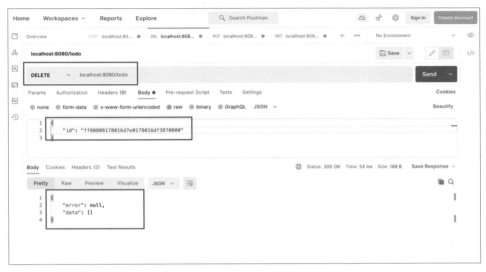

그림 2-40 HTTP DELETE를 이용한 Delete Todo 테스트

DELETE 요청 실행 후 하나뿐이었던 Todo 아이템이 삭제돼 빈 리스트가 리턴된 것을 확인할 수 있다.

2.3.5 정리

2.3절에서는 2.2절에서 공부한 내용을 바탕으로 생성, 검색, 수정, 삭제 기능을 구현했다. 생성, 검색, 수정, 삭제는 웹 애플리케이션의 가장 기본적인 기능인데 줄여서 CRUD라고 부른다. 일단 이 네 가지 기능을 기반으로 이후 더 필요한 기능을 추가할 수 있다.

3장에서는 이 장에서 구현한 CRUD 오퍼레이션을 프론트엔드에서 사용하고, 자바스크립트에서 백엔드 REST API를 사용하는 법을 알아본다.

03

프론트엔드 개발

프론트엔드는 말 그대로 사용자의 바로 앞에서 사용자와 상호작용하며 애플리케이션 로직을 수행하고 백엔드 서버로 요청을 전달하는 역할을 한다.

웹 서비스에서 클라이언트 또는 프론트엔드란 웹 브라우저를 뜻한다. 사용자는 자신의 컴퓨터에서 브라우저를 실행한다. 브라우저는 인터넷을 이용해 서버에 있는 자원(HTML, Javascript, CSS 등)을 사용자의 컴퓨터로 다운로드 후, 브라우저에서 실행시킨다. 이 장에서는 프론트엔드를 개발하기 위해 필요한 지식을 습득하고 실습을 통해 프론트엔드를 개발해본다. 또한 2장에서 개발한 백엔드와 연결해, 로컬 환경에서 작동하는 애플리케이션을 완성한다.

3.1 프론트엔드 개발 환경 설정

학습 내용
- 브라우저의 작동 원리
- Node.js
- SPA와 React.js

실습 내용
- 브라우저의 개발자 툴
- 프론트엔드 개발 환경 설정 (VS Code)
- Node.js 설치
- Npm 실습
- 리액트 애플리케이션 생성 및 실행

프론트엔드 개발 환경은 백엔드 개발 환경 설정과 비슷하다. 우리는 자바스크립트 라이브러리인 react.js를 이용해 프론트엔드를 개발한다. React.js를 사용하기 위해 node.js라는 자바스크립트 런타임 환경을 이용한다. Node.js를 이용하면 브라우저 밖에서도 자바스크립트를 컴파일하고 실행할 수 있다.

3.1.1 Node.js와 NPM 설치

Node.js

Node.js 전까지 자바스크립트는 브라우저 내에서만 실행 가능했다. 자바스크립트를 실행하기 위해서는 브라우저상에서 HTML 렌더링의 일부로 실행하거나, 개발자 창의 자바스크립트 콘솔을 이용해 실행해야 했다. 다시 말해 자바스크립트는 브라우저 밖에서는 실행할 수 없었다. 이 모든 것은 과거형이다. 이제는 그렇지 않다. Node.

js는 자바스크립트를 내 컴퓨터에서 실행할 수 있게 해주는 프로그램, 즉 자바스크립트 런타임 환경이다. Node.js는 구글 크롬의 V8 자바스크립트 엔진을 실행한다 (Introduction to Node.js).

자바스크립트를 브라우저 밖에서 실행할 수 있는 게 무슨 대수냐, 싶을 수 있다. 이 것은 대수이다. 자바스크립트를 브라우저 밖에서 실행할 수 있다는 것은 자바스크립트를 클라이언트 언어뿐만 아니라 서버 언어로도 사용할 수 있다는 뜻이다. 즉, 자바스크립트로 서버를 만들 수 있다는 뜻이다(A brief history of Node.js). 그리고 우리는 이 자바스크립트로 된 node 서버를 이용해 프론트엔드 서버를 개발한다. 우리의 프론트엔드 서버는 별 달리 하는 게 없다. 요청이 왔을 때, HTML, JavaScript, CSS를 리턴하는 것뿐이다.

NPM(Node Package Manager)

npm은 node.js의 패키지 관리 시스템이다. 그래들이 메이븐 리포지터리에서 라이브러리를 다운받는 것과 비슷한 개념으로 우리는 npm을 이용해 npmjs(https://www.npmjs.com)에서 node.js 라이브러리를 설치한다. npm은 node.js를 설치하면 함께 설치된다.

https://nodejs.org/en/에서 node.js를 다운로드 후 설치하자. 이 책에서는 16.14.2 LTS를 다운로드받았다. 원활한 실습을 위해 되도록이면 같은 버전을 설치하는 것을 추천한다.

설치 후 커맨드라인에서 npm versoin 명령어로 버전 정보를 확인한다. 각 버전 정보는 Node.js 버전에 따라 다를 수 있음을 유의하기 바란다.

예제 3-1. npm version 확인

```
$ npm version
{
  npm: '8.5.0',
```

```
    node: '16.14.2',
    v8: '9.4.146.24-node.20',
    uv: '1.43.0',
    zlib: '1.2.11',
    brotli: '1.0.9',
    ares: '1.18.1',
    modules: '93',
    nghttp2: '1.45.1',
    napi: '8',
    llhttp: '6.0.4',
    openssl: '1.1.1n+quic',
    cldr: '40.0',
    icu: '70.1',
    tz: '2021a3',
    unicode: '14.0',
    ngtcp2: '0.1.0-DEV',
    nghttp3: '0.1.0-DEV'
}
```

Node.js 프로젝트를 초기화 하기 위해서는 예제 3-2처럼 npm init을 사용한다. 우리는 npm이 아닌 npx라는 툴로 리액트 애플리케이션을 초기화할 예정이다. 그렇지 않으면 일일이 설정해야 하는 부분이 많기 때문이다. 하지만 node.js를 혹시 처음 사용해본다면 기본적으로 npm 프로젝트를 어떻게 초기화하는지 알아두면 좋다.

예제 3-2. node 프로젝트 초기화

```
$ mkdir test-project

$ cd test-project

$ npm init
This utility will walk you through creating a package.json file.
It only covers the most common items, and tries to guess sensible defaults.

See `npm help json` for definitive documentation on these fields
and exactly what they do.
```

```
Use `npm install <pkg>` afterwards to install a package and
save it as a dependency in the package.json file.

Press ^C at any time to quit.
package name: (test-project)
version: (1.0.0)
description: test-project
entry point: (index.js)
test command:
git repository:
keywords:
author:
license: (ISC)
About to write to .../test-project/package.json:

{
  "name": "test-project",
  "version": "1.0.0",
  "description": "test-project",
  "main": "index.js",
  "scripts": {
    "test": "echo \"Error: no test specified\" && exit 1"
  },
  "author": "",
  "license": "ISC"
}


Is this OK? (yes) yes
```

Node 프로젝트를 초기화하면 패키지 이름이나, 버전 등 기본적인 정보를 입력해야 한다. 이 정보를 다 입력하면 마지막에 package.json이라는 파일을 만들어 준다. package.json에 프로젝트의 메타데이터가 들어간다. 예를 들어서 예제 3-3처럼 npm을 이용해 이 react를 인스톨했다고 하자.

```
npm install react
```

그러면 해당 패키지는 node_modules 디렉터리 아래에 인스톨된다. 또 package.json에 인스톨한 패키지가 명시된다. dependencies에 추가된 라이브러리는 이후 프로덕션 배포에 사용된다.

예제 3-4. 업데이트된 package.json

```
{
  "name": "test-project",
  "version": "1.0.0",
  "description": "",
  "main": "index.js",
  "scripts": {
    "test": "echo \"Error: no test specified\" && exit 1"
  },
  "author": "",
  "license": "ISC",
  "dependencies": {
    "react": "^18.0.0"
  }
}
```

build.gradle에 디펜던시를 추가하고 빌드하는 경우 그래들이 디펜던시에 나열된 라이브러리를 메이븐 리포지터리에서 인스톨해 줬다. Node.js의 경우 이 과정이 자동으로 일어나지 않는다. 대신 예제 3.1-5와 같은 커맨드를 이용해 디펜던시가 있는 라이브러리를 설치할 수 있다. 만약 깃 리포지터리에서 이 책의 소스 코드를 받았다면 예제 3-5처럼 npm install을 이용해 필요한 모든 패키지를 설치하도록 하자.

예제 3-5. npm install

```
npm install
```

3.1.2 비주얼 스튜디오 코드 설치

이 책에서는 비주얼 스튜디오 코드^{Visual Studio Code}를 자바스크립트 IDE로 사용 한다.
비주얼 스튜디오 코드는 built-in Git 컨트롤 기능과 다양한 플러그인을 제공하므로
자바스크립트 개발에 용이하다.

비주얼 스튜디오 코드는 https://code.visualstudio.com/download에서 다운로
드할 수 있다.

그림 3-1 비주얼 스튜디오 코드 화면

3.1.3 프론트엔드 애플리케이션 생성

프론트엔드 애플리케이션 생성을 위해 원하는 디렉터리에 워크스페이스 디렉터리를 생성한다.

실습 코드 3-1. react-workspace디렉터리 생성

```
$ mkdir react-workspace
```

파워셸/터미널에서 react.js 애플리케이션을 생성하기 위해 실습 코드 3-1을 통해 생성한 디렉터리로 이동한다(실습 코드 3-2 참고).

실습 코드 3-2. 워크스페이스 디렉터리로 이동

```
$ cd react-workspace
```

실습 코드 3-3을 참고해 react.js 애플리케이션을 생성하라. 'todo-react-app'이 프론트엔드 애플리케이션의 프로젝트 디렉터리 이름이다.

실습 코드 3-3. 리액트 애플리케이션 생성

```
$ npx create-react-app todo-react-app
```

react 애플리케이션을 생성하면 예제 3-6과 같은 로그가 출력되기 시작한다.

예제 3-6. react 애플리케이션 생성 로그

```
Creating a new React app in /… /react-apps/todo-react-app.

Installing packages. This might take a couple of minutes.
Installing react, react-dom, and react-scripts with cra-template...
... 여러 가지 모듈 인스톨
We suggest that you begin by typing:
```

```
  cd todo-react-app
  npm start

Happy hacking!
```

이제 로그가 제안하는 대로 프로젝트 폴더로 들어가자. 그리고 실습 코드 3-4와 같이 npm start를 이용해 애플리케이션을 실행해보자.

실습 코드 3-4. 리액스 애플리케이션 실행

```
$ cd todo-react-app

$ npm start

> todo-react-app@0.1.0 start <PROJECT_DIRECTORY>;/nodeJsProjects/react-apps/todo-react-
app
> react-scripts start

Compiled successfully!

You can now view todo-react-app in the browser.

  Local:            <http://localhost:3000/>
  On Your Network:  <http://local-ip-address:3000/>

Note that the development build is not optimized.
To create a production build, use npm run build.
```

로그는 브라우저에서 어떻게 애플리케이션을 실행해야 하는지 알려준다. todo-react-app은 3000포트에서 실행되고 있고 http://localhost:3000 경로로 들어가면 애플리케이션을 확인할 수 있다. 또한 react.js는 애플리케이션을 실행하면 자동으로 브라우저를 실행시켜준다.

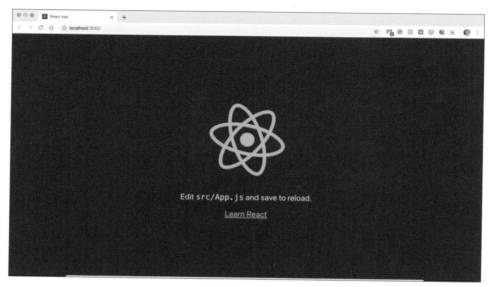

그림 3-2 리액트 애플리케이션 실행 화면

애플리케이션을 실행했다면 그림 3-2와 같은 react.js의 기본 화면이 브라우저에 뜬다. 안 뜬다면 http://localhost:3000에 접속해서 애플리케이션의 동작 여부를 확인해보자.

비주얼 스튜디오 코드에서 개발 환경 설정

이제 본격적인 개발을 위해 비주얼 스튜디오 코드에 Workspace를 만들어 보자. 비주얼 스튜디오 코드 실행 후, 상단 바에서 File ▸ Add Folder to Workspace를 선택하면 디렉터리를 열 수 있다. todo-react-app 디렉터리를 선택한 후 add를 누른다.

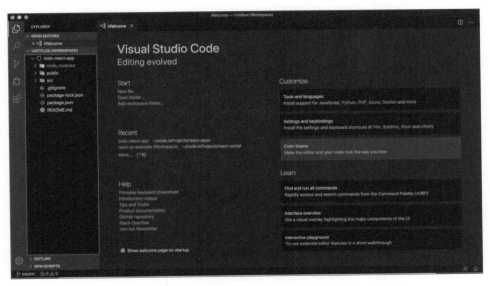

그림 3-3 비주얼 스튜디오 코드 워크스페이스 설정

디렉터리를 선택했다면 그림 3-3처럼 왼쪽 패널에서 프로젝트 디렉터리 안의 파일과 폴더를 확인할 수 있다. 프로젝트 이름 위에 UNTITLED(WORKSPACE) 워크스페이스Workspace가 생성됐다. 이제 Ctrl + S 또는 File › Save Workspace As..를 이용해 워크스페이스를 저장하도록 한다. 이 프로젝트에서는 todo-react-app-ws라고 저장했다. create-react-app을 이용해 리액트 애플리케이션을 설치하면 기본적으로 생성되는 파일들이 있다.

package.json, package-lock.json, node_modules

package.json은 프로젝트의 메타데이터, 사용할 node.js 패키지 목록 등을 포함한다. package.json을 토대로 디펜던시 패키지들은 node_modules 안에 설치된다. 그리고 어느 환경에서든 같은 버전의 패키지를 설치하기 위해 package-lock.json에 각 패키지가 사용할 버전을 고정해놓는다. 보통 이 작업은 npm install 또는 create-react-app 명령 시 자동으로 실행된다.

package.json에서 dependencies의 버전이 책의 버전과 같도록 수정하자.

실습 코드 3-5. package.json 디펜던시

```
"dependencies": {
    "@testing-library/jest-dom": "^5.16.4",
    "@testing-library/react": "^12.1.4",
    "@testing-library/user-event": "^13.5.0",
    "react": "^18.0.0",
    "react-dom": "^18.0.0",
    "react-scripts": "5.0.0",
    "web-vitals": "^2.1.4"
  }
```

리액트 애플리케이션이 실행 중이라면 애플리케이션을 종료하고 실습 코드 3-6처럼 또는 파일 탐색기를 통해 node_modules 디렉터리와 package-lock.json을 삭제한다.

실습 코드 3-6. node_modules 와 package-lock.json삭제

```
$ rm -rf node_modules
$ rm package-lock.json
```

node_modules를 삭제하는 이유는 package.json에 명시된 패키지의 새 버전을 설치하기 위해서다. node_modules에는 이미 설치된 패키지가 존재한다. 또 package-lock.json은 이 패키지의 버전을 고정하기 위한 파일이다. 따라서 package-lock.json을 삭제하면 이 패키지는 다음 설치 시 새 버전을 받아 새 package-lock.json을 생성할 것이다. 또 node_modules를 삭제하면 다음 인스톨 시 모든 디펜던시를 다시 설치한다. 실습 코드 3-7을 참고해 새 디펜던시를 설치하자. 설치 후 새 node_modules와 package-lock.json이 생성되는 것을 확인할 수 있다.

```
$ npm install
```

public 디렉터리 아래의 파일

index.html은 http://localhost:3000가 가장 처음으로 반환하는 HTML 파일이다. http://localhost:3000으로 들어가면 서버(localhost:3000)가 필요한 리소스 파일 (html/js/css 등)을 반환한다. 이때 처음으로 반환된 index.html을 브라우저가 사용자에게 보여준다. 리액트에서 HTML 파일은 index.html 하나밖에 없다. 다른 페이지들은 react.js를 통해 생성하고, index.html에 있는 root 엘리먼트 아래에 동적으로 렌더링된다.

src 디렉터리 아래의 파일

index.js는 index.html과 함께 가장 처음으로 실행되는 자바스크립트 코드다. 이 자바스크립트 코드가 리액트 컴포넌트(이후 설명)를 root 아래에 추가한다.

App.js는 기본으로 생성된 리액트 컴포넌트다. 다른 자바스트립트 파일은 우리 프로젝트에서 특별히 다루지 않으므로 설명을 생략한다.

3.1.4 material-ui 패키지 설치

우리는 프론트엔드 애플리케이션을 개발하기 위해 material-ui이라는 UI 패키지를 사용한다. material-ui 패키지를 이용하면 우리가 따로 UI를 위한 컴포넌트나 CSS 작성을 하지 않아도 된다. material-ui에 대한 자세한 정보는 공식 사이트(https://material-ui.com)에서 확인할 수 있다.

실습 코드 3-8. @mui/material과 mui/icons-material설치

```
$ npm install @mui/material@5.6.0 @mui/icons-material@5.6.0
```

실습 코드 3-8를 참고해 material-ui에 관련된 패키지를 설치하자. 이 패키지는 material-ui를 사용하기 위한 코어 패키지이다.

실습 코드 3-9. @emtion/react와 @emtion/styled 설치

```
$ npm install @emotion/react@11.9.0 @emotion/styled@11.8.1
```

다음으로 실습 코드 3-9를 참고해 emotion에 관련된 패키지를 설치하자. 이 패키지는 material을 사용할 때 필요한 패키지이다.

3.1.5 브라우저의 작동 원리

React.js에 들어가기 앞서 브라우저가 어떻게 동작하는지 아주 간단하게 재고하고 넘어가자. 브라우저의 작동 원리를 되새기면 이후 SPA와 ReactDOM을 이해하는 데 도움이 될 것이다.

브라우저의 주소창에 http://app.softwareengineer.com 같은 웹 주소를 입력하면, 브라우저는 HTTP GET 요청을 http://app.softwareengineer.com 의 서버로 전송한다. 보통 프론트엔드가 있는 웹 서비스의 경우 HTML 파일을 결과로 반환한다.

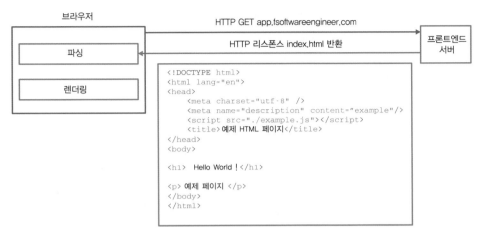

그림 3-4 index.html

HTML을 받은 브라우저는 그림 3-4처럼 두 단계를 거쳐 텍스트로 된 HTML을 브라우저에 보여준다. 첫 번째 단계는 파싱이고, 두 번째 단계는 렌더링이다(MDN contributors, 2021).

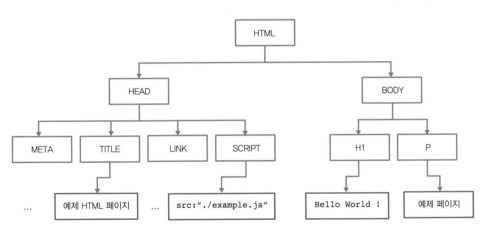

그림 3-5 index.html DOM 트리

파싱은 쉽게 말하자면 렌더링을 하기 위한 전처리 단계이다. 파싱 단계에서 브라우저가 하는 일에는 크게 세 가지가 있다. 첫 번째로 브라우저는 HTML을 트리 자료구조의 형태인 DOM^{Document Object Model} 트리로 변환한다(그림 3-5 참고). 두 번째는 image, css, script 등 다운로드해야 하는 리소스를 다운로드한다. 특히 CSS의 경우 다운로드하고 CSS를 CSSOM^{CSS Object Mode} 트리로 변환한다. 세 번째로 다운로드한 자바스크립트를 인터프리트, 컴파일, 파싱, 실행한다.

파싱을 마친 후 브라우저는 렌더링에 들어간다. 렌더링은 첫 번째로 DOM 트리와 CSSOM 트리를 합쳐 렌더 트리를 만든다. 내용인 DOM과 디자인인 CSSOM을 합치는 것이다. 그다음 두 번째로 레이아웃을 정한다. 이는 트리의 각 노드가 브라우저의 어디에 배치될지, 어떤 크기도 배치될지를 정하는 것이다. 마지막으로 브라우저 스크린에 렌더트리의 각 노드를 그려준다. 그러면 사용자는 브라우저상에서 시각화된 HTML 파일을 볼 수 있게 된다.

그림 3-6 브라우저의 Developer Tool

또 대부분의 브라우저는 개발을 돕기 위해 개발자 툴을 제공한다. 브라우저상에서 시각화된 HTML이나 CSS, 자바스크립트 로그를 보고 싶다면 F12를 눌러 개발자 도구^{Developer Tools}를 실행하면 된다(구글 크롬 기준, 그림 3-6 참고).

174

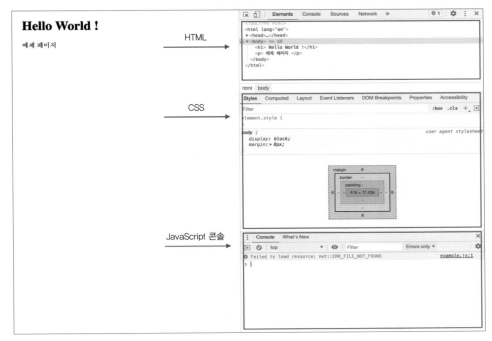

그림 3-7 브라우저의 개발자 도구 화면

개발자 툴을 열면 오른쪽 또는 아래쪽에 디버깅 창이 생긴다. 그림 3-7처럼 처음 보이는 화면에는 HTML Elements, 그 밑 또는 옆에는 CSS, 아래에 자바스크립트 콘솔이 있다. 자바스크립트 콘솔에서는 자바스크립트를 실제로 실행할 수 있다.

디버깅 창에는 HTML, CSS, 자바스크립트 말고도 다른 많은 정보가 있는데, 우리가 주목해야 할 탭은 **네트워크**^Network 탭과 Application 탭이다. 이는 실습 부분에서 자세히 설명하겠다.

3.1.6 React.js

이 책에서는 프로젝트를 진행하기 위해 반드시 필요한 개념과 가장 기본적인 빌딩 블록만을 설명한다. 다행히 React.js 공식 튜토리얼 사이트에 한글 버전의 튜토리얼이 있으므로 더 자세히 알고 싶거나 궁금한 점이 있다면 공식 튜토리얼 사이트 (https://ko.reactjs.org/docs/getting-started.html)를 참고할 수 있다.

SPA(Single Page Application)

React.js나 Angular.js, Vue.js는 대중적인 SPA라이브러리/프레임워크다. SPA란 싱글 페이지 애플리케이션^{Single Page Application}의 약자로, 말 그대로 한번 웹 페이지를 로딩하면 유저가 임의로 새로고침하지 않는 이상 페이지를 새로 로딩하지 않는 애플리케이션을 의미한다. 대체 무슨 말인가? 리액트를 이용해 SPA의 개념을 알아보자.

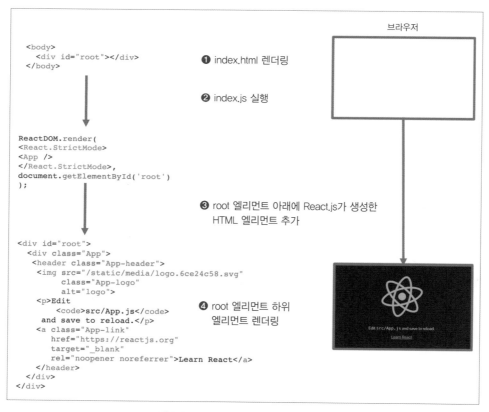

그림 3-8 React.js로 알아보는 SPA 작동 원리

우리가 매의 눈을 가지고 있어 찰나의 순간도 정확히 볼 수 있다고 하자. 그렇다면 첫 페이지를 로딩했을 때 보이는 것은 그림 3-8의 ❶처럼 하얀 화면에 아무것도 없는 브라우저일 것이다. 이때는 브라우저는 index.html을 로딩하고 있다.

HTML이 〈body〉〈/body〉를 렌더링하다 보면 마지막에 bundle.js라는 스크립트를 로딩하게 된다(그림 3-9 참고).

```
<!DOCTYPE html>
<html lang="en">
▶ <head>…</head>
… ▼<body data-new-gr-c-s-check-loaded="14.1010.0" data-gr-ext-installed> == $0
      <noscript>You need to enable JavaScript to run this app.</noscript>
    ▼<div id="root">
      ▼<div class="App">
        ▼<div class="MuiContainer-root MuiContainer-maxWidthMd">
          ▶<div class="MuiPaper-root MuiPaper-elevation1 MuiPaper-rounded" style="margin: 16
          px; padding: 16px;">…</div>
            <div class="TodoList"></div>
          </div>
        </div>
      </div>
      <!--
          This HTML file is a template.
          If you open it directly in the browser, you will see an empty page.

          You can add webfonts, meta tags, or analytics to this file.
          The build step will place the bundled scripts into the <body> tag.

          To begin the development, run `npm start` or `yarn start`.
          To create a production bundle, use `npm run build` or `yarn build`.

      <script src="/static/js/bundle.js"></script>
      <script src="/static/js/vendors~main.chunk.js"></script>
      <script src="/static/js/main.chunk.js"></script>
    </body>
</html>
```

그림 3-9 개발자 도구 Elements페이지 하단의 bundle.js

이 자바스크립트는 npm start를 실행했을 때 만들어진 스크립트인데 index.js를 포함하고 있다. 따라서 그림 3-8의 ❷처럼 index.js의 일부로 ReactDom.render() 함수가 실행된다. 이 render() 함수가 동적으로 HTML엘리먼트를 우리 눈에 보이는 리액트 첫 화면으로 바꿔 주는 것이다(그림 3-8 ❹ 참고). 참고로 렌더링 된 하위 엘리먼트는 render() 함수의 매개변수로 들어가는 〈App /〉 부분인데, 이 부분은 React 컴포넌트에서 더 자세히 설명하도록 한다.

다시 말해 우리가 페이지를 바꾸고 싶다면 root의 하위 엘리먼트를 다른 HTML로 수정하면 된다. 브라우저의 자바스크립트는 fetch나 ajax 등의 함수로 서버와 주고받은 데이터를 이용해 자바스크립트 내에서 HTML을 재구성한다. 이렇게 서버에게 새 HTML 페이지를 요청하지 않고 자바스크립트가 동적으로 HTML을 재구성해 만드는 클라이언트 애플리케이션을 싱글 페이지 애플리케이션이라고 한다. 그리고 이 렌더링 과정을 클라이언트–사이드 렌더링^{Client-Side Rendering}이라고 한다.

React 컴포넌트

리액트 컴포넌트가 무엇인지 리액트 애플리케이션을 생성하면서 만들어진 App.js를 통해 알아보자.

예제 3-7. App.js

```
import logo from './logo.svg';
import './App.css';

function App() {
  return (
    <div className="App">
      <header className="App-header">
        <img src={logo} className="App-logo" alt="logo" />
        <p>
          Edit <code>src/App.js</code> and save to reload.
        </p>
        <a
          className="App-link"
          href="https://reactjs.org"
          target="_blank"
          rel="noopener noreferrer"
        >
          Learn React
        </a>
      </header>
    </div>
```

```
  );
}

export default App;
```

예제 3-7에서 컴포넌트는 App이다. 하단의 export default App을 통해 App이라는
컴포넌트를 다른 컴포넌트에서 사용하도록 명시할 수 있다. 컴포넌트는 자바스크립
트 함수 또는 자바스크립트 클래스 형태로 생성할 수 있다. 위의 예는 자바스크립트
함수로 컴포넌트를 구현한 것이다. 클래스로 구현하면 예제 3-8과 같이 render() 함
수를 작성해야 한다.

예제 3-8. App.js 클래스 버전

```
import React from 'react';
import logo from './logo.svg';
import './App.css';

class App extends React.Component {
  render() {
    return (
    <div className="App">
      ... // JSX code
    </div>
  );
  }
}

export default App;
```

두 코드 모두 자바스크립트 파일 내에서 HTML 코드를 사용하고 있다. 이는 React
가 한 파일에서 HTML과 자바스크립트를 함께 사용하기 위해 확장한 자바스크립트
문법이다. 이 문법을 JSX라고 부른다. App 컴포넌트는 이처럼 렌더링 부분인 HTML
과 로직 부분인 자바스크립트를 포함하는 JSX를 리턴한다. 이 JSX 문법은 Babel

이라는 라이브러리(translpiler)가 빌드 시간에 자바스크립트로 번역해준다(그림 3-10 참고).

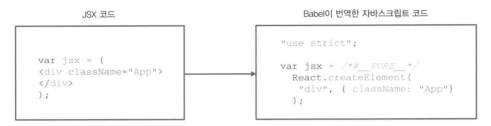

그림 3-10 JSX코드 번역 예

App 컴포넌트를 어떻게 사용할까? 우리는 이미 SPA를 통해 이 부분을 학습했다. 눈썰미가 좋다면 ReactDOM.render() 함수의 매개변수로 <App />을 주면 ReactDOM App 컴포넌트를 렌더링한다는 사실을 눈치 챘을 것이다(예제 3-9 참고). 다시 말해 ReactDOM은 매개변수로 넘겨받은 <App /> 컴포넌트 이용해 DOM트리를 만드는데, 이때 컴포넌트의 render 함수가 반환한 JSX를 렌더링한다.

예제 3-9. index.js App 렌더링

```
import React from 'react'; // 리액트를 사용하기 위해 import
import ReactDOM from 'react-dom'; // 리액트 DOM을 사용하기 위해 import
import './index.css'; // css import
import App from './App'; // App 컴포넌트 import
import * as serviceWorker from './serviceWorker'; // 지금은 무시해도 됨.

ReactDOM.render( // ReactDOM이 내부의 컴포넌트들을 'root'엘리멘트에 render함.
  <React.StrictMode>
    <App /> // App Component를 사용하는 법.
  </React.StrictMode>,
  document.getElementById('root')
);
```

예제 3-9에서 일어나고 있는 일은 다음과 같다.

1. import를 이용해 App 컴포넌트를 불러온다.
2. <컴포넌트이름 />을 이용해 컴포넌트를 사용한다.

ReactDOM.render는 첫 번째 매개변수로 리액트 컴포넌트를 받는다. 두 번째 매개변수로는 root 엘리먼트를 받는다. 이는 root 엘리먼트에 첫 번째 매개변수로 넘겨진 리액트 컴포넌트를 root 엘리먼트 아래에 추가하라는 뜻이다. root 엘리먼트는 index.html에 정의돼 있다. React로 만든 모든 컴포넌트는 이 root 엘리먼트 하위에 추가된다(예제 3-10 참고).

예제 3-10. ReactDOM이 App 컴포넌트를 렌더링한 결과

```
<div id="root">
  <!--ReactDOM.이 렌더링 한 부분. -->
  <div class="App">
    <header class="App-header">
      <img src="/static/media/logo.6ce24c58.svg" class="App-logo" alt="logo">
      <p>Edit <code>src/App.js</code> and save to reload.</p>
      <a class="App-link" href="https://reactjs.org" target="_blank" rel="noopener
noreferrer">Learn React</a>
    </header>
  </div>
</div>
```

3.1.7 정리

3.1절에서는 브라우저의 작동 원리에 대해 간단하게 알아본 후, 이 점이 node.js에 시사하는 바를 살펴봤다. 동시에 node.js를 인스톨한 후 npm/npx를 이용해 라이브러리 인스톨 및 리액트 애플리케이션 생성 작업을 실습했다. 이후 VS코드를 이용해 개발 환경 설정을 마친 후 리액트 애플리케이션을 실행해봤다. 우리는 실행된 리액

트 애플리케이션을 이용해 리액트가 SPA로 어떻게 작동하는지 간단히 알아보고, 리액트의 문법인 JSX에 대해 짧게 배웠다.

3.2절에서는 본격적으로 리액트 컴포넌트와 JSX를 이용해 프론트엔드 애플리케이션을 작성할 예정이다. 3.2절을 통해 React 컴포넌트와 JSX에 대해 더 알아보도록 하자.

3.2 프론트엔드 서비스 개발

■ **학습 내용**
- 컴포넌트
- Hook
- Props
- 이벤트 핸들러

■ **실습 내용**
- App/Todo/AddTodo 컴포넌트 개발
- Material-ui를 이용한 UI 개발
- 핸들러를 이용한 Todo 기능 개발

자바스크립와 HTML을 함께 사용하는 React.js의 단점 중 하나는 초보자가 디버깅하기 어렵다는 점이다. 숙련된 프론트엔드 개발자라면 단번에 구문 오류나 버그를 찾을 수 있겠지만 우리처럼 배우는 단계의 개발자들은 정확히 어디서 문제가 발생하는지 알기 힘들다. 예를 들어 프론트 엔드를 개발하면서 백엔드 통합을 같이 하면 어떤 문제 발생 시, 문제가 백엔드에 있는지 프론트엔드에 있는지 판단하기 힘들다. 따라서 이 프로젝트에서는 HTML Mock을 우선적으로 작성하고, UI에 들어가게 될 가짜 데이터를 작성한다. 이후 서비스가 필요하다면 아무것도 하지 않고 가짜 데이터를 리턴하는 가짜 서비스를 작성한다. 단계적 개발 방식을 도입함으로서 디버깅에 드는 시간을 단축할 수 있다.

3.2.1 Todo 리스트

첫 번째로 Todo 컴포넌트를 만들어본다. 이 컴포넌트는 간단한 checkbox와 label을 렌더링하는 컴포넌트다. src 디렉터리 아래에 Todo.js 파일을 생성하고, 실습 코드 3-10과 같이 컴포넌트를 구현한다.

실습 코드 3-10. Todo 컴포넌트

```
import React from "react";

const Todo = () => {
  return (
    <div className="Todo">
      <input type="checkbox" id="todo0" name="todo0" value="todo0" />
      <label for="todo0">Todo 컴포넌트 만들기</label>
    </div>
  );
};

export default Todo;
```

현재 index.js는 App 컴포넌트가 렌더링되고 있다. 따라서 Todo 컴포넌트를 화면에 출력하기 위해 App 컴포넌트의 render 함수에 Todo 컴포넌트를 추가한다.

실습 코드 3-11. App 컴포넌트에서 Todo 컴포넌트 사용하기

```
import './App.css';
import Todo from './Todo';
```

```
function App() {
  return (
    <div className="App">
     <Todo />
    </div>
  );
}

export default App;
```

첫 번째로 상단에서 Todo 컴포넌트를 임포트[import]한다. 두 번째로 div 내부에 Todo 컴포넌트를 추가한다. 바뀐 부분을 실행시켜보면 그림 3-11과 같다.

그림 3-11 Todo 컴포넌트 실행

Todo를 2개 출력하기 위해 실습 코드 3-12를 참고해 Todo 컴포넌트를 두 번 추가해준다.

실습 코드 3-12. App.js에서 Todo 컴포넌트 두 번 추가

```
import './App.css';
import Todo from './Todo';

function App() {
  return (
    <div className="App">
     <Todo />
     <Todo />
```

```
    </div>
  );
}

export default App;
```

HTML에서 label을 두 개 만들고 싶으면 〈label〉 태그를 두 개 추가하면 되듯(그림 3-12 참고) JSX도 원하는 컴포넌트를 나열해 원하는 만큼 컴포넌트를 재사용할 수 있다.

그림 3-12 Todo 컴포넌트를 두 개 추가 한 결과

Props과 useState Hook

우리 코드에는 문제가 있다. 이 프로젝트의 요구사항은 임의의 Todo 리스트를 출력하는 것이다. 하지만 우리는 타이틀이 정해진 똑같은 Todo를 반복해서 추가하고 있다. Todo 컴포넌트만 계속 추가해서는 Todo 애플리케이션의 목적을 달성할 수 없다. 또 이후에는 API에서 받아온 임의의 Todo 리스트를 출력할 수 있어야 한다. 임의의 Todo 리스트는 각 Todo마다 다른 타이틀을 가지고 있다. 이 요구사항을 충족하기 위해 Todo 컴포넌트에 title을 매개변수로 넘겨야 한다. 실습 코드 3-13을 참고해 title과 더불어 필요한 매개변수들을 함수의 매개변수로 넘겨보자.

실습 코드 3-13. App.js에서 Todo 컴포넌트에 item 매개변수 넘기기

```
import React, { useState } from "react";

const Todo = (props) => {
```

```
  const [item, setItem] = useState(props.item);

  return (
    <div className="Todo">
      <input
        type="checkbox"
        id={item.id}
        name={item.id}
        checked={item.done}
      />
      <label id={item.id}>{item.title}</label>
    </div>
  );
};


export default Todo;
```

리액트의 훅Hook 중 하나인 useState는 함수형 컴포넌트에서 상태 변수를 사용할 수 있도록 해준다. 훅을 이용하면 리액트가 제공하는 기능과 상태변수를 사용할 수 있다. 더 구체적으로 말하자면 리액트가 제공하는 useState와 같은 일련의 함수들을 훅이라고 부른다.

상태 변수란 시간이 지남에 따라 또 컴포넌트의 사용자가 컴포넌트와 상호작용하는 동안 변경되는 변수를 의미한다. 실습 코드 3-13의 Todo 함수는 JSX를 리턴한다. 이때 Todo가 함수라는 사실을 잊지 말자. 함수 안에서 선언된 변수는 함수가 끝나면 함께 사라진다. 하지만 애플리케이션의 화면은 어때야 하는가? 사용자가 입력하거나 수정하는 내용에 따라 화면이 변해야 한다. 이는 사용자가 입력하거나 수정하는 내용, 즉 상태를 리액트가 계속 추적하고, 상태가 변할 때마다 함수를 다시 불러 새 상태가 화면에 나타나도록 다시 렌더링해야 한다. 이때, 리액트에게 이 오브젝트가 상태라고 알려주는 함수가 useState 함수이다. useState 함수에 상태를 추적할 오브젝트를 매개변수로 넘김으로써 상태를 사용할 수 있다.

useState 함수는 배열을 반환한다. 배열의 첫 번째 값은 방금 상태로 지정한 오브젝트이다. 두 번째 값은 이 상태를 업데이트할 수 있는 함수다. 실습 코드 3-13에서 setItem이라고 지정한 이 함수를 이용해 이후 item의 값을 업데이트할 예정이다.

예제 3-12. 자바스크립트 변수를 HTML 태그 내에서 사용하기

```
<input
    type="checkbox"
    id={item.id}
    name={ item.id}
    checked={item.done}
/>
    <label id={state.item.id}>{item.title}</label>
```

자바스크립트로 된 변수를 JSX에서 사용하려면 예제 3-12처럼 변수를 {}로 묶어주면 된다. { 자바스트립트 코드 }를 통해 HTML 안에서도 자바스크립트를 사용할 수 있다. 이제 실습 코드 3-14를 통해 Todo의 props에 item을 넘겨주는 법을 알아보자.

실습 코드 3-14. App에서 Todo로 item넘겨주기

```
import "./App.css";
import Todo from "./Todo";
import React, { useState } from "react";

function App() {
  const [item, setItem] = useState({
      id: "0",
      title: "Hello World 1",
      done: true }
      );

  return (
    <div className="App">
      <Todo item={item} />
    </div>
  );
```

```
}

export default App;
```

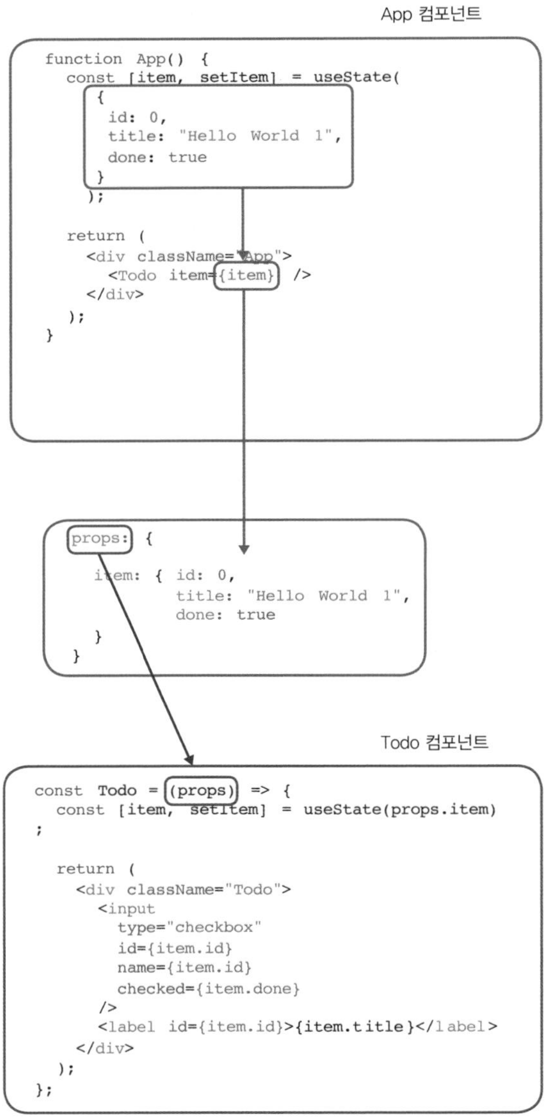

App 컴포넌트

```
function App() {
  const [item, setItem] = useState(
    {
      id: 0,
      title: "Hello World 1",
      done: true
    }
  );

  return (
    <div className="App">
      <Todo item={item} />
    </div>
  );
}
```

```
props: {
    item: { id: 0,
            title: "Hello World 1",
            done: true
    }
}
```

Todo 컴포넌트

```
const Todo = (props) => {
  const [item, setItem] = useState(props.item);

  return (
    <div className="Todo">
      <input
        type="checkbox"
        id={item.id}
        name={item.id}
        checked={item.done}
      />
      <label id={item.id}>{item.title}</label>
    </div>
  );
};
```

그림 3-13 props로 매개변수가 넘어가는 과정

188

App.js에서 useState를 이용해 item를 초기화해준다. 이후 〈Todo에 item = {<변수>}를 이용해 props로 매개변수를 넘길 수 있다.

예를 들어 ComponentA라는 컴포넌트에서 props에 val1, val2을 넘겨받고 싶다고 하자. props.val1과 props.val2로 값을 넘기기 위해 <ComponentA val1="a" val2="b"/> 처럼 '매개변수 이름=값' 형태로 매개변수를 나열해줄 수 있다.

연습

1. Todo를 하나 더 만들어 item을 하나 더 넘겨보자. item의 title은 "Hello World2"이고, done은 false이다.
2. Todo를 두 개 연속으로 늘어 놓는 대신, 배열과 반복문을 이용해보자. 반복문으로 생성된 Todo 컴포넌트들을 어떻게 넘길 것인가?

Todo 리스트

배열에 담긴 Todo 아이템들을 렌더링하기 위해 실습 코드 3-15처럼 App.js 코드를 수정했다.

실습 코드 3-15. Todo 아이템 리스트 렌더링

```
import "./App.css";
import Todo from "./Todo";
import React, { useState } from "react";

function App() {
  const [items, setItems] = useState([
    {
      id: "0",
      title: "Hello World 1",
      done: true,
    },
    {
      id: "1",
```

```
        title: "Hello World 2",
        done: true,
      },
    ]);

    let todoItems =
      items.length > 0 && items.map((item) => <Todo item={item} key={item.id} />);

    return (
      <div className="App">
        {todoItems}
      </div>
    );
}

export default App;
```

수정 후 브라우저를 확인하면 그림 3-14처럼 리스트가 출력되는 것을 확인할 수 있다.

그림 3-14 Todo 리스트

material-ui를 이용한 디자인

3.1.4절에서 인스톨했던 material-ui 패키지를 이용해 UI를 변경해보자. 우리가 Todo 컴포넌트를 만들었듯이, material-ui는 UI를 위한 다양한 컴포넌트를 제공한다. 그중 우리는 ListItem, ListItemText, InputBase, Checkbox 등의 컴포넌트

를 이용해 복잡한 CSS를 사용하지 않고도 UI를 개선할 수 있다. material-ui도 전부 컴포넌트라는 사실을 잊지 말자. Todo 컴포넌트를 사용하기 위해 <Todo ... ></Todo>를 추가해 줬듯, material-ui를 사용하기 위해 material-ui의 컴포넌트를 적절한 곳에 추가하는 것이다. 컴포넌트의 기능은 컴포넌트의 이름으로 유추할 수 있다. Todo.js를 실습 코드 3-16처럼 수정해보자.

실습 코드 3-16. material ui를 이용해 Todo 컴포넌트 디자인

```jsx
import React, { useState } from "react";
import { ListItem, ListItemText, InputBase, Checkbox } from "@mui/material";

const Todo = (props) => {
  const [item, setItem] = useState(props.item);

  return (
    <ListItem>
      <Checkbox checked={item.done} />
      <ListItemText>
        <InputBase
          inputProps={{ "aria-label": "naked" }}
          type="text"
          id={item.id}
          name={item.id}
          value={item.title}
          multiline={true}
          fullWidth={true}
        />
      </ListItemText>
    </ListItem>
  );
};

export default Todo;
```

Apps.js는 실습 코드 3-17처럼 수정해보자.

실습 코드 3-17. material ui를 이용한 App 컴포넌트 디자인

```
import "./App.css";
import Todo from "./Todo";
import React, { useState } from "react";
import { List, Paper } from "@mui/material";

function App() {
  const [items, setItems] = useState([
    {
      id: "0",
      title: "Hello World 1",
      done: true,
    },
    {
      id: "1",
      title: "Hello World 2",
      done: true,
    },
  ]);

  let todoItems = items.length > 0 && (
    <Paper style={{ margin: 16 }}>
      <List>
        {items.map((item) => (
          <Todo item={item} key={item.id} />
        ))}
      </List>
    </Paper>
  );
  return <div className="App">{todoItems}</div>;
}

export default App;
```

그림 3-15 material ui을 이용해 수정한 애플리케이션

컴포넌트를 이용해 UI가 그림 3-15처럼 멋지게 변한 것을 확인할 수 있다.

3.2.2 Todo 추가

3.2.1절에서는 리스트 형태의 Todo 아이템을 화면에 렌더링 하는 코드를 작성했다. 이 절에서는 Todo를 추가하기 위한 UI와 백엔드 콜을 대신할 가짜^Mock 함수를 작성한다. 또 Todo 추가를 통해 이벤트 핸들러 함수를 구현하는 방법과 핸들러 함수를 UI에 연결하는 방법을 배운다. 실습을 마치고 나면 그림 3-16과 같은 애플리케이션이 돼 있을 것이다.

그림 3-16 Todo 추가 컴포넌트가 추가된 애플리케이션

사용자가 이 기능을 어떻게 사용할지 잠시 생각해보자. 사용자는 Input Field에 추가할 아이템의 Title을 입력한다. 사용자는 + 버튼 또는 Enter 키를 눌러 Todo 아이템을 리스트에 추가할 수 있다(그림 3-16 참고).

Todo 추가 모듈을 만들기 위해 src 아래에 AddTodo.js를 생성하고 실습 코드 3-18과 실습 코드 3-19와 같이 UI 부분의 코드를 구현한다.

실습 코드 3-18. AddTodo.js

```javascript
import React, { useState } from "react";

import { Button, Grid, TextField } from "@mui/material";

const AddTodo = (props) => {
    // 사용자의 입력을 저정할 오브젝트
    const [item, setItem] = useState({ title: ""});

    return (
        <Grid container style={{ marginTop: 20 }}>
            <Grid xs={11} md={11} item style={{ paddingRight: 16 }}>
              <TextField placeholder="Add Todo here" fullWidth />
            </Grid>
            <Grid xs={1} md={1} item >
                  <Button fullWidth style={{ height: '100%' }} color="secondary"
variant="outlined">
              +
            </Button>
          </Grid>
      </Grid>
    );
}

export default AddTodo;
```

실습 코드 3-18에서 useState를 이용해 사용자의 입력을 저장할 임시 오브젝트 item을 지정한다. 또한 Grid, TextField, Button을 이용해 사용자의 입력을 받을 인풋 필드와 버튼을 생성한다. UI만 존재하고 아무 기능도 없는 상태다.

AddTodo로 생성한 UI를 화면에 올리기 위해 실습 코드 3-19를 참고해 App.js에 AddTodo 컴포넌트를 추가하자.

실습 코드 3-19. App.js: AddTodo 추가

```javascript
import "./App.css";
import Todo from "./Todo";
import React, { useState } from "react";
import { Container, List, Paper } from "@mui/material";
import AddTodo from "./AddTodo";

function App() {
  const [items, setItems] = useState([
    {
      id: "0",
      title: "Hello World 1",
      done: true,
    },
    {
      id: "1",
      title: "Hello World 2",
      done: true,
    },
  ]);

  let todoItems = items.length > 0 && (
    <Paper style={{ margin: 16 }}>
      <List>
        {items.map((item) => (
          <Todo item={item} key={item.id} />
        ))}
      </List>
    </Paper>
  );
  return <div className="App">
      <Container maxWidth="md">
        <AddTodo />
        <div className="TodoList">{todoItems}</div>
      </Container>
  </div>;
}

export default App;
```

AddItem 핸들러 추가

여기까지 작성한 후 브라우저를 확인해 보면 일단 구색을 갖춘 것을 확인할 수 있다. 하지만 지금은 + 버튼을 눌러도 아무 일도 일어나지 않는다. 이제 + 버튼의 기능을 추가해보자. AddItem 기능을 추가하려면 버튼에 핸들러 함수를 연결해야 한다.

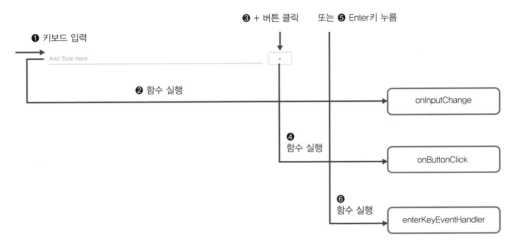

그림 3-17 각 함수가 실행되는 시점과 순서

사용자가 todo를 추가하기 위해 어떤 순서를 거치는지 생각해보자. 첫 번째로 사용자는 todo를 추가하기 위해 인풋필드에 title을 입력한다. 그다음 + 버튼을 눌러 todo 아이템을 추가한다. 따라서 우리는 사용자가 인풋필드에 입력하는 정보를 어딘가에 저장하고 있다가, 사용자가 + 버튼을 누르는 순간 리스트에 추가하면 된다. 이 과정을 구현하려면 그림 3-17처럼 총 세 가지 이벤트 핸들러를 구현해야 한다.

- onInputChange : 사용자가 인풋필드에 키를 하나 입력할 때마다 실행되며 인풋필드에 담긴 문자열을 자바스크립트 오브젝트에 저장한다.
- onButtonClick : 사용자가 + 버튼을 마우스로 클릭할 때 실행되며 onInput Change에서 저장하고 있던 문자열을 리스트에 추가한다.

- enterEventKeyHandler : 사용자가 인풋필드상에서 Enter 또는 Return 키를 눌렀을 때 실행되며 기능은 onButtonClick과 같다.

컴포넌트 state에 추가할 Todo 기억하기

사용자가 인풋필드에 입력하는 정보를 컴포넌트 내부에서 임시로 저장하기 위해 useState로 상태 변수 item을 초기화했다(실습 코드 3-20 참고). 사용자가 인풋필드에 정보를 입력하기 시작하면, 그 정보는 TextField 컴포넌트로 전달된다. TextField는 onChange를 props로 받는데 이 함수는 사용자가 TextField에서 키보드를 한 번 누를 때마다 실행된다. 따라서 onChange에 핸들러 함수 onInputChange를 연결해 사용자가 입력하는 키보드 값을 item에 저장할 수 있다.

실습 코드 3-20. AddTodo.js: onInputChange 함수 작성

```
import React, { useState } from "react";

import { Button, Grid, TextField } from "@mui/material";

const AddTodo = (props) => {
    // 사용자의 입력을 저정할 오브젝트
    const [item, setItem] = useState({ title: "" });

    // onInputChange 함수 작성
    const onInputChange = (e) => {
        setItem({title: e.target.value});
        console.log(item);
    };


    // onInputChange 함수 TextField에 연결
    return (
        <Grid container style={{ marginTop: 20 }}>
          <Grid xs={11} md={11} item style={{ paddingRight: 16 }}>
            <TextField placeholder="Add Todo here" fullWidth
```

```
            onChange={onInputChange} value={item.title}
/>
        </Grid>
        <Grid xs={1} md={1} item >
                <Button fullWidth style={{ height: '100%' }} color="secondary"
variant="outlined">
            +
          </Button>
        </Grid>
      </Grid>
    );
}


export default AddTodo;
```

1. 함수 작성

예제 3-13. AddTodo.js에서 onInputChange() 함수

```
// onInputChange 함수 작성
const onInputChange = (e) => {
    setItem({title: e.target.value});
    console.log(item);
  };
```

예제 3-13의 onInputChange() 부분을 자세히 들여다 보자. onInputChange()는 자바스크립트 함수이다. 이 함수는 Event e를 매개변수로 받는다. 일상 생활에서 event는 어떤 사건이 일어난 것이다. 비슷하게 자바스크립트에서의 event 오브젝트는 어떤 사건이 일어났을 때의 상태와 그 사건에 대한 정보를 담고 있다.

예를 들어 사용자가 키보드를 두드릴 때마다 TextField 컴포넌트에서 사건이 발생한다. 이 사건에 대한 정보는 Event 타입의 e라는 매개변수에 담겨있다. 키보드를 두드리는 이벤트에서 가장 중요한 정보는 어떤 키 값을 입력했느냐다. 따라서 키보드 입력 이벤트 e에는 사용자가 입력한 값이 있다. TextField 컴포넌트는 해당 TextField에 어떤 이벤트가 발생할 때마다, 이벤트가 일어났을 때 실행해야 하는 함수, onChange()를 실행하고 매개변수로 Event e를 넘긴다. 이런 함수를 이벤트 핸들러 함수라고 한다. 이 이벤트 핸들러 함수는 개발자인 우리가 구현해야 한다. 그렇지 않으면 이벤트가 발생해도 아무 일도 일어나지 않는다. 그래서 우리는 이벤트 핸들러로 onInputChange() 함수를 구현하고 이를 TextField의 이벤트 핸들러로 onInputChange() 함수를 연결해주는 것이다.

이벤트가 발생해 onChange에 연결된 onInputChange가 실행되면 Event 오브젝트 e가 매개변수로 넘어온다. 이 오브젝트의 target.value에는 현재 화면의 인풋필드에 입력된 글자들이 담겨 있다. 따라서 e.target.value를 item의 title로 지정한 후 setItem을 통해 item을 새로 업데이트해 사용자의 todo 아이템을 임시로 저장할 수 있다.

2. 함수 연결

예제 3-14. AddTodo.js에서 onInputChange를 onChange 프로퍼티로 넘기기

```
<TextField placeholder="Add Todo here"
  fullWidth
  onChange={onInputChange} value={item.title}/>
```

마지막으로 작성한 함수를 예제 3-14과 같이 TextField의 onChange props로 넘기는 작업을 해주면 TextField에 사용자 입력이 들어올 때마다 함수가 실행된다. 브라우저의 개발자 툴을 켜고 콘솔을 통해 함수의 실행 여부를 확인하자.

그림 3-18 onInputChange 함수 테스트

코드 구현을 마치면 그림 3-18의 디버깅 화면처럼 키보드 입력 시 onInputChange가
실행되는 것을 확인할 수 있다.

Add 함수 작성

두 번째로 **+**를 눌렀을 때 todo 아이템을 추가할 함수를 작성해야 한다. 하지만 Add
Todo 컴포넌트에는 리스트가 넘어오지 않는데 어떻게 리스트에 새 아이템을 추가 해
야 할까?

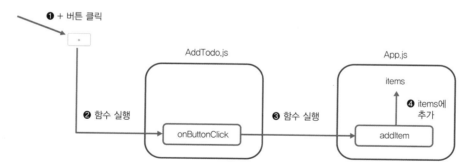

그림 3-19 버튼 클릭 시 리스트가 업데이트되는 과정

AddTodo 컴포넌트는 상위 컴포넌트의 items에 접근할 수 없다. 하지만 상위 컴포넌
트인 App 컴포넌트는 items에 접근할 수 있다. App 컴포넌트가 items를 관리하기 때
문이다. 따라서 새 item을 리스트에 추가하는 함수는 App 컴포넌트에 작성할 수 있

다. 다시 말해 App 컴포넌트에 addItem 함수를 추가하고, 이 함수를 AddTodo의 프로퍼티로 넘겨 AddTodo에서 사용하는 것이다. 버튼 클릭 시 리스트가 업데이트되는 과정은 그림 3-19와 같다. 실습 코드 3-21와 실습 코드 3-22를 참고해 이를 구현해보자.

실습 코드 3-21. App.js에서 add 함수 추가

```javascript
import "./App.css";
import Todo from "./Todo";
import React, { useState } from "react";
import { Container, List, Paper } from "@mui/material";
import AddTodo from "./AddTodo";

function App() {
  const [items, setItems] = useState([
    {
      id: "0",
      title: "Hello World 1",
      done: true,
    },
    {
      id: "1",
      title: "Hello World 2",
      done: true,
    },
  ]);


  const addItem = (item) => {
    item.id = "ID-" + items.length; // key를 위한 id
    item.done = false; // done 초기화
    // 업데이트는 반드시 setItems로 하고 새 배열을 만들어야 한다.
    setItems([...items, item]);
    console.log("items : ", items);
  };
```

```
    let todoItems = items.length > 0 && (
      <Paper style={{ margin: 16 }}>
        <List>
          {items.map((item) => (
            <Todo item={item} key={item.id} />
          ))}
        </List>
      </Paper>
    );
    return (<div className="App">
        <Container maxWidth="md">
          <AddTodo addItem={addItem} />
          <div className="TodoList">{todoItems}</div>
        </Container>
    </div>);
}

export default App;
```

팁

setItems 함수를 부를 때 setItems(thisItems)가 아닌 setItems([...thisItems])처럼 새 배열을 만들어 주는 이유가 뭘까? 리액트는 레퍼런스를 기준으로 재렌더링한다. 배열의 레퍼런스는 배열에 값을 추가하더라도 변하지 않는다. 따라서 리액트는 이 배열에 아무 변화도 없었다고 판단하고 다시 렌더링하지 않는다. 이를 해결하기 위해 우리는 배열에 새 item을 추가할 때마다 새 배열을 만들어준다.

실습 코드 3-22를 참고해 AddTodo 컴포넌트에서 add 함수를 props로 넘겨받아 onButtonClick에서 사용해보자.

실습 코드 3-22. AddTodo.js: add 함수 사용

```
import React, { useState } from "react";

import { Button, Grid, TextField } from "@mui/material";

const AddTodo = (props) => {
```

```
// 사용자의 입력을 저정할 오브젝트
const [item, setItem] = useState({ title: "" });
const addItem = props.addItem;

// onButtonClick 함수 작성
const onButtonClick = () => {
    addItem(item); // addItem 함수 사용
    setItem({ title: "" });
}

// onInputChange 함수 작성
const onInputChange = (e) => {
    setItem({title: e.target.value});
    console.log(item);
  };

// onInputChange 함수 TextField에 연결
return (
    <Grid container style={{ marginTop: 20 }}>
      <Grid xs={11} md={11} item style={{ paddingRight: 16 }}>
        <TextField placeholder="Add Todo here" fullWidth
        onChange={onInputChange} value={item.title}/>
      </Grid>
      <Grid xs={1} md={1} item >
            <Button fullWidth style={{ height: '100%' }} color="secondary"
variant="outlined"
        onClick={onButtonClick}>
          +
        </Button>
      </Grid>
    </Grid>
  );
}

export default AddTodo;
```

엔터키 입력 시 아이템 추가

마찬가지로 Enter 키 입력 시 아이템을 추가하기 위해 실습 코드 3-23과 같은 함수를 추가해준다. Enter 키는 버튼 클릭과 동일한 기능을 하기 때문에 버튼 클릭 함수를 재사용하자.

참고로 지금까지는 독자들이 패턴에 익숙해질 수 있도록 전체 코드를 전부 실습 코드에 포함했다. 이제 함수를 추가하고 JSX에 연결하는 패턴에 익숙해졌고, 코드의 양이 늘어나기 시작했으니 바뀌는 부분만 실습 코드에 포함하도록 한다. 만약 코드를 어디에 추가해야 하는지 모르겠다면 이전 실습 코드를 참고하거나 깃허브의 코드를 참고하자.

실습 코드 3-23. AddTodo.js에서 엔터키 처리를 위한 핸들러 작성

```
// enterKeyEventHandler 함수
const enterKeyEventHandler = (e) => {
    if (e.key === 'Enter') {
      onButtonClick();
    }
};
```

우선 실습 코드 3-23과 같이 AddTodo 컴포넌트 내부에 enterKeyEventHandler() 함수를 추가한다. 이 함수는 키보드의 키 이벤트 발생시 항상 실행된다. Enter 키로 인해 이벤트가 발생하는 경우 onButtonClick()을 실행하면 된다.

실습 코드 3-24. AddTodo.js에서 onKeyPress()에 enterKeyEventHandler() 연결

```
// 2. 함수 연결
<TextField placeholder="Add Todo here"
        fullWidth
        onChange={onInputChange}
        onKeyPress={enterKeyEventHandler}
        value={item.title} />
```

onKeyPress()는 키보드의 키를 누를 때마다 실행되는 이벤트 핸들러이다. 따라서 실습 코드 3-24를 참고해 enterKeyEventHandler()를 onKeyPress()에 연결하자.

3.2.3 Todo 삭제

삭제 기능을 구현하려면 각 리스트 아이템의 오른쪽에 삭제 아이콘을 추가해야 한다. 그런 다음 사용자가 삭제 아이콘을 누르면 아이템을 삭제하는 기능을 추가해야한다.

삭제 아이콘은 material-ui에서 제공하는 ListItemSecondaryAction과 IconButton 컴포넌트를 이용한다(예제 3-15 참고).

예제 3-15. Todo.js: ListSecondaryAction과 IconButton을 이용한 예

```
<ListItemSecondaryAction>
        <IconButton aria-label="Delete Todo">
          <DeleteOutlined />
        </IconButton>
</ListItemSecondaryAction>
```

ListItemSecondaryAction, IconButton, DeleteOutlined 컴포넌트를 사용하기 위해 실습 코드 3-25처럼 Todo.js 상단에서 이 컴포넌트들을 import한다.

실습 코드 3-25. Todo.js: material-ui 컴포넌트 import

```
import {
  ListItem,
  ListItemText,
  InputBase,
  Checkbox,
  ListItemSecondaryAction,
  IconButton,
} from "@mui/material";
import DeleteOutlined from "@mui/icons-material/DeleteOutlined";
```

예제 3-15과 실습 코드 3-26을 참고해 Todo.js의 render 함수에 삭제 아이콘을 추가한다.

실습 코드 3-26. Todo.js에서 삭제 버튼 추가

```
return (
  <ListItem>
    <Checkbox checked={item.done} />
    <ListItemText>
      <InputBase
        inputProps={{ "aria-label": "naked" }}
        type="text"
        id={item.id}
        name={item.id}
        value={item.title}
        multiline={true}
        fullWidth={true}
      />
    </ListItemText>
    <ListItemSecondaryAction>
      <IconButton aria-label="Delete Todo">
        <DeleteOutlined />
      </IconButton>
    </ListItemSecondaryAction>
  </ListItem>
);
```

InputBase에 id와 name가 존재하는지 반드시 확인하자. 두 아이템이 같은 title을 가지고 있는 경우, 어떤 아이템을 삭제해야 하는지 알 수 없다. 따라서 우리는 item에 고유한 번호를 주고 이 번호를 이용해 구분한다. 이 부분은 이후 백엔드와 연결하며 백엔드의 id로 대체될 예정이다.

아이콘을 추가하면 그림 3-20처럼 각 아이템의 오른쪽에 휴지통 모양의 아이콘이 생긴다.

그림 3-20 삭제 아이콘

아이콘을 추가했으니 버튼 클릭 시 실행할 deleteItem() 함수를 작성할 차례이다. 여기서 잠깐 멈추고 deleteItem() 함수를 어디에 작성해야 하고 어떻게 연결해야 하는지 스스로 생각해보자. AddTodo.js를 했던 방법과 비슷하다. 전체 Todo 리스트는 App.js에서 관리하기 때문에 deleteItem() 함수는 App.js에 작성해야 한다.

실습 코드 3-27. App.js에서 deleteItem() 함수 작성

```
const deleteItem = (item) => {
  // 삭제할 아이템을 찾는다.
  const newItems = items.filter(e => e.id !== item.id);
  // 삭제할 아이템을 제외한 아이템을 다시 배열에 저장한다.
  setItems([...newItems]);
}
```

실습 코드 3-27을 참고해 App 컴포넌트에 새 함수 deleteItem()을 작성하자. 이 함수가 하는 일은 기존 items에서 매개변수로 넘어온 item을 제외한 새 items(newItems 변수)를 items 변수에 저장하는 것이다. 매개변수로 넘어온 item을 제외하기 위해 filter 함수를 사용하고, id를 비교해 item과 id가 같은 경우 제외하는 로직을 작성했다.

실습 코드 3-28. App.js에서 Todo의 delete에 연결

```
<Todo
  item={item}
```

```
key={item.id}
deleteItem={deleteItem} />
```

실습 코드 3-28을 참고해 Todo 컴포넌트의 deleteItem()에 우리가 작성한 delete
Item() 함수를 연결하자. 그런데 Todo에는 deleteItem()이 아직 없지 않은가? 그렇
다. 그 부분을 이제부터 작성해야 한다. 실습 코드 3-29와 실습 코드 3-30을 참고해
Todo 컴포넌트에 deleteItem을 Todo 컴포넌트에서 사용하는 부분을 작성하자.

실습 코드 3-29. Todo.js에서 deleteItem() 함수 연결

```
const Todo = (props) => {
  // 기존 코드
  const deleteItem = props.deleteItem;

  // 기존 코드
}
```

실습 코드 3-30. Todo.js에서 deleteItem() 함수 추가

```
  // deleteEventHandler 작성
  const deleteEventHandler = () => {
    deleteItem(item);
  };
```

마지막으로 실습 코드 3-31을 참고해 deleteEventHandler() 함수를 삭제 아이콘에
연결하자.

실습 코드 3-31. Todo.js에서 deleteItem() 함수 연결

```
<IconButton aria-label="Delete Todo"
  onClick={deleteEventHandler} >
    <DeleteOutlined />
</IconButton>
```

이제 Todo 아이템 추가, 삭제 기능을 구현했으니 테스팅을 위해 추가했던 Todo 배열을 빈 배열로 초기화하자(실습 코드 3-32 참고).

실습 코드 3-32. App.js에서 items를 빈 리스트로 초기화

```
function App() {
  const [items, setItems] = useState([]);
  // .. 기존 코드
}
```

3.2.4 Todo 수정

프론트엔드 개발의 마지막은 Todo 아이템 수정 기능이다. 수정은 다른 기능보다 조금 복잡한데 Todo 아이템 수정에는 두 가지 경우가 있기 때문이다. 첫 번째는 체크박스에 체크하는 경우이다. 두 번째는 타이틀을 변경하고 싶은 경우이다.

체크박스를 체크하는 경우는 비교적 간단하다. 체크박스 클릭 시 item.done의 값을 변경하면 된다.

타이틀을 변경하고 싶은 경우는 조금 복잡하다. 사용자가 아이템의 title 부분을 클릭하면 자동으로 수정 가능한 상태가 되게끔 만들려고 한다. 그리고 사용자가 Enter 키를 누르면 수정 내용을 저장한다.

두 가지 요구사항을 정리하면 다음과 같다.

1. Todo 컴포넌트에 readOnly 플래그가 있어 readOnly가 true인 경우 아이템 수정이 불가능하고 false인 경우 아이템을 수정할 수 있다.
2. 사용자가 어떤 아이템의 title을 클릭하면 해당 인풋필드는 수정 가능한 상태, 즉 readOnly가 false인 상태가 된다.
3. 사용자가 Enter 또는 Return 키를 누르면 readOnly가 true인 상태로 전환한다.

4. 체크박스 클릭 시 item.done 값을 전환한다. true → false, false → true

ReadOnly 모드

실습 코드 3-33. Todo.js에서 readOnly 상태 변수 추가

```
const Todo = (props) => {
  const [item, setItem] = useState(props.item);
  const [readOnly, setReadOnly] = useState(true);
// 기존 코드
}
```

실습 코드 3-33을 참고해 Todo 컴포넌트에 boolean형의 readOnly 변수를 추가한다.

ReadOnly False

실습 코드 3-34. Todo.js에서 turnOffReadOnly() 함수 추가

```
  // turnOffReadOnly 함수 작성
  const turnOffReadOnly = () => {
    setReadOnly(false);
  }
```

실습 코드 3-34를 참고해 title 클릭 시 실행할 함수를 추가하자. 이 함수는 단순히 readOnly를 false로 변경해주는 함수이다.

실습 코드 3-35. Todo.js에서 readOnly와 offReadOnlyMode연결

```
<InputBase
        inputProps={{
            "aria-label": "naked",
            readOnly: readOnly }}
        onClick={turnOffReadOnly}
        type="text"
```

```
        id={item.id}
        name={item.id}
        value={item.title}
        multiline={true}
        fullWidth={true}
    />
```

실습 코드 3-35를 참고해 readOnly 상태와 turnOffReadOnly()를 InputBase에 연결해 주자. material-ui의 InputBase 컴포넌트에는 이미 readOnly라는 Props가 있다. 따라서 Todo 컴포넌트에서 생성한 readOnly를 넘겨주기만 하면 된다. turnOffReadOnly ()가 실행돼 readOnly가 false로 바뀌면 InputBase 컴포넌트가 인풋필드를 수정 가능한 상태로 변경해준다.

브라우저를 새로고침해 ReadOnly 모드가 작동하는지 확인하자. 그림 3-21처럼 ReadOnly 모드가 off되면 title의 마지막에 마우스 커서가 깜빡이는 것을 확인할 수 있다.

그림 3-21 ReadOnly 테스팅

ReadOnly True

ReadOnly False와는 반대로 엔터키를 누르면 readOnly 모드를 종료, 즉 readOnly를 다시 true로 바꾸는 함수를 작성하자. Enter 키 함수는 AddTodo의 enterKey EventHandler와 거의 비슷하다. 실습 코드 3-36과 실습 코드 3-37을 참고해 Todo 컴포넌트에 turnOnReadOnly() 함수를 작성하자.

실습 코드 3-36. Todo.js에서 turnOnReadOnly() 함수 작성

```
// turnOnReadOnly 함수 작성
const turnOnReadOnly = (e) => {
  if (e.key === "Enter") {
      setReadOnly(true);
  }
};
```

실습 코드 3-36에는 readOnly를 true로 바꾸는 기능밖에 없지만, 이후 API와 연결할 때, 이 부분에서 update API를 불러 서버에 바뀐 아이템을 저장할 예정이다.

실습 코드 3-37. Todo.js에서 onKeyDown에 turnOnReadOnly()연결

```
<InputBase
  inputProps={{
    "aria-label": "naked",
    readOnly: readOnly }}
  onClick={turnOffReadOnly}
  onKeyDown={turnOnReadOnly}
  type="text"
  id={item.id}
  name={item.id}
  value={item.title}
  multiline={true}
  fullWidth={true}
/>
```

> **팁**
>
> onKeyDown 외에 onKeyUp이라는 프로퍼티도 있다. 차이점이 무엇인가? onKeyDown을 onKeyUp으로 바꾸면 무엇이 달라지는가?

Item 수정 함수

커서가 깜빡인다고 해서 수정이 가능한 것은 아니다. AddTodo 컴포넌트와 마찬가지로, App.js에서 editItem() 함수를 작성해 Todo.js의 프로퍼티로 넘겨줘야 한다. Todo.js에서는 사용자가 키보드의 키를 입력할 때마다 item의 title을 새 값으로 변경해야 한다.

실습 코드 3-38. App.js에서 editItem() 함수 작성

```
const editItem = () => {
    setItems([...items]);
};
```

실습 코드 3-38에서 items 내부의 값을 변경했기 때문에 새 배열로 초기화해 화면을 다시 렌더링한다.

실습 코드 3-39. App.js Todo 컴포넌트에 editItem 추가

```
<Todo item={item} key={item.id} editItem={editItem} deleteItem={deleteItem} />
```

실습 코드 3-39를 참고해 editItem을 Todo 컴포넌트의 Props로 넘긴다.

실습 코드 3-40. Todo.js에서 editEventHandler() 함수 추가

```
const editItem = props.editItem;

  const editEventHandler = (e) => {
    item.title = e.target.value;
    editItem();
  };
```

실습 코드 3-40를 참고해 사용자의 키 입력에 따라 title을 변경해주는 editEvent Handler() 함수를 구현하고 실습 코드 3-41을 참고해 이 함수를 InputBase의 on

Change Props로 넘긴다.

```
<InputBase
        inputProps={{
            "aria-label": "naked",
            readOnly: readOnly }}
        onClick={turnOffReadOnly}
        onKeyDown={turnOnReadOnly}
        onChange={editEventHandler}
        type="text"
        id={item.id}
        name={item.id}
        value={item.title}
        multiline={true}
        fullWidth={true}
    />
```

테스팅

그림 3-22 수정 테스팅

그림 3-22를 참고해 수정이 가능한지 테스팅해보자. 브라우저를 새로고침한 후, 'ReadOnly 테스트'를 추가한다. 그 다음 해당 블록을 클릭해 수정 모드로 들어가 '- 수정'을 추가한다. 마지막으로 '저장여부확인'을 추가해 콘솔 화면에 'ReadOnly 테스트'가 'ReadOnly 테스트 - 수정'으로 변경됐는지 확인한다.

Checkbox 업데이트

checkbox 업데이트를 위해 실습 코드 3-42와 같은 코드를 추가해준다. 이 함수는 체크박스에 체크가 된 경우 `true`를, 아닌 경우에 `false`를 저장한다.

실습 코드 3-42. Todo.js에서 checkboxEventHandler() 함수 구현

```
const checkboxEventHandler = (e) => {
  item.done = e.target.checked;
  editItem();
}
```

다른 함수에서 했던 것과 마찬가지로 checkboxEventHandler를 Checkbox 컴포넌트의 onChange에 연결하라(실습 코드 3-43 참고).

실습 코드 3-43. Todo.js에서 Checkbox onChange에 checkboxEventHandler 연결

```
// .. 기존 코드
// 2. onChange에 연결
<Checkbox checked={item.done} onChange={checkboxEventHandler} />
```

브라우저를 새로고침하고 체크박스를 테스트해보자.

3.2.5 정리

3.2절에서는 본격적으로 로컬 환경에서 돌아가는 프론트엔드 애플리케이션을 작성했다. 개발을 하며 컴포넌트가 관리하는 state와 state에 존재하는 변수를 사용하는 방법, 업데이트하는 방법을 알아봤다. 또 다른 컴포넌트로 값을 전달해야 하는 경우 props를 사용하는 방법도 배웠다.

그리고 기본적으로 이벤트 핸들러 함수를 어떻게 작성하고 어떻게 다른 컴포넌트의 props로 넘기는지 실습해봤다. material-ui 컴포넌트에 관해서는 일부러 언급하지 않았는데, material-ui 관련 컴포넌트의 대부분은 https://material-ui.com/의 좌측 Component 섹션에서 확인할 수 있다.

3.3 서비스 통합

■ **학습 내용**

- 크로스 오리진 리소스 셰어링Cross-Origin Resource Sharing

■ **실습 내용**

- 스프링 @Configuration을 이용한 CORS 문제 해결
- Fetch를 이용한 프론트엔드와 백엔드 통합

현재 독립적으로 동작하는 백엔드 애플리케이션과 독립적으로 동작하는 프론트엔드 애플리케이션이 하나씩 있다. 이제는 두 애플리케이션을 통합해 하나의 기능을 하는 웹 애플리케이션을 완성할 차례이다. 3.3절에서는 프론트엔드에서 백엔드에 API를 호출하는 코드를 짠다. 자바스크립트의 `fetch` 함수를 사용해 3.1절에서 구현한 Todo 아이템을 불러오고 추가하고 수정하고 삭제하는 부분을 작성한다.

그렇다고 백엔드에서 할 일은 없느냐? 그건 아니다. 애플리케이션을 통합하면서 우리는 CORS 문제를 맞닥뜨리게 된다. 보안에 관련된 기능인데, 백엔드에서 해결해야 한다. 3.3절에서는 이처럼 프론트엔드와 백엔드를 연결하고 그 과정에서 CORS와 CORS로 인한 문제를 어떻게 해결하는지 알아본다.

3.3.1 CORS

첫 번째로 구현할 부분은 Todo 아이템을 불러오는 부분이다. 우리가 http://local host:3000을 치고 들어가면 바로 Todo 아이템이 리스트에 보여야 한다. 이 부분을 구현하기 전에 우선 백엔드 서버를 실행하자.

애플리케이션을 실행하자마자 리스트를 불러와야 하므로 실습 코드 3-44처럼 App. js 컴포넌트 함수 내에서 todo API를 사용해 리스트를 초기화해보자. fetch() 함수가 무엇이고 어떻게 사용하는지는 3.3.3절에서 다루기 때문에 fetch() 함수에 대해 모르더라도 일단 따라와주길 바란다.

실습 코드 3-44. App 컴포넌트 함수에서 API를 이용해 리스트 초기화

```
function App() {
  const [items, setItems] = useState([]);

  const requestOptions = {
    method: "GET",
    headers: { "Content-Type": "application/json" },
  };

  fetch("http://localhost:8080/todo", requestOptions)
    .then((response) => response.json())
    .then(
      (response) => {
        setItems(response.data);
      },
      (error) => {

      }
    );

  // 다른 함수

  let todoItems = items.length > 0 && (
    <Paper style={{ margin: 16 }}>
```

```
    <List>
      {items.map((item) => (
        <Todo item={item} key={item.id} editItem={editItem} deleteItem={deleteItem}
/>
      ))}
    </List>
  </Paper>
);
return (<div className="App">
    <Container maxWidth="md">
      <AddTodo addItem={addItem} />
      <div className="TodoList">{todoItems}</div>
    </Container>
  </div>);
}
```

localhost:3000으로 들어가 개발자 툴의 콘솔 창을 켜보면 그림 3-23과 예제 3-16 과 같은 에러를 확인할 수 있다.

그림 3-23 CORS 에러

예제 3-16. CORS 에러 메시지

Access to fetch at 'http://localhost:8080/todo' from origin 'http://localhost:3000' has been blocked by CORS policy: No 'Access-Control-Allow-Origin' header is present on the requested resource. If an opaque response serves your needs, set the request's mode to 'no-cors' to fetch the resource with CORS disabled.

보안을 위한 CORS 헤더 Policy를 위반했기 때문이다. CORS는 크로스-오리진 리소스 쉐어링Cross-Origin Resource Sharing의 약자(https://en.wikipedia.org/wiki/Cross-origin_resource_sharing)로, 처음 리소스를 제공한 도메인Origin이 현재 요청하려는 도메인과 다르더라도 요청을 허락해주는 웹 보안 방침이다.

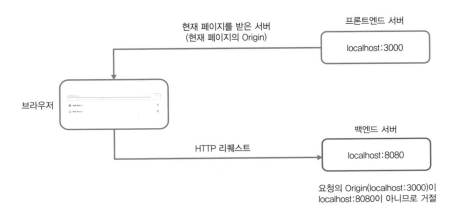

그림 3-24 CORS 방침으로 인해 요청이 거절되는 과정

그림 3-24를 예로 들어보자. 이 프로젝트의 Todo 애플리케이션에서 프론트엔드 서버의 도메인은 http://localhost:3000이다. 따라서 현재 Todo 페이지의 origin은 http://localhost:3000이다. 하지만 백엔드 서버의 도메인은 localhost:8080이다. 도메인이 다르므로 요청을 거절한다.

CORS를 가능하게 하기 위해선 백엔드에서 CORS 방침 설정을 해줘야 한다. 스프링 부트 애플리케이션 프로젝트로 돌아가 com.example.demo.config라는 패키지를 만들고 그 아래에 WebMvcConfig라는 클래스를 만들어준다. 실습 코드 3-45를 참고해 CORS 관련 설정 코드를 작성해보자. 작성 후 백엔드 애플리케이션을 재시작하면 CORS Origin 에러가 사라지는 것을 확인할 수 있다.

```
package com.example.demo.config;
import org.springframework.context.annotation.Configuration;
import org.springframework.web.servlet.config.annotation.CorsRegistry;
import org.springframework.web.servlet.config.annotation.WebMvcConfigurer;

@Configuration // 스프링 빈으로 등록
public class WebMvcConfig implements WebMvcConfigurer {

  private final long MAX_AGE_SECS = 3600;

  @Override
  public void addCorsMappings(CorsRegistry registry) {
   // 모든 경로에 대해
   registry.addMapping("/**")
       // Origin이 http:localhost:3000에 대해.
       .allowedOrigins("http://localhost:3000")
       // GET, POST, PUT, PATCH, DELETE, OPTIONS 메서드를 허용한다.
       .allowedMethods("GET", "POST", "PUT", "PATCH", "DELETE", "OPTIONS")
       .allowedHeaders("*")
       .allowCredentials(true)
       .maxAge(MAX_AGE_SECS);
  }

}
```

addCorsMappings 메서드에서 작성한 설정은 다음과 같은 의미를 지닌다. 모든 경로 (/**)에 대해 Origin이 http://localhost:3000인 경우, GET, POST, PUT, PATCH, DELETE 메서드를 이용한 요청을 허용한다. 또한 모든 헤더와 인증에 관한 정보[Credential]도 허용한다.

실습 코드 3-45와 같이 백엔드 애플리케이션을 수정한 후 재시작한다. 이후 브라우 저를 새로고침하면 더 이상 CORS 에러가 나지 않는 것을 확인할 수 있다.

3.3.2 Effect Hook을 이용한 Todo 리스트 초기화

그림 3-25 Todo API 무한루프

CORS로 인한 에러 메시지는 사라졌지만 그림 3-25처럼 네트워크 탭을 열어보면 todo가 끝없이 나열된 것을 확인할 수 있다. 왜 그럴까?

지금까지 계속 리액트와 관련해서 '렌더링'이라는 단어를 언급했다. React는 렌더링을 한다. 렌더링이란 무엇인가? 리액트는 브라우저에 보이는 HTML DOM 트리의 다른 버전인 ReactDOM(Virtual DOM)을 가지고 있다. 그러다 어떤 이유에서 컴포넌트의 상태^{state}가 변하면 ReactDOM은 이를 감지하고 컴포넌트 함수를 다시 호출함으로써 변경된 부분의 HTML을 바꿔준다. HTML이 업데이트되면 우리는 변경된 결과를 눈으로 확인할 수 있다. 즉 화면에 보여주는 것을 렌더링이라 한다.

렌더링이 가장 처음 일어나는 순간, 리액트는 ReactDOM 트리가 존재하지 않는 상태에서 처음으로 각 컴포넌트 함수를 호출해 자신의 DOM 트리를 구성한다. 이 때, 우리 애플리케이션에서 가장 처음으로 호출하는 컴포넌트 함수는 바로 App() 함수이다. App() 함수를 호출할 때, 함수 내에서 fetch()를 이용해 Todo API를 호출한다. fetch를 사용한 API 호출은 비동기^Asynchronous 호출인데, 쉽게 말해 API 호출 후 응답이 올 때까지 기다리지 않는다는 뜻이다. 기다리지 않고 함수를 반환했으니 Add Todo Here과 같은 인풋 필드나 + 버튼을 볼 수 있는 것이다. 그러다 Todo API 호출이 완료돼 리스트가 반환되면 then(..)으로 이어진 함수가 차례차례 실행된다. Todo API 호출이 성공하는 경우 then 함수 체인은 결국 setItem(..)을 부른다. setItem을 부르면 item의 상태가 새로 초기화된다. 상태가 바뀌었음으로 리액트는 재렌더링을 위해 다시 App() 함수를 호출한다. API 함수를 호출할 때, 함수 내에서 fetch라는, Todo API를 호출한… 어라? 위에서 방금 본 문장이다. 이제 리액트가 어떻게 무한 루프로 빠지게 되는지 감이 오는가?

이를 방지해주는 것이 바로 effect 훅이다. 리액트에서 훅이란 리액트의 상태와 여러 가지 기능을 사용할 수 있도록 도와주는 함수라 했다. 리액트 훅 중에서도 Effect 훅인 useEffect() 함수를 이용하면 무한 루프에 빠지지 않고도 처음 리스트를 불러오는 부분을 구현할 수 있다.

실습 코드 3-46. useEffect로 Todo API 호출

```
// 다른 import 코드
import React, { useState, useEffect } from "react";

function App() {
  const [items, setItems] = useState([]);

  useEffect(() => {
    const requestOptions = {
      method: "GET",
      headers: { "Content-Type": "application/json" },
    };

    fetch("http://localhost:8080/todo", requestOptions)
      .then((response) => response.json())
      .then(
```

```
        (response) => {
          setItems(response.data);
        },
        (error) => {}
      );
  },[]);

// 다른 함수들

  let todoItems = items.length > 0 && (
    <Paper style={{ margin: 16 }}>
      <List>
        {items.map((item) => (
          <Todo
            item={item}
            key={item.id}
            editItem={editItem}
            deleteItem={deleteItem}
          />
        ))}
      </List>
    </Paper>
  );
  return (
    <div className="App">
      <Container maxWidth="md">
        <AddTodo addItem={addItem} />
        <div className="TodoList">{todoItems}</div>
      </Container>
    </div>
  );
}
```

실습 코드 3-46에서 변한 것은 기존의 fetch 함수 호출 부분을 useEffect 함수 안으로 넣은 것이다. useEffect는 함수와 배열을 인자로 받는다. useEffect(콜백 함수, 디펜던시 배열)이다. 실습 코드 3-46에서는 fetch를 사용하는 부분을 함수로 만들어 넘겼고, 배열은 빈 배열을 넘겼다. useEffect(콜백 함수, 디펜던시 배열)는 첫 렌더링(또는 마운팅)이 일어났을 때, 그 이후에는 배열 안의 오브젝트 값이 변할 때마다 콜백 함수를 부른다. 따라서 렌더링 후에 발생하는 효과^{Effect}인 것이다.

배열에 items를 넣으면 어떻게 될까? useEffect가 동작하는 원리를 생각했을 때 어떻게 될지 추측할 수 있는가?

예제 3-16. useEffect의 두 번째 인자로 items를 넘기면?

```
useEffect(() => {
    const requestOptions = {
      method: "GET",
      headers: { "Content-Type": "application/json" },
    };

    fetch("http://localhost:8080/todo", requestOptions)
      .then((response) => response.json())
      .then(
        (response) => {
          setItems(response.data);
        },
        (error) => {}
      );
  },[items]);
```

예제 3-16처럼 items를 usesEffect의 두 번째 인자로 넘기면 다시 무한 루프에 빠지게 된다. useEffect는 배열 내의 값이 변하면 실행된다고 했다. 첫 렌더링 후 useEffect가 실행되고 items를 새 값으로 바꾼다. useEffect의 두 번째 인자의 배열에 있는 items가 변경됐으므로 다시 렌더링이 되고, 렌더링했으니 useEffect를 또 부르는 것이다. 따라서 우리 애플리케이션은 이를 방지하기 위해 빈 배열을 넘겼다.

3.3.3 fetch

실습 코드 3-44에서 자바스크립트의 fetch를 이용해 백엔드 애플리케이션에 HTTP 요청을 보냈다. 이 절에서는 fetch(https://developer.mozilla.org/en-US/docs/Web/API/Fetch_API/Using_Fetch)가 무엇인지, 어떻게 사용하는지 알아보고 백엔드에 Todo 아이템 생성, 검색, 수정, 삭제를 요청하는 로직을 구현한다.

자바스크립트 Promise

Fetch API에 들어가기 전에 Promise라는 것을 먼저 알아보자. 우리가 Promise를 먼저 알아보는 이유는 fetch 메서드가 Promise를 반환하기 때문이다. 혹시 Promise가 무엇인지 이미 알고있다면 바로 Fetch API로 넘어가도 좋다.

Promise는 비동기 오퍼레이션^Asynchronous Operation에서 사용한다. 비동기 오퍼레이션이란 무엇인가? 자바스크립트는 싱글 스레드 환경에서 동작하는 프로그램이다. 그 말은 즉, 만약 내가 HTTP 요청을 백엔드에 보냈는데 백엔드가 이를 처리하는 데 1분이 걸리면, 내 브라우저는 1분간 아무것도 못하는 상태가 된다는 뜻이다. 이를 극복하기 위해 대부분의 자바스크립트 엔진은 현재 자바스크립트 스레드 밖에서 이런 비동기 오퍼레이션(Web API)을 실행해준다.

예제 3-17. XMLHttpRequest를 이용한 HTTP 요청

```
var oReq = new XMLHttpRequest();
oReq.open("GET", "http://localhost:8080/todo");
oReq.send();
```

예제 3-17은 fetch가 아닌 XMLHttpRequest 오브젝트를 이용해 GET 요청을 보내는 방법이다. 여기서 문제가 뭘까?

우리가 원하는 작업은 HTTP 요청을 보낸 후 리턴된 응답을 Todo 리스트에 추가하는 것이다. 하지만 오퍼레이션이 현재 실행 중인 자바스크립트 스레드가 아니라 다른 곳에서 실행된다면 HTTP 응답을 받았다는 사실을 어떻게 아는가? 어디로 받아 오는가? 이 문제는 콜백^{Callback} 함수를 통해 해결한다.

예제 3-18. 콜백 함수를 이용한 XMLHttpRequest

```
var oReq = new XMLHttpRequest();
oReq.open("GET", "http://localhost:8080/todo");
oReq.onload = function () { // callback 함수
  console.log(oReq.response);
};
oReq.send();
```

예제 3-18처럼 우리는 응답을 받아 이를 처리하는 부분을 콜백 함수인 onload에 할당할 수 있다. 그러면 요청에 대한 응답을 받았을 때 onload에 연결된 함수가 실행된다. 여러분이 원한다면 XMLHttpRequest를 이용해 백엔드와 통합해도 상관없다. Fetch든 XMLHttpRequest든 본질적으로는 같은 기능을 하기 때문이다. 하지만 XMLHttpRequest를 사용하는 경우 콜백 함수 내에서 또 다른 HTTP 요청을 날리고 그두 번째 요청을 위한 콜백을 또 정의하는 과정에서 코드는 굉장히 복잡해진다. 이렇게 콜백 내에서 다시 HTTP 요청을 하고, 다시 콜백을 정의하면서 코드가 복잡해지는 것을 콜백 지옥^{Callback Hell}이라고 부른다.

Promise는 콜백 지옥을 피할 수 있는 방법 중 하나이다. Promise는 말 그대로 이 함수를 실행 후 Promise 오브젝트에 명시된 사항들을 실행시키겠다는 약속이다.

Promise는 세 가지 상태가 있다. Pending. Fulfilled, Rejected 상태다.

예제 3-19. Promise를 사용한 XMLHttpRequest

```
function exampleFunction() {
    return new Promise((resolve, reject) => {
      var oReq = new XMLHttpRequest();
      oReq.open("GET", "http://localhost:8080/todo");
      oReq.onload = function () {
```

```
      resolve(oReq.response); // Fulfilled 상태
    };
    oReq.onerror = function () {
      reject(oReq.response); // Reject 상태
    };
    oReq.send(); // pending 상태
  });
}

exampleFunction()
  .then((r) => console.log("Resolved " + r), (r) => console.log("Rejected " + r))
  .catch((e) => console.log("Error " + e));
```

Pending은 말 그대로 오퍼레이션이 끝나길 기다리는 상태다. 오퍼레이션이 성공적으로 끝나면 resolve 함수를 통해 이 오퍼레이션이 성공적으로 끝났음을 알리고 원하는 값을 전달할 수 있다. 이때 resolves는 then의 매개변수로 넘어오는 함수를 실행한다. 마찬가지로 오퍼레이션 중 문제가 생기는 경우 then의 두 번째 인자로 들어오는 reject 함수를 콜한다. 또는 실행 도중 예외가 발생하는 경우 catch 매개변수로 넘어오는 함수가 실행된다(예제 3-19 참고).

then이나 catch로 넘기는 함수들은 지금 당장 실행되는 것이 아니다. 우리는 그저 매개변수로 해야 할 일을 넘겨 주는 것이고, 실제 이 함수들이 실행되는 시점은 resolve와 reject가 실행되는 시점이다.

Fetch API

Fetch는 자바스크립트가 제공하는 메서드로, API 서버로 http 요청을 송신 및 수신할 수 있도록 도와주는 메서드다.(https://fetch.spec.whatwg.org/#fetch-api, n.d.) Fetch는 url을 매개변수로 받거나 url과 options을 매개변수로 받을 수 있다. Fetch 함수는 Promise 오브젝트를 반환한다. 따라서 then과 catch에 각각 onResolve, onReject, onError 콜백 함수를 전달해 응답을 처리할 수 있다.

먼저 url만 이용해 GET 메서드를 이용해 요청을 보내는 방법을 살펴보도록 하자.

예제 3-20. fetch를 이용한 GET 요청

```
fetch("localhost:8080/todo") // GET 메서드를 이용해 보냄.
  .then(response => {
    // response 수신 시 하고 싶은 작업 (onResolve)
    },
    rejected => {
    // promise가 reject됐을 때 하고 싶은 작업 (onReject)
  })
  .catch(e => {
    // 에러가 났을 때 하고 싶은 작업 (onError)
})
```

fetch는 첫 번째 매개변수로 uri를 받는다. 우리 프로젝트의 경우 localhost:8080에서 백엔드 애플리케이션이 실행 중이므로 localhost:8080/todo를 넘긴다. 이렇게 하면 디폴트로 GET 메서드를 사용하는 것과 같다. 그리고 then에는 응답을 받은 후 실행할 함수 response => {}와 reject 시 실행할 rejected =>{} 함수를 매개변수로 넘기고, catch에는 예외 발생 시 실행할 함수 e => {}를 넘긴다(예제 3-20 참고).

메서드를 명시하고 싶은 경우나 헤더나 바디를 함께 보내야 할 경우에는 예제 3-21처럼 두 번째 매개변수에 요청에 대한 정보가 담긴 오브젝트, options를 넘겨준다.

예제 3-21. fetch에 매개변수 오브젝트 전달

```
const options = {
  method: "POST",
  headers: [
    ["Content-Type", "application/json"]
  ],
  body: JSON.stringify(data)
};

fetch("localhost:8080/todo", options)
```

```
.then(response => {
  // response 수신 시 하고 싶은 작업
  }, rejected => {
  // promise가 reject 됐을 때 하고 싶은 작업
})
  .catch(e => {
  // 에러가 났을 때 하고 싶은 작업
})
```

이제 fetch 사용법을 알았으니 본격적으로 백엔드와 프론트엔드를 연결해보자. fetch에 "localhost:8080/todo"를 하드코딩할 수도 있지만, 이후 프로덕션 도메인을 사용하는 것을 염두에 두면 그다지 확장성이 높은 방법은 아니다. 우리는 설정파일에서 애플리케이션이 사용할 백엔드 URI를 동적으로 가져오도록 구현해 이후 도메인이 바뀌는 경우를 대비한다.

프론트엔드 프로젝트의 src 디렉터리 아래에 api-config.js를 생성한다. api-config.js에서 백엔드 서비스의 주소인 http://localhost:8080을 변수에 담고 현재 브라우저의 도메인이 localhost인 경우 로컬 호스트에서 동작하는 백엔드 애플리케이션을 사용한다. 실습 코드 3-47을 참고해 api-config.js를 작성해보자.

☀ 팁 ─────────────────────────

우리 프로그램은 복잡하지 않아서 굳이 onReject 콜백 함수를 사용하지 않아도 된다. 그런데 왜 복잡하게 onReject와 onError 두 콜백을 나눠 사용할까? 이 부분은 스스로 연구해보기 바란다.

실습 코드 3-47. api-config.js

```
let backendHost;

const hostname = window && window.location && window.location.hostname;

if (hostname === "localhost") {
  backendHost = "http://localhost:8080";
}
```

```
}

export const API_BASE_URL = `${backendHost}`;
```

마찬가지로 프로젝트의 src 디렉터리 아래에 service 디렉터리를 생성한다. 그리고 그 아래에 ApiService.js를 생성한다. 실습 코드 3-48를 참고해 ApiService.js에 백엔드로 요청을 보낼 때 사용하기 위한 유틸리티 함수를 작성한다.

실습 코드 3-48. ApiService.js에 call 함수 추가

```javascript
import { API_BASE_URL } from "../api-config";

export function call(api, method, request) {
  let options = {
    headers: new Headers({
      "Content-Type": "application/json",
    }),
    url: API_BASE_URL + api,
    method: method,
  };
  if (request) {
    // GET method
    options.body = JSON.stringify(request);
  }
  return fetch(options.url, options).then((response) => {
    if (response.status === 200) {
      return response.json();
    }
  }).catch((error) => {
    console.log("http error");
    console.log(error);
  });
}
```

이런 유틸리티 함수가 없다면 예제 3-22 같은 코드를 계속 반복해야 한다.

```
add = (item) => {
    const requestOptions = {
      method: 'POST',
      headers: { 'Content-Type': 'application/json' },
      body: JSON.stringify(item)
    };
    fetch('http://localhost:8080/todo', requestOptions)
        .then(response => response.json())
        .then(response => this.setState({ items: response.data }));
  }

delete = (item) => {
    const requestOptions = {
      method: 'DELETE',
      headers: { 'Content-Type': 'application/json' },
      body: JSON.stringify(item)
    };
    fetch('http://localhost:8080/todo', requestOptions)
        .then(response => response.json())
        .then(response => this.setState({ items: response.data }));
  }
```

하지만 ApiService에서 작성한 call 메서드를 사용하면 아주 간단하게 API 콜을 할
수 있다. 실습 코드 3-49를 참고해 App.js의 기존 함수들을 ApiService를 이용해 수
정해보자.

실습 코드 3-49. App 컴포넌트에서 ApiService 사용하기

```
import { call } from "./service/ApiService";

/* 기존 코드 */

useEffect(() => {
    call("/todo", "GET", null)
    .then((response) => setItems(response.data));
```

```
}, []);

const addItem = (item) => {
  call("/todo", "POST", item)
  .then((response) => setItems(response.data));
};

const deleteItem = (item) => {
  call("/todo", "DELETE", item)
  .then((response) => setItems(response.data));
};
```

브라우저를 새로고침한 후 Todo 아이템을 추가해보자. 그리고 다시 새로고침을 해보자. 백엔드의 데이터베이스에서 Todo 리스트를 가져오므로 새로고침을 해도 사라지지 않는다. 또는 프론트엔드 애플리케이션을 완전히 종료했다가 다시 켜도, 당연히 사라지지 않는다.

Todo Update 수정

프론트엔드 UI 부분을 위한 mock 함수에서는 사용자가 키보드 키를 입력하면 item 오브젝트를 수정하므로 우리가 할 일은 App.js의 editItem() 함수 내에서 items 리스트를 새 배열로 옮김으로써 재렌더링하는 작업을 했다. 따라서 따로 수정한 item을 editItem()으로 넘기지 않아도 잘 동작했다. 하지만 API를 이용해 item을 수정하기 위해서는 1. Servce API를 이용해 서버 데이터를 업데이트한 후 2. 변경된 내용을 화면에 다시 출력하는 두 가지 작업이 필요하다. 실습 코드 3-50을 참고해 App.js의 editItem() 함수를 수정해보자.

실습 코드 3-50. App.js에서 editItem 함수 수정

```
const editItem = (item) => {
  call("/todo", "PUT", item)
  .then((response) => setItems(response.data));
};
```

이전 코드에서 editItem() 함수는 아무 매개변수도 받지 않았다. 그러나 우리가 수정한 함수는 item을 매개변수로 받는다. 따라서 Todo.js에서 editItem()을 사용할 때 item을 매개변수로 넘겨줘야 한다.

그러나 이 또한 만만치 않다. 타이틀 변경을 위해 인풋필드에서 사용자의 입력을 받아올 때, editEventHandler()에서 item을 바로 넘겨버리면 한 글자 한 글자 입력할 때마다 HTTP 요청을 보내게 된다. 이는 매우 낭비다. 우리는 사용자가 수정을 완료한 시점에서 HTTP 요청을 보내고 싶다. 사용자가 수정을 완료한 시점은 언제인가? 바로 인풋필드가 수정 가능한 상태에서 수정이 불가능한 상태로 바뀌는 시점이다. 따라서 실습 코드 3-51과 같이 editEventHandler()에서는 프론트엔드에서의 item의 값만 업데이트하고 HTTP 요청은 보내지 않는다. 이후 사용자가 엔터키를 누르는 순간 실행되는 turnOnReadOnly()에서 HTTP 요청을 보내는 editItem()을 실행한다.

실습 코드 3-51. Todo.js에서 editItem() 함수에 item을 매개변수로 넘기기

```
const editEventHandler = (e) => {
  setItem({...item, title: e.target.value});
};

const turnOnReadOnly = (e) => {
  if (e.key === "Enter" && readOnly === false) {
    setReadOnly(true);
    editItem(item);
  }
};
```

체크박스 수정은 인풋필드보다 간단하다. 체크 상태가 업데이트될 때마다 editItem()을 호출해 백엔드에 HTTP 요청을 보내면 된다. 실습 코드 3-52를 참고해 checkbox EventHandler()를 수정해보자.

실습 코드 3-52. Todo.js에서 checkboxEventHandler 내의 editItem으로 item넘기기

```
const checkboxEventHandler = (e) => {
    item.done = e.target.checked;
    editItem(item);
}
```

브라우저를 새로고침한 후 업데이트 부분을 테스트해보자. 리액트 애플리케이션을 재시작하거나 이미 실행 중인 경우 브라우저를 새로고침한다. 인풋 필드를 이용해 새 아이템을 추가한 후, 추가된 아이템의 타이틀을 변경해보자. 변경한 다음 엔터를 치면 그림 3-26과 같이 HTTP /todo PUT 요청을 확인할 수 있다.

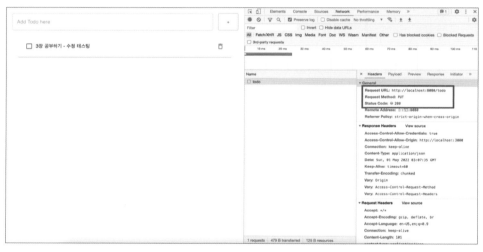

그림 3-26 HTTP PUT 업데이트 테스트

그림 3-26처럼 PUT 메서드를 이용하는 HTTP 요청을 이용했다며 성공적으로 업데이트됐다. 이렇게 수정해 로컬 환경에서 작동하는 완전한 Todo 애플리케이션을 완성했다.

3.3.4 정리

3장에서 우리는 백엔드와 프론트엔드를 연결하는 작업을 마쳤다. 그러던 중 CORS 에러를 만나고 이 에러를 해결하기 위해 백엔드 애플리케이션에 addCorsMappings라는 메서드를 오버라이딩했다. 이 메서드에서는 어떤 오리진에 대해 크로스-오리진 리소스 쉐어링을 허락할지, 또 어떤 메서드에 대해 허락할지에 대해 명시했다.

CORS 문제를 해결한 후 우리는 ApiService를 만들고, fetch 함수를 이용해 HTTP 요청을 보냈다. 그리고 fetch가 리턴하는 Promise 오브젝트를 이용해 응답을 받아 Todo 리스트를 갱신해주는 작업을 했다. 4장으로 넘어가기 전에 모든 API가 잘 동작하는지 다시 확인해보자.

3장을 마무리하며 잠깐 축하의 말을 전하고 싶다. 3장까지 공부하면서 구현은 구현대로, 구현에 따라오는 이론은 이론대로 쉽지만은 않은 여정이었을 것이라 생각한다. 이미 웹 개발에 깊게 몸 담고 있는 사람이 아니라면 더 그랬을 것이다. 특히 이 책이 기본적이라고 생각해 다루지 않는 것들, 예를 들어 자바의 Optional이나 자바스크립트의 화살표 함수 같은 것 때문에 힘들었을 수 있다. 또는 웹 개발이 처음이라 책의 설명만으로는 도무지 이해가 되지 않아 다른 책이나 웹사이트를 뒤져보며 공부했을지도 모른다. 여기까지 어떻게 도달했건, 그 노력에 경의를 표한다.

04

인증
백엔드 통합

4장에 들어가기 전에 조금 숨을 돌리라는 말을 하고 싶다. 이 장부터는 조금 복잡하기 때문이다. 지금까지는 모든 것이 로컬에서 돌아가는 것이었고 나만 사용하는 애플리케이션이었다. 그러나 우리의 목표는 이 애플리케이션을 많은 사람이 사용할 수 있도록 배포하는 것이다. 많은 사람이 사용할 수 있도록 하려면 어떤 형태로든 인증 메커니즘을 구현해야 한다. 그리고 인증은 이론이든 구현이든 어느 것 하나 쉬운 것이 없다.

인증은 보안의 한 분야이다. 그러나 나는 보안 전문가는 아니다. 아마도 각 인증 기술이 보안 측면에서 어떻게 좋고 나쁜지는 보안 전문가가 더 잘 알 것이다. 따라서 이 장에서 설명할 보안적 측면의 인증은 한정적이다. 대신 스케일 관점에서의 인증과 인가에 대해 들여다볼 예정이다. 어려운 보안 용어나 스탠다드 대신 직관적으로

REST API 인증에 대해서도 알아본다.

인증은 당신이 누구냐에 대한 것이다. 실세계에 비유해보자면 서비스는 내 집에 들어온 손님이 할 수 있는 활동이고, 유저인 당신은 손님이다. 당신이 와서 벨을 누른다. 벨을 누르는 행위는 로그인 요청으로 비유할 수 있다. 그러면 나는 인터콤을 통해 당신이 누구인지 확인한다. 내가 아는 사람인가? 내 친구인가? 안전한 사람인가? 당신이 내가 아는 안전한 사람임을 확인하면 내 집으로 들어올 수 있게 해준다. 여기까지가 인증이다.

비슷한 말로 인가가 있다. 인가는 당신이 내 집에서 할 수 있는 것들, 즉 사용할 수 있는 자원^{Resource}을 정의한다. 당신은 거실을 사용할 수 있다. 하지만 침실은 사용할 수 없다. 인증된 사용자가 데이터 A 또는 기능(API) A를 사용할 수 있는가? 사용할 수 있다면 이는 인가된^{Authorized} 사용자인 것이다.

인증과 인가의 구현은 아키텍처 디자인과 밀접한 관계를 갖는다. 여러분의 서비스가 스케일이 쉽더라도 인증과 인가의 스케일이 어렵다면 여러분의 서비스는 인증과 인가 서비스의 스케일에 제약받게 된다. 이 챕터에서는 가장 기본적인 인증 스탠다드인 Basic 인증, 토큰 기반의 인증, 이 기존 인증 방식의 스케일적 한계와 JSON Web Token을 이용한 해결 방안을 간단하게 알아보도록 한다. 또 이 프로젝트에서 스프링 시큐리티, Bearer 인증, JSON Web Token을 이용해 자체적으로 패스워드 기반의 인증을 구현한다.

4.1 REST API 인증 기법

- **학습 내용**
  - Basic 인증
  - Bearer 인증
  - JSON Web Token

인증과 인가는 개발을 주로 하는 개발자들에게는 조금 어렵게 느껴질 수 있다. 인증은 아주 중요한 사항인 만큼 보안 팀에서 따로 맡아서 관리하는 경우도 다분하다. 인증은 기법도 여러 가지고 스탠다드도 다양해 한 챕터에서 세세히 전부 다루는 것은 어렵다. 그러나 기본을 이해해야 우리가 구현하는 인증이 무엇을 해결하는지 이해 할 수 있다. 따라서 기본적인 Basic 인증을 간단히 설명하고, 이에 대한 이해를 바탕으로 우리가 구현할 토큰 기반 인증과 JSON Web Token에 대해서 설명하도록 한다.

4.1.1 Basic 인증

우리가 구현한 Todo 애플리케이션은 로그인을 제외하면 특별히 상태를 유지해야 할 이유가 없다. 그래서 REST 아키텍처를 사용하는 것이기도 하다. 그럼 상태가 없는 웹 애플리케이션에서 인증을 구현하는 가장 간단한 방법은 무엇일까? 가장 간단한 방법은 모든 HTTP 요청에 아이디와 비밀번호를 같이 보내는 것이다. 이런 방법을 Basic 인증이라고 한다. Basic 인증에서는 최초 로그인 후 HTTP 요청 헤더의 Authorization: 부분에 예제 4-1처럼 아이디와 비밀번호를 콜론으로 이어 붙인 후 Base64로 인코딩한 문자열을 함께 보낸다.

```
Authorization: Basic aGVsbG93b3JsZEBnbWFpbC5jb206MTIzNA==
```

이 HTTP 요청을 수신한 서버는 인코딩된 문자열을 디코딩해 아이디와 비밀번호를 찾아낸 후, 유저 정보가 저장된 데이터베이스 또는 인증 서버의 레코드와 비교한다. 데이터베이스의 레코드가 아이디와 비밀번호와 일치하면 요청 받은 일을 수행하고 아니라면 거부한다.

이 솔루션은 아이디와 비밀번호를 노출한다. 인코딩을 했는데 뭐가 문제인가? 아쉽게도 인코딩은 보안을 목적으로 하는 것이 아니다. 비록 육안으로 아이디와 비밀번호를 찾아내기 힘드나, 디코더만 있다면 누구나 디코딩해 원래의 아이디와 비밀번호를 확인할 수 있다. 따라서 Basic 인증은 HTTP와 사용하기에는 취약하다. 중간에 누군가 HTTP 요청을 가로채 문자열을 디코딩하면 아이디와 비밀번호를 알아낼 수 있다(이렇게 가로채는 것을 MITM^Manipulator in the Middle Attack이라고 한다). 따라서 반드시 HTTPS와 사용해야 한다.

또한 이 솔루션을 이용하면 유저를 로그아웃시킬 수 없다. 모든 요청이 일종의 로그인 요청이기 때문이다. 여러분은 '모든 디바이스에서 로그아웃하기' 같은 기능을 본 적이 있는가? 여러 디바이스에 로그인이 가능한 경우 한꺼번에 로그아웃하거나 디바이스별로 로그아웃할 수 있는 기능이 있는 애플리케이션들이 있다. Basic Auth를 이용하면 그런 기능을 제공하기 힘들다.

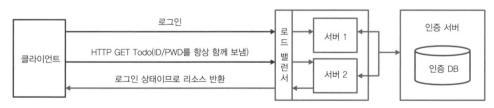

그림 4-1 Basic Auth를 이용한 로그인

마지막으로 사용자의 계정 정보가 있는 저장 장소^{Identity Management System}, 그림 4-1의
경우 인증 서버와 인증 DB에 과부하가 걸릴 확률이 높다. 1초에 10만개를 처리하는
서버가 있다고 하자. 10만개의 요청을 확인하기 위해 10만번 계정 정보의 저장 장소
에 갔다 와야 한다.

그냥 좋은 저장 장소나 좋은 데이터베이스를 쓰면 될 것이 아닌가? 맞는 말이다. 규
모가 작은 애플리케이션의 경우 굳이 스케일에 대해 고민할 필요는 없다. 또 어느 정
도까지는 성능이 좋은 서버로 버틸 수 있다. 하지만 우리는 배우는 입장이니까 이유
를 생각해보자. 그 이유는 서비스가 커지고 종국엔 마이크로서비스로 쪼개지면서 인
증 서버에 요청해야 하는 일이 너무 많아지기 때문이다.

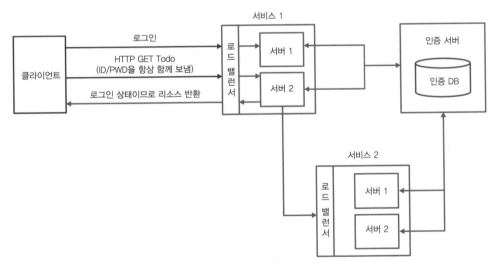

그림 4-2 마이크로서비스 기반의 애플리케이션

예를 들어 그림 4-2와 같이 한 애플리케이션에 독립된 서비스가 2개 존재한다고 하
자. 클라이언트는 최초 로그인 후 HTTP GET Todo 요청을 보낸다. 서비스 1을 이
를 인증 서버에서 인증한다. 그 후 서비스 1은 서비스 2를 사용한다. 서비스 1 내에
서 서비스 2에 HTTP 요청을 보낸다는 뜻이다. 이때 HTTP 요청에 인증 정보를 같

이 보내야 한다. 그러면 서비스 2는 이를 인증해야 한다. 따라서 인증 서버에 요청을 보내 인증한다. 한 요청을 처리하는 데 인증을 몇 번 했는가? 두 번 했다. 서비스가 10개라고 가정해보자. 서비스 1이 나머지 9개의 서비스를 이용한다면 1개의 요청을 처리하기 위해 인증을 10번 해야 한다. 한번만 인증하고 나머지 서비스는 안하면 안 되냐고 묻지 마라. 그건 보안에 취약하다.

이제 산수를 해보자. 1초에 10만 개의 요청을 처리해야 하는 서비스는 인증 서버에 몇 번 인증해야 하는가? 100만 번 인증해야 한다.

이 디자인의 또 다른 단점은 인증 서버가 단일 장애점^{Single Point of Failure}(전체 시스템을 가동불가하게 만드는 시스템의 한 부분)이 된다는 점이 있다.

4.1.2 토큰 기반 인증

토큰^{Token}은 그냥 문자열이다. 어떤 문자열이냐 하면 사용자를 구별할 수 있는 문자열이다. 예를 들어 abcde는 토큰이 될 수 있다. 물론 사용자의 토큰을 생성하기 위해 abcde를 사용하진 않는다. 실제로 서비스에서 사용하는 토큰은 예제 4-2처럼 생겼다.

토큰은 최초 로그인 시 서버가 만들어 준다. 서버가 자기만의 노하우로 토큰을 만들어 반환하면 클라이언트는 이후 요청에 아이디와 비밀번호 대신 토큰을 계속 넘겨 자신이 인증된 사용자임을 알리는 것이다.

예제 4-2. Bearer Token

```
Authorization: Bearer Nn4d1MOVLZg79sfFACTIpCPKqWmpZMZQsbNrXdJJNWkRv50_l7bPLQPwhMobT4vBO
G6Q3JYjhDrKFlBSaUxZOg
```

토큰을 기반으로 하는 요청은 헤더에 예제 4-2와 같이 Authorization: Bearer 〈TOKEN〉을 명시한다. 서버는 이 토큰을 받고 어떤 형태로든 인증해야 한다.

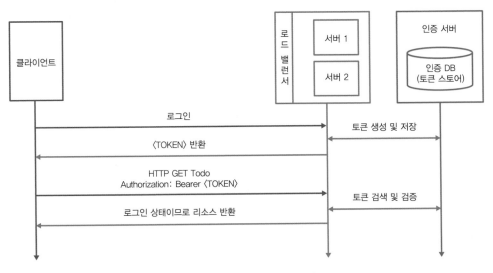

그림 4-3 토큰 시퀀스 다이어그램

상황을 간단히 만들기 위해 서버는 랜덤한 문자와 숫자를 섞어, UUID로 토큰을 작성해 넘긴다고 하자. 그러면 서버는 이 토큰을 그림 4-3처럼 토큰을 생성해 인증 서버를 통해 저장해야 한다. 그리고 요청을 받을 때마다 헤더의 토큰을 서버의 토큰과 비교해 클라이언트를 인증할 수 있다.

이 솔루션은 그림 4-1의 Basic Auth를 이용한 로그인과 무엇이 다른가? 일단 아이디와 비밀번호를 매번 네트워크를 통해 전송해야 할 필요가 없음으로 보안 측면에서 조금 더 안전하다. 또 토큰은 서버가 마음대로 생성할 수 있으므로 사용자의 인가 정보(예. User, Admin 등) 또는 유효기간을 정해 관리할 수 있다. 또 디바이스마다 다른 토큰을 생성해주고 디바이스마다 유효기간을 다르게 정하거나 임의로 로그아웃할 수도 있다.

하지만 이 디자인은 Basic 인증에서 마주한 스케일 문제를 해결하는가? 그렇지 않다. 혹시 세션 기반 인증에 대해 알고 있다면(몰라도 상관없다) 토큰은 이름만 바뀐 세션이라는 생각이 들 수도 있다. 아니 실제로 기능적으로는 둘은 거의 같은 기능을 하고 제약도 비슷하다. 결국 토큰을 이용한 것만으로는 스케일 문제를 해결할 수 없다는 뜻이다.

4.1.3 JSON 웹 토큰

서버에 의해 전자 서명된 토큰을 이용하면 인증으로 인한 스케일 문제를 해결할 수 있다. 다시 강조한다. 우리는 전자 서명^{Digital Signature}된 토큰을 이용해 스케일 문제를 해결한다. 이렇게 전자 서명된 토큰 중 하나가 바로 JSON 웹 토큰^{JSON Web Token}, 이하 JWT이다.

JWT는 오픈 스탠다드인데 전문은 https://tools.ietf.org/html/rfc7519에서 확인할 수 있다. JWT는 말 그대로 JSON 형태로 된 토큰이다. JWT 토큰은 {header}.{payload}.{signature}로 구성돼 있다.

───────── 팁 ─────────────────────

전자 서명이란 서명하고 싶은 메시지를 해시함수를 이용해 축약한 후 개인키로 암호화했을 때 나오는 값을 의미한다.

예제 4-3. JWT의 예

```
Authorization: Bearer eyJhbGciOiJIUzUxMiJ9.eyJzdWIiOiJ0ZXN0ZXJAdGVzdC5jb20iLCJpYXQiOjE1
OTU3MzM2NTcsImV4cCI6MTU5NjU5NzY1N30.Nn4d1MOVLZg79sfFACTIpCPKqWmpZMZQsbNrXdJJNWkRv50_l7b
PLQPwhMobT4vBOG6Q3JYjhDrKFlBSaUxZOg
```

예제 4-3의 인코딩된 토큰을 Base64로 디코딩하면 예제 4-4와 같다.

예제 4-4. 디코딩 한 JWT 예

```
{ // header
  "typ": "JWT",
  "alg":"HS512"
```

```
}.
{ // payload
  "sub":"40288093784915d201784916a40c0001
",
  "iss": "demo app",
  "iat":1595733657,
  "exp":1596597657
}.
Nn4d1MOVLZg79sfFACTIpCPKqWmpZMZQsbNrXdJJNWkRv50_l7bPLQPwhMobT4vBOG6Q3JYjhDrKFlBSaUxZOg
// signature
```

각 파트의 필드가 무엇을 뜻하는지 알아보자.

Header

- `typ` : Type을 줄인 말. 이 토큰의 타입을 의미한다.
- `alg` : Algorithm을 줄인 말. 토큰의 서명을 발행하기 위해 사용된 해시 알고리듬의 종류를 의미한다.

Payload

- `sub` : Subject를 줄인 말. 이 토큰의 주인을 의미한다. 우리 애플리케이션에서는 유저의 이메일로 토큰의 주인을 판별한다. sub는 ID처럼 유일한 식별자unique identifier여야 한다.
- `iss` : Issuer를 줄인 말. 이 토큰을 발행한 주체를 의미한다. 예를 들어 우리 애플리케이션이 이 토큰을 발행했다면 demo app, 페이스북이 발행한다면 facebook이 된다.
- `iat` : issued at을 줄인 말. 토큰이 발행된 날짜와 시간 의미한다.
- `exp`: expiration을 줄인 말. 토큰이 만료되는 시간을 의미한다.

Signature

- 토큰을 발행한 주체 Issuer가 발행한 서명. 토큰의 유효성 검사에 사용된다.

토큰 기반 인증에서 토큰은 서버가 생성한다고 했다. JWT도 토큰 기반 인증이므로 서버가 생성한다. 다른 점은 서버가 헤더와 페이로드를 생성한 후, 전자 서명을 한다는 점이다. 이 과정이 어떻게 되는지 그림 4-4를 통해 알아보자.

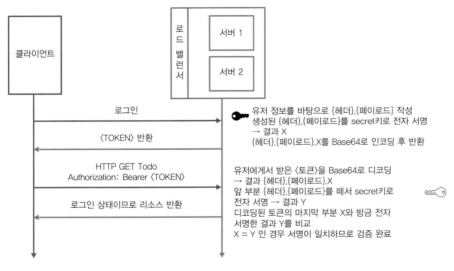

그림 4-4 JWT 토큰 생성과 인증

JWT에서 전자 서명이란 {헤더}.{페이로드}와 시크릿 키를 이용해 해시 함수에 돌린, 즉 암호화한 결괏값이다. 시크릿 키란 나만 알고 있는 문자열, 비밀번호 같은 것이다. 너무 간단하지만 않으면 아무거나 상관없다.

최초 로그인 시 서버는 사용자의 아이디와 비밀번호를 서버에 저장된 아이디와 비밀번호에 비교해 인증한다. 만약 인증된 사용자인 경우, 사용자의 정보를 이용해 {헤더}.{페이로드} 부분을 작성한다. 그리고 자신의 시크릿 키로 {헤더}.{페이로드} 부분을 전자 서명한다. 전자 서명의 결과로 나온 값을 {헤더}.{페이로드}.{서명}으로 이어붙이고, Base 64로 인코딩 한 후 반환한다.

이후에 누군가 이 토큰으로 리소스 접근을 요청하면, 서버는 일단 이 토큰을 Base 64로 디코딩한다. 디코딩해서 얻은 JSON을 {헤더}.{페이로드}와 {서명} 부분으로 나눈다. 서버는 {헤더}.{페이로드}와 자신이 갖고 있는 Secret으로 전자 서명을 만든 후, 방금 만든 전자 서명을 HTTP 요청이 가지고 온 {서명} 부분과 비교해, 이 토큰의 유효성을 검사한다. 서버가 방금, 시크릿 키를 이용해 만든 전자 서명과 HTTP 요청의 {서명} 부분이 일치하면 토큰이 위조되지 않았다는 뜻이다. 누군가 헤더나 페이로드 부분을 변경했다면 서명이 일치하지 않기 때문이다. 따라서 인증 서버에 토큰의 유효성에 대해 물어볼 필요가 없다. 이는 인증 서버에 부하를 일으키지 않는 뜻이고 더 이상 인증 서버가 단일 장애점이 아니라는 뜻이기도 하다.

누군가 토큰을 훔쳐가면 어떻게 될까? 토큰을 훔쳐가면 당연히 해당 계정의 리소스에 접근할 수 있다. 그러기에 반드시 HTTPS를 통해 통신해야 한다. 이유는 Basic 인증에서 설명한 내용과 같다.

4.1.4 정리

4.1절에서는 Basic 인증과 Token 기반 인증에 대해서 알아봤다. 또 인증 방법에 따른 스케일 한계와 이를 해결하는 JWT에 대해 알아봤다.

여기까지가 REST Security를 구현하기 위한 기본적인 이해 단계이다. 다음 장부터는 구현을 위한 클래스들을 작성하고, 스프링 시큐리티를 이용해 인증과 인가를 구현하는 방법을 알아본다.

4.2 User 레이어 구현

> ### ■ 실습 내용
>
> - UserEntity 구현
> - UserRepository 구현
> - UserService 구현
> - UserDTO/UserController 구현

사용자를 관리하기 위해서는 유저에 관련된 모델, 서비스, 리포지터리, 컨트롤러가 필요하다. 이는 Todo 레이어를 구현했던 것과 비슷하다. 저장할 정보가 Todo가 아닌 User일 뿐이다. 또 스프링 시큐리티를 사용하지 않더라도 유저 기능을 구현하기 위해 필요한 클래스들이다. 다시 말해 이 장에서 구현하는 클래스들은 스프링 시큐리티와 큰 관련이 없이 독립적으로 사용할 수 있는 클래스들이다. 그러나 우리는 이런 클래스들을 스프링 시큐리티와 접목시켜 사용할 수 있다. 그것이 바로 스프링 시큐리티를 사용하는 이유이다.

4.2.1 UserEntity.java

실습 코드 4-1과 같이 유저 엔티티를 생성한다. 유저는 id, username, password, role, authProvider로 구성된다. 각 멤버에 대한 설명은 주석으로 대신한다.

실습 코드 4-1. UserEntity.java

```
package com.example.demo.model;

import lombok.AllArgsConstructor;
```

```java
import lombok.Builder;
import lombok.Data;
import lombok.NoArgsConstructor;
import org.hibernate.annotations.GenericGenerator;

import javax.persistence.Column;
import javax.persistence.Entity;
import javax.persistence.GeneratedValue;
import javax.persistence.Id;
import javax.persistence.Table;
import javax.persistence.UniqueConstraint;


@Data
@Entity
@Builder
@NoArgsConstructor
@AllArgsConstructor
@Table(uniqueConstraints = {@UniqueConstraint(columnNames = "username")})
public class UserEntity {
  @Id
  @GeneratedValue(generator="system-uuid")
  @GenericGenerator(name="system-uuid", strategy = "uuid")
  private String id; // 유저에게 고유하게 부여되는 id.

  @Column(nullable = false)
  private String username; // 아이디로 사용할 유저네임. 이메일일 수도 그냥 문자열일 수도 있다.

  private String password; // 패스워드.

  private String role; // 사용자의 롤. 예: 어드민, 일반사용자

  private String authProvider; // 이후 OAuth에서 사용할 유저 정보 제공자 : github
}
```

실습 코드 4-1를 유심히 관찰하면 이상한 점을 찾을 수 있다. 바로 password에 null을 입력할 수 있다는 점이다. Password는 null이면 안 되지 않는가? 보통의 경

우라면 맞다. 만약 이후 7장에서 OAuth를 이용해 SSO$^{Single\ Sign\ On}$을 구현하지 않는다면 password 필드는 반드시 null이면 안 된다. 하지만 SSO을 이용해 로그인하는 경우 password가 필요 없다. 따라서 데이터베이스에 password를 반드시 입력하도록 규제하면 이후 SSO 구현 시 문제가 생기므로 처음부터 null을 입력할 수 있도록 했다. 데이터베이스에는 null을 입력할 수 있는 대신, 회원가입을 구현하는 컨트롤러에서 password를 반드시 입력하도록 하는 방법이 있다.

4.2.2 UserRepository.java

UserEntity를 사용하기 위해 실습 코드 4-2를 참고해 UserRepository를 작성하자. 이 부분은 TodoRepository에서 한 것과 거의 같다.

실습 코드 4-2. UserRepository.java

```java
package com.example.demo.persistence;

import com.example.demo.model.UserEntity;
import org.springframework.data.jpa.repository.JpaRepository;
import org.springframework.stereotype.Repository;

@Repository
public interface UserRepository extends JpaRepository<UserEntity, String> {

  UserEntity findByUsername(String username);
  Boolean existsByUsername(String username);
  UserEntity findByUsernameAndPassword(String username, String password);
}
```

실습 코드 4-2에서 메서드의 형태로 작성된 쿼리에 유의하라.

4.2.3 UserService.java

UserService는 TodoService처럼 유저 데이터베이스에 저장된 유저를 가져올 때 사용한다. 실습 코드 4-2에서 작성한 UserRepository를 이용해 사용자를 생성하고, 로그인 시 인증에 사용할 메서드를 작성한다.

실습 코드 4-3. UserService.java

```java
package com.example.demo.service;

import com.example.demo.model.UserEntity;
import com.example.demo.persistence.UserRepository;
import lombok.extern.slf4j.Slf4j;
import org.springframework.beans.factory.annotation.Autowired;
import org.springframework.stereotype.Service;

@Slf4j
@Service
public class UserService {

  @Autowired
  private UserRepository userRepository;

  public UserEntity create(final UserEntity userEntity) {
    if(userEntity == null || userEntity.getUsername() == null ) {
      throw new RuntimeException("Invalid arguments");
    }
    final String username = userEntity.getUsername();
    if(userRepository.existsByUsername(username)) {
      log.warn("Username already exists {}", username);
      throw new RuntimeException("Username already exists");
    }

    return userRepository.save(userEntity);
  }

  public UserEntity getByCredentials(final String username, final String password) {
```

```
    return userRepository.findByUsernameAndPassword(username, password);
  }
}
```

4.2.4 UserController.java

유저 서비스를 이용해 현재 유저를 가져오는 기능과 회원가입 기능을 구현하는 UserController를 구현한다. 이를 위해 실습 코드 4-4를 참고해 UserDTO를 먼저 구현하자.

실습 코드 4-4. UserDTO.java

```java
package com.example.demo.dto;

import lombok.AllArgsConstructor;
import lombok.Builder;
import lombok.Data;
import lombok.NoArgsConstructor;

@Data
@Builder
@NoArgsConstructor
@AllArgsConstructor
public class UserDTO {
  private String token;
  private String username;
  private String password;
  private String id;
}
```

UserDTO를 구현했다면 실습 코드 4-5를 참고해 UserController를 구현하자. UserController는 두 가지 기능을 제공한다. 첫 번째는 회원 가입을 위한 /signup API 엔드포인트이고 다른 하나는 로그인을 위한 /signin API 엔드포인트이다.

```java
package com.example.demo.controller;

import com.example.demo.dto.ResponseDTO;
import com.example.demo.dto.UserDTO;
import com.example.demo.model.UserEntity;
import com.example.demo.service.UserService;
import lombok.extern.slf4j.Slf4j;
import org.springframework.beans.factory.annotation.Autowired;
import org.springframework.http.ResponseEntity;
import org.springframework.web.bind.annotation.PostMapping;
import org.springframework.web.bind.annotation.RequestBody;
import org.springframework.web.bind.annotation.RequestMapping;
import org.springframework.web.bind.annotation.RestController;

@Slf4j
@RestController
@RequestMapping("/auth")
public class UserController {

  @Autowired
  private UserService userService;

  @PostMapping("/signup")
  public ResponseEntity<?> registerUser(@RequestBody UserDTO userDTO) {
    try {
      if(userDTO == null || userDTO.getPassword() == null ) {
        throw new RuntimeException("Invalid Password value.");
      }
      // 요청을 이용해 저장할 유저 만들기
      UserEntity user = UserEntity.builder()
          .username(userDTO.getUsername())
          .password(userDTO.getPassword())
          .build();
      // 서비스를 이용해 리포지터리에 유저 저장
      UserEntity registeredUser = userService.create(user);
      UserDTO responseUserDTO = UserDTO.builder()
          .id(registeredUser.getId())
```

```java
                .username(registeredUser.getUsername())
                .build();

        return ResponseEntity.ok().body(responseUserDTO);
    } catch (Exception e) {
        // 유저 정보는 항상 하나이므로 리스트로 만들어야 하는 ResponseDTO를 사용하지 않고 그냥 UserDTO
리턴.

        ResponseDTO responseDTO = ResponseDTO.builder().error(e.getMessage()).build();
        return ResponseEntity
            .badRequest()
            .body(responseDTO);
    }
}


@PostMapping("/signin")
public ResponseEntity<?> authenticate(@RequestBody UserDTO userDTO) {
    UserEntity user = userService.getByCredentials(
        userDTO.getUsername(),
        userDTO.getPassword());

    if(user != null) {
        final UserDTO responseUserDTO = UserDTO.builder()
            .username(user.getUsername())
            .id(user.getId())
            .build();
        return ResponseEntity.ok().body(responseUserDTO);
    } else {
        ResponseDTO responseDTO = ResponseDTO.builder()
            .error("Login failed.")
            .build();
        return ResponseEntity
            .badRequest()
            .body(responseDTO);
    }
}

}
```

4.2.1에서 언급한 바와 같이 유저 컨트롤러에서 반드시 password가 존재하는지 확인해야 한다. 그렇지 않으면 패스워드 없이 유저네임만 저장되기 때문이다. 이제 구현한 부분을 실행 후, 포스트맨으로 테스팅해보자.

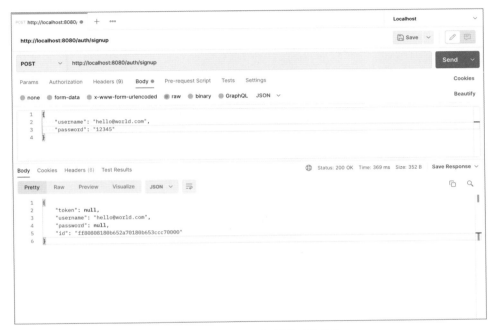

그림 4-5 회원가입 API를 이용한 계정 생성

그림 4-5과 같이 계정을 생성했으면 /auth/signin API를 이용해 로그인해보자.

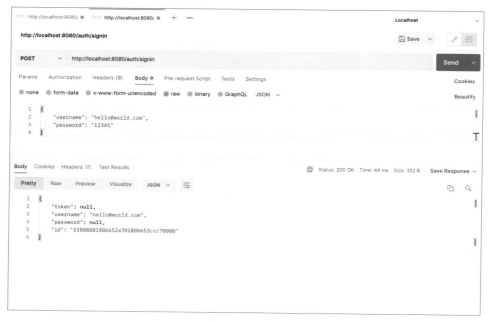

그림 4-6 로그인 테스팅

그림 4-6처럼 회원가입과 로그인이 잘 작동하는 것을 알 수 있다. 이렇게 구현했을 때 문제가 무엇인가?

첫 번째로, 딱 로그인만 되고 로그인 상태가 유지되지 않는다는 점이다. 로그인을 구현했지만 이 다른 API는 이 유저가 로그인했는지 아닌지 모른다. 우리의 REST API는 상태가 없으므로 로그인 상태를 기억하지 않기 때문이다.

두 번째로는 우리가 지금까지 작성한 API는 유저의 로그인 여부 자체를 확인하지 않는다. 기억이 날지 모르겠으나 우리가 작성한 CreateTodo API에서는 임의로 유저 아이디를 정해줬다. 따라서 현재 로그인 기능이 있어도, 내가 로그인하든 여러분이 로그인하든 같은 Todo 리스트를 보는 셈이 된다.

세 번째로 패스워드를 암호화하지 않는다. 이것은 아마 보안 규정에 위배되는 사항일 것이다.

4.2.5 정리

4.2절에서는 사용자를 관리하는 데 필요한 엔티티, 리포지터리, 서비스, 컨트롤러를
구현해봤다. 이 부분은 Todo 기능을 구현할 때 했던 작업과 같은 작업이고, 스프링
시큐리티와는 상관없는, 즉 우리 애플리케이션이 유저를 관리하기 위해 자체 개발한
서비스이다. 우리는 또 User 관련 레이어를 구현한 후 현재 구현의 문제점을 알아봤
다. 기본적으로 로그인 상태가 유지되지 않는다는 점이 가장 큰 문제였다. 또 4.3절
에서는 로그인 상태를 유지하고 Todo 리스트를 사용자로 연결하기 위해 스프링 시
큐리티에서 제공하는 몇 가지 인터페이스를 구현한다. 이 인터페이스가 왜 필요하고
어떻게 동작하는지 알아본다.

4.3 스프링 시큐리티 통합

■ 학습 내용
- 스프링 시큐리티와 서블릿 필터

■ 실습 내용
- JWT 인증 로직 구현
- 패스워드 암호화 로직 구현

이전 장에서는 인증 및 인가를 구현하기 위해 유저에 관련된 클래스들을 작성했다.
그 클래스들은 리포지터리, 모델, 서비스, DTO, 요청, 컨트롤러 등으로 Todo 기능
을 위해 작성했던 클래스들과 비슷한 과정을 거쳐 작성됐다. 그리고 장의 마지막에
서 사용자에 관련된 클래스들은 로그인 여부를 저장하지 않는다는 점, 즉 API가 사
용자를 인증하지 않는다는 점 때문에 아직 기능적으로 불완전하다고 했다. 로그인

여부를 저장하지 않는다는 점은 앞서 말했듯 스프링 시큐리티와 JWT 토큰을 이용해 해결할 예정이다.

복잡한 내용을 설명하기에 앞서 이를 어떻게 구현할지 스스로 생각해보자. 가장 간단한 방법은 모든 API 요청에 토큰(또는 아이디와 비밀번호)을 보내는 것이다. 그러면 각 API는 맨 처음 토큰을 확인함으로써 접근을 허용 또는 거부하는 코드를 실행할 것이다. 예를 들어 예제 4-5처럼 AuthService라는 서비스를 만들어 rejectIfNotAuthorized라는 메서드를 구현할 수 있다. 이 메서드 안에서 토큰이 유효한지 아닌지 여부를 확인할 수 있다.

예제 4-5. 요청을 인증하는 간단한 방법

```java
@PostMapping("/todo")
  public ResponseDTO<TodoDTO> createTodo(@RequestBody TodoDTO dto) {
    // 예를 들어 요청 바디에 token을 항상 포함시킨다고 해보자.
    if(dto.getToken() != null) {
      authService.rejectIfNotAuthorized(dto.getToken());
    }

    // 나머지 로직
  }
```

문제는 모든 API가 이 작업을 해야 한다는 것이다. createTodo, getTodo, updateTodo, deleteTodo 총 네 개의 API가 있다. 그러면 rejectIfNotAuthorized를 네 번 해줘야 한다. 50개가 넘는 API를 관리한다고 생각해보자. 이는 곧 이 코드를 50번 반복해야 한다는 뜻이다.

이것이 바로 우리 프로젝트에서 스프링 시큐리티를 이용하는 가장 강력한 이유 중 하나이다. 우리는 스프링 시큐리티를 이용해 코드를 한 번만 짜고, 이 코드가 모든 API를 수행하기 바로 전에 실행되도록 설정하고 구현할 것이다.

4.3.1 JWT 생성 및 반환 구현

4.1절에서 했던 내용을 상기해보자. 4.1절에서는 JWT를 이용해 어떻게 인증을 구현하는 방법을 설명했다. 이제는 이 부분을 실제로 구현할 차례다. 첫 부분부터 차근차근 시작해보자. 첫 부분이 무엇이었는가? 기억나지 않는다면 그림 4-7을 참고하라. 유저 정보를 바탕으로 헤더와 페이로드를 작성하고 전자 서명한 후 토큰을 반환하는 부분이다.

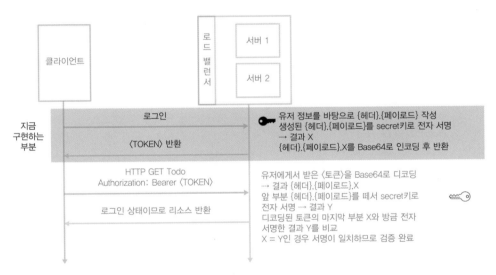

그림 4-7 4.3.1절에서 구현하는 부분

구현을 위해서 JWT관련 라이브러리를 디펜던시에 추가해야 한다. 실습 코드 4-6을 참고해 build.gradle의 dependencies 부분에 Jjwt 라이브러리를 추가해주자.

실습 코드 4-6. jjwt 라이브러리 디펜던시에 추가

```
// <https://mvnrepository.com/artifact/io.jsonwebtoken/jjwt>
compile group: 'io.jsonwebtoken', name: 'jjwt', version: '0.9.1'
```

라이브러리를 추가했다면 본격적으로 구현에 들어가기 위해 com.example.demo 아래에 security 패키지를 만든다. security 패키지에서 인증과 인가를 위한 모든 클래스를 관리할 예정이다. 그후, security 패키지 안에 TokenProvider 클래스를 만든다. TokenProvider 클래스가 하는 일은 유저 정보를 받아 JWT를 생성하는 일이다.

실습 코드 4-6. TokenProvider

```
package com.example.demo.security;

import com.example.demo.model.UserEntity;
import io.jsonwebtoken.Claims;
import io.jsonwebtoken.Jwts;
import io.jsonwebtoken.SignatureAlgorithm;
import lombok.extern.slf4j.Slf4j;
import org.springframework.stereotype.Service;

import java.time.Instant;
import java.time.temporal.ChronoUnit;
import java.util.Date;

@Slf4j
@Service
public class TokenProvider {
  private static final String SECRET_KEY = "FlRpX30pMqDbiAkmlfArbrmVkDD4RqISskGZmBFax5o
GVxzXXWUzTR5JyskiHMIV9M1Oicegkpi46AdvrcX1E6CmTUBc6IFbTPiD";

  public String create(UserEntity userEntity) {
    // 기한 지금으로부터 1일로 설정
    Date expiryDate = Date.from(
        Instant.now()
          .plus(1, ChronoUnit.DAYS));

  /*
  { // header
    "alg":"HS512"
  }.
  { // payload
```

```java
      "sub":"40288093784915d201784916a40c0001",
      "iss": "demo app",
      "iat":1595733657,
      "exp":1596597657
  }.
  // SECRET_KEY를 이용해 서명한 부분
  Nn4d1MOVLZg79sfFACTIpCPKqWmpZMZQsbNrXdJJNWkRv50_l7bPLQPwhMobT4vBOG6Q3JYjhDrKFlBSaUx
ZOg
  */
  // JWT Token 생성
  return Jwts.builder()
          // header에 들어갈 내용 및 서명을 하기 위한 SECRET_KEY
          .signWith(SignatureAlgorithm.HS512, SECRET_KEY)
          // payload에 들어갈 내용
          .setSubject(userEntity.getId()) // sub
          .setIssuer("demo app") // iss
          .setIssuedAt(new Date()) // iat
          .setExpiration(expiryDate) // exp
          .compact();
  }


  public String validateAndGetUserId(String token) {
    // parseClaimsJws 메서드가 Base 64로 디코딩 및 파싱.
    // 즉, 헤더와 페이로드를 setSigningKey로 넘어온 시크릿을 이용해 서명 후, token의 서명과 비교.
    // 위조되지 않았다면 페이로드(Claims) 리턴, 위조라면 예외를 날림
    // 그 중 우리는 userId가 필요하므로 getBody를 부른다.
    Claims claims = Jwts.parser()
            .setSigningKey(SECRET_KEY)
            .parseClaimsJws(token)
            .getBody();

    return claims.getSubject();
  }


}
```

실습 코드 4-7의 코드는 간단하다. 첫 번째 메서드 create()은 JWT 라이브러리를 이용해 JWT 토큰을 생성한다. 토큰을 생성하는 과정에서 우리가 임의로 지정한 SECRET_KEY를 개인 키로 사용한다. 두 번째 메서드 validateAndGetUserId()는 토큰을 디코딩, 파싱 및 위조여부를 확인한다. 이후 우리가 원하는 subject 즉 유저의 아이디를 리턴한다. 라이브러리 덕에 우리가 굳이 JSON을 생성, 서명, 인코딩, 디코딩, 파싱하는 작업을 하지 않아도 된다. TokenProvider를 작성했다면, 이제 로그인 부분에서 TokenProvider를 이용해 토큰을 생성 후 UserDTO에 이를 반환해야 한다.

실습 코드 4-8. UserController의 /signin에서 토큰 생성 및 반환

```
/* import생략*/

@Slf4j
@RestController
@RequestMapping("/auth")
public class UserController {

  @Autowired
  private UserService userService;

  @Autowired
  private TokenProvider tokenProvider;

  /* signup 메서드 생략 */

  @PostMapping("/signin")
  public ResponseEntity<?> authenticate(@RequestBody UserDTO userDTO) {
    UserEntity user = userService.getByCredentials(
        userDTO.getUsername(),
        userDTO.getPassword());

    if(user != null) {
      // 토큰 생성
      final String token = tokenProvider.create(user);
      final UserDTO responseUserDTO = UserDTO.builder()
          .username(user.getUsername())
          .id(user.getId())
```

```
            .token(token)
            .build();
        return ResponseEntity.ok().body(responseUserDTO);
    } else {
        ResponseDTO responseDTO = ResponseDTO.builder()
            .error("Login failed.")
            .build();
        return ResponseEntity
            .badRequest()
            .body(responseDTO);
    }
  }
}
```

테스팅

토큰을 테스트하기 위해 애플리케이션을 실행시키자. 포스트맨을 실행한 후 그림
4-8처럼 localhost:8080/auth/signup에 HTTP POST 메서드 요청을 보내 계정을 생
성한다.

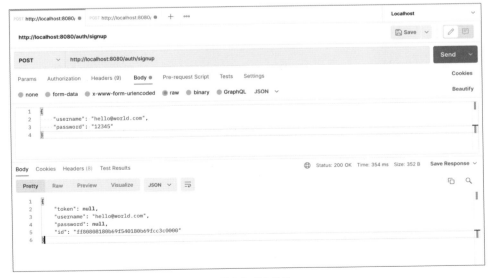

그림 4-8 계정 생성

계정을 생성한 후 그림 4-9처럼 localhost:8080/auth/signin에 HTTP POST 메서드 요청을 보낸 후 token 필드가 반환되는지 확인해보자.

그림 4-9 로그인 요청 결과

예제 4-6. 로그인 응답

```
{
    "token": "eyJhbGciOiJIUzUxMiJ9.eyJzdWIiOiJmZjgwODA4MTgwYjY5ZjU0MDE4MGI2OWZjYzN
jMDAwMCIsImlzcyI6ImRlbW8gYXBwIiwiaWF0Ijox NjUyMzMxMzgwLCJleHAiOjE2NTI0MTc3ODB9.s1_
Naz33PhFc0HXYLWKD-H2ZW7hooRlXVMQaik16hUx4__9cW3Ng1CXN1BWf3BbVhvIkgxk0bc029lZ7gwBAaw",
    "username": "hello@world.com",
    "password": null,
    "id": "ff80808180b69f540180b69fcc3c0000"
}
```

예제 4-6의 토큰을 Base64로 디코딩하면 예제 4-7과 같다.

예제 4-7. Base 64로 디코딩한 토큰

```
{"alg":"HS512"}
{
  "sub":"ff80808180b69f540180b69fcc3c0000",
  "iss":"demo app",
  "iat":1652331380,
  "exp":1652417780
}.
[이상한 문자열]
```

이 실습을 통해 토큰을 발행하고, 로그인 시 토큰을 반환하는 부분을 구현해 봤다. 토큰을 반환했으니 이제 이 토큰으로 매 API마다 인증하는 부분을 구현할 차례다.

4.3.2 스프링 시큐리티와 서블릿 필터

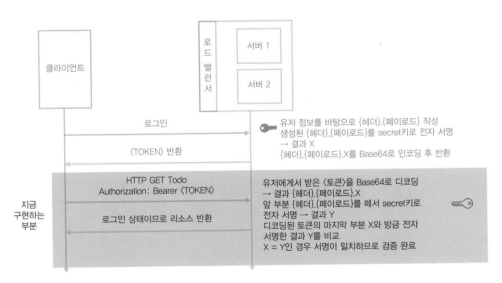

그림 4-10 API 실행마다 사용자를 인증하는 부분

이제 그림 4-10처럼 API가 실행될 때마다 사용자를 인증해주는 부분을 구현해야 한다. 재차 말하지만 이 부분은 스프링 시큐리티의 도움을 받아 구현한다. 구현에 들어가기 앞서 스프링 시큐리티가 어떻게 우리의 고민을 해결해주는지 알아보도록 하자. 우리의 고민이 무엇이었는가? 토큰 인증을 위해 컨트롤러 메서드의 첫 부분마다 인증 코드를 작성해야 한다는 것이었다. 이 고민을 해결하려면 서블릿 필터를 사용해야 한다. 참고로 스프링 시큐리티는 인증과 인가를 위한 다양한 기능을 제공하지만 여기서는 우리가 구현하기 위해 필요한 부분, 즉 서블릿 필터만 짚고 넘어가도록 하겠다.

스프링 시큐리티란 아주 간단히 말하면 서블릿 필터의 집합이다. 그렇다면 서블릿 필터는 무엇인가? 서블릿 필터는 서블릿 실행 전에 실행되는 클래스들이다. 스프링이 구현하는 서블릿 이름을 기억하는가? 바로 디스패쳐 서블릿이었다. 서블릿 필터는 디스패쳐 서블릿이 실행되기 전에 항상 실행된다. 개발자인 우리는 서블릿 필터를 구현하고 서블릿 필터를 서블릿 컨테이너가 실행하도록 설정해주기만 하면 된다.

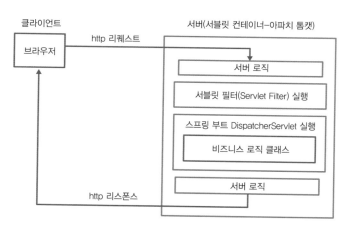

그림 4-11 서블릿 컨테이너의 서블릿 필터

기억이 날지 모르겠지만 그림 4-11는 그림 2-3를 조금 더 자세히 묘사한 것이다. 앞서 언급했듯 서블릿 실행 이전에 서블릿 필터가 실행된다. 서블릿 필터는 이름에서 유추할 수 있듯이, 구현된 로직에 따라 원하지 않는 HTTP 요청을 걸러 낼 수 있다. 걸러낸 HTTP는 거절되는 것이고, 서블릿 필터에서 전부 살아남은 HTTP 요청은 마침내 디스패처 서블릿으로 넘어와 우리 컨트롤러에서 실행된다. 눈으로 보는 것이 글로 읽는 것보다 빨리 이해된다. 서블릿 필터가 어떻게 생겼는지 예제 4-8을 통해 알아보자.

예제 4-8. ServletFilter 예제

```java
package com.example.demo.security;

import org.springframework.util.StringUtils;

import javax.servlet.FilterChain;
import javax.servlet.ServletException;
import javax.servlet.http.HttpFilter;
import javax.servlet.http.HttpServletRequest;
import javax.servlet.http.HttpServletResponse;
import java.io.IOException;

/* 예제용 - 실제로 사용하지 않음. */
public class ExampleServletFilter extends HttpFilter {

  private TokenProvider tokenProvider;

  @Override
  protected void doFilter(HttpServletRequest request,
                          HttpServletResponse response,
                          FilterChain filterChain)
      throws IOException, ServletException {
    try {
      final String token = parseBearerToken(request);

      if (token != null && !token.equalsIgnoreCase("null")) {
        // userId 가져오기. 위조된 경우 예외 처리된다.
        String userId = tokenProvider.validateAndGetUserId(token);

        // 다음 ServletFilter 실행
```

```
    filterChain.doFilter(request, response);
  }
} catch (Exception e) {
  // 예외 발생시 response를 403 Forbidden으로 설정.
  response.setStatus(HttpServletResponse.SC_FORBIDDEN);
}
}

private String parseBearerToken(HttpServletRequest request) {
  // Http 요청의 헤더를 파싱해 Bearer 토큰을 리턴한다.
  String bearerToken = request.getHeader("Authorization");

  if (StringUtils.hasText(bearerToken) && bearerToken.startsWith("Bearer ")) {
    return bearerToken.substring(7);
  }
  return null;
}
}
```

서블릿 필터란 예제 4-8처럼 `HttpFilter` 또는 `Filter`를 상속하는 클래스이다. 이 클래스를 상속해 `doFilter`라는 메서드를 원하는 대로 오버라이딩해준다. 예를 들어 예제 4-8에서는 Bearer 토큰을 가져와 TokenProvider를 이용해 사용자를 인증했다. 인증이 완료되면 다음 서블릿 필터를 실행하고, 아니라면 HttpServletResponse의 status를 403 Forbidden으로 바꾼다. 예외가 나는 경우 디스패처 서블릿을 실행하지 않고 리턴할 것이다.

이렇게 필터를 구현하고 나면 서블릿 컨테이너(예, 톰캣)가 ExampleServletFilter를 사용하도록 어딘가에 설정해야 한다.

예제 4-9. 서블릿 필터 설정 예

```
<filter>
    <filter-name>ExampleServletFilter</filter-name>
    <filter-class>com.example.demo.security.ExampleServletFilter </filter-class>
 /* 다른 매개변수들 */
```

```
</filter>

<filter-mapping>
    <filter-name>ExampleServletFilter </filter-name>
    <url-pattern>/todo</url-pattern>
</filter-mapping>
```

스프링 부트를 사용하지 않는 웹 서비스의 경우 예제 4-9처럼 web.xml과 같은 설정 파일에 이 필터를 어느 경로(예, /todo)에 적용해야 하는지 알려줘야 한다. 그러면 서블릿 컨테이너가 서블릿 필터 실행 시 xml에 설정된 필터를 실행시켜준다.

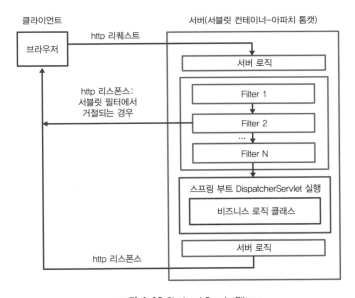

그림 4-12 Chained ServletFilters

서블릿 필터가 꼭 한 개일 필요는 없다. 걸러내고 싶은 모든 것을 하나의 클래스에 담으면 그 크기가 어마어마해질 것이다. 그래서 우리는 기능에 따라 다른 서블릿 필터를 작성할 수 있고 이 서블릿 필터들을 FilterChain을 이용해 연쇄적chained으로, 순서대로 실행할 수 있다(그림 4-12 참고). 다음 필터를 적용하는 부분은 예제 4-10

과 같다. 예제 4-8에서 검증을 마친 후 부른 메서드이다. 각 필터는 다음으로 부를
Filter를 FilterChain 안에 갖고 있어 FilterChain으로 다음 필터를 실행할 수 있다.

예제 4-10. FilterChain

```
// 다음 ServletFilter 실행
filterChain.doFilter(request, response);
```

그러면 이 서블릿 필터에서 스프링 시큐리티의 위치와 우리가 구현할 필터의 위치는
어디일까?

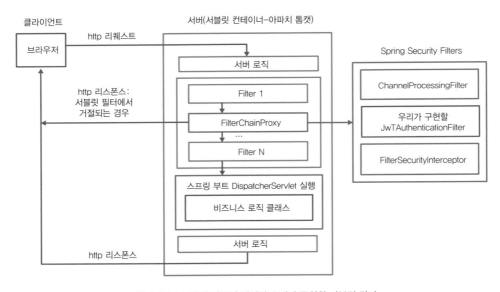

그림 4-13 스프링의 서블릿 필터와 우리가 구현할 서블릿 필터

스프링 시큐리티 프로젝트를 추가하면 스프링 시큐리티가 FilterChainProxy라는
필터를 서블릿 필터에 끼워 넣어준다. 이 `FilterChainProxy` 클래스 안에는 내부적으
로 필터를 실행시키는데, 이 필터들이 스프링이 관리하는 스프링 빈[bean] 필터다(VM
Ware, n.d.).

270

스프링이 관리하는 필터라고 크게 다른 건 없다. 단지 우리가 상속할 필터는 Http Filter가 아닌 OncePerRequestFilter 필터라는 점, web.xml 대신 WebSecurity ConfigurerAdapter라는 클래스를 상속해 필터를 설정한다는 점이 다를 뿐이다.

4.3.3 JWT를 이용한 인증 구현

스프링 시큐리티에서 우리가 구현할 부분이 어딘지 알아봤으니 본격적으로 구현해보자. 첫 번째로 실습 코드 4-9를 참고해 스프링 시큐리티 디펜던시를 build.gradle의 dependencies 부분에 추가하자.

실습 코드 4-9. 스프링 시큐리티 디펜던시를 build.gradle에 추가

```
implementation 'org.springframework.boot:spring-boot-starter-security'
```

4.3.2절에서 언급했듯이 우리는 OncePerRequestFilter라는 클래스를 상속해 필터를 생성한다. OncePerRequestFilter는 한 요청당 반드시 한 번만 실행된다. 따라서 한 번만 인증하면 되는 우리에게 맞는 필터다. 실습 코드 4-10을 참고해 OncePerRequestFilter를 상속하는 JwtAuthenticationFilter를 구현해보자. 이 실습에서는 인증 부분만 구현하고 유효 시간 검사는 생략했다. 유효 시간 검사 로직은 간단하니 스스로 추가해보도록 하자.

실습 코드 4-10. JwtAuthenticationFilter

```
package com.example.demo.security;

import lombok.extern.slf4j.Slf4j;
import org.springframework.beans.factory.annotation.Autowired;
import org.springframework.security.authentication.AbstractAuthenticationToken;
import org.springframework.security.authentication.UsernamePasswordAuthenticationToken;
import org.springframework.security.core.authority.AuthorityUtils;
import org.springframework.security.core.context.SecurityContext;
```

```java
import org.springframework.security.core.context.SecurityContextHolder;
import org.springframework.security.web.authentication.WebAuthenticationDetailsSource;
import org.springframework.stereotype.Component;
import org.springframework.util.StringUtils;
import org.springframework.web.filter.OncePerRequestFilter;

import javax.servlet.FilterChain;
import javax.servlet.ServletException;
import javax.servlet.http.HttpServletRequest;
import javax.servlet.http.HttpServletResponse;
import java.io.IOException;

@Slf4j
@Component
public class JwtAuthenticationFilter extends OncePerRequestFilter {

  @Autowired
  private TokenProvider tokenProvider;

  @Override
  protected void doFilterInternal(HttpServletRequest request, HttpServletResponse
response, FilterChain filterChain) throws ServletException, IOException {
   try {
    // 요청에서 토큰 가져오기.
    String token = parseBearerToken(request);
    log.info("Filter is running...");
    // 토큰 검사하기. JWT이므로 인가 서버에 요청하지 않고도 검증 가능.
    if (token != null && !token.equalsIgnoreCase("null")) {
     // userId 가져오기. 위조된 경우 예외 처리된다.
     String userId = tokenProvider.validateAndGetUserId(token);
     log.info("Authenticated user ID : " + userId );
     // 인증 완료; SecurityContextHolder에 등록해야 인증된 사용자라고 생각한다.
     AbstractAuthenticationToken authentication = new UsernamePasswordAuthenticationTok
en(
        userId, // 인증된 사용자의 정보. 문자열이 아니어도 아무거나 넣을 수 있다. 보통 UserDetails
라는 오브젝트를 넣는데, 우리는 안 만들었음.
        null, //
        AuthorityUtils.NO_AUTHORITIES
     );
```

272

```
      authentication.setDetails(new WebAuthenticationDetailsSource().
buildDetails(request));
    SecurityContext securityContext = SecurityContextHolder.createEmptyContext();
    securityContext.setAuthentication(authentication);
    SecurityContextHolder.setContext(securityContext);
   }
 } catch (Exception ex) {
  logger.error("Could not set user authentication in security context", ex);
 }

 filterChain.doFilter(request, response);
 }

private String parseBearerToken(HttpServletRequest request) {
 // Http 요청의 헤더를 파싱해 Bearer 토큰을 리턴한다.
 String bearerToken = request.getHeader("Authorization");

 if (StringUtils.hasText(bearerToken) && bearerToken.startsWith("Bearer ")) {
  return bearerToken.substring(7);
 }
 return null;
 }
}
```

눈치챘을지 모르겠지만 예제 4-8의 코드와 비교했을 때 바뀐 점이 거의 없다. Once PerRequestFilter를 상속한다는 점, doFilter 대신 doFilterInternal을 오버라이딩 한다는 점이 다르다. 내부에서 토큰을 파싱해 인증한다는 점은 똑같다.

실습 코드 4-10은 다음과 같은 작업을 거쳐 토큰을 인증한다.

1. 요청의 헤더에서 Bearer 토큰을 가져온다. 이 작업은 parseBearerToken() 메서드에서 이뤄진다.

2. TokenProvider를 이용해 토큰을 인증하고 UsernamePasswordAuthent icationToken을 작성한다. 이 오브젝트에 사용자의 인증 정보를 저장하고 SecurityContext에 인증된 사용자를 등록한다. 서버가 요청이 끝나기 전까

지 방금 인증한 사용자의 정보를 갖고 있어야 하기 때문이다. 왜 서버가 이와 같은 정보를 가지고 있어야 할까? 요청을 처리하는 과정에서 사용자가 인증됐는지 여부나 인증된 사용자가 누구인지 알아야 할 때가 있기 때문이다.

스프링 시큐리티의 SecurityContext는 SecurityContextHolder의 `createEmptyContext()` 메서드를 이용해 생성할 수 있다. 생성한 컨텍스트에 인증 정보인 authentication을 넣고 다시 SecurityContextHolder에 컨텍스트로 등록해야 한다. SecurityContextHolder는 기본적으로 ThreadLocal에 저장된다(Technical Overview, n.d.). ThreadLocal에 저장되므로 각 스레드마다 하나의 컨텍스트를 관리할 수 있으며 같은 스레드 내라면 어디에서든 접근할 수 있다.

 팁 ─────────────

ThreadLocal이란?

ThreadLocal은 멀티 스레드 기반의 애플리케이션을 개발해 보지 않았다면 조금 생소할 수 있다. ThreadLocal에 저장된 오브젝트는 각 스레드별로 저장되고 마찬가지로 불러올 때도 내 스레드에서 저장한 오브젝트만 불러올 수 있다(예제 4-11 참고).

예제 4-11. ThreadLocal 예

```
final class ThreadLocalSecurityContextHolderStrategy implements
SecurityContextHolderStrategy {

    private static final ThreadLocal<SecurityContext> contextHolder = new
ThreadLocal<>();

... }
```

4.3.4 스프링 시큐리티 설정

4.3.2절에서 서블릿 필터를 사용하기 위해 우리가 해야 할 일은 두 가지라고 했다. 첫 번째는 서블릿 필터를 구현하는 일이었고, 이 작업은 4.3.3절에서 했다. 두 번째는 서블릿 컨테이너에게 이 서블릿 필터를 사용하라고 알려주는, 즉 설정 작업이었다. 이 절에서는 바로 이 설정 작업을 해준다. 우리는 스프링 시큐리티를 사용하므로 스프링 시큐리티에게 JwtAuthenticationFilter를 사용하라고 알려줘야 한다.

config 패키지 아래에 WebSecurityConfig 클래스를 생성하고 실습 코드 4-11을 참고해 WebSecurityConfigurerAdapter를 상속하는 클래스를 구현하자.

실습 코드 4-11. WebSecurityConfig

```
package com.example.demo.config;

import com.example.demo.security.JwtAuthenticationFilter;
import lombok.extern.slf4j.Slf4j;
import org.springframework.beans.factory.annotation.Autowired;
import org.springframework.security.config.annotation.web.builders.HttpSecurity;
import org.springframework.security.config.annotation.web.configuration.
EnableWebSecurity;
import org.springframework.security.config.annotation.web.configuration.
WebSecurityConfigurerAdapter;
import org.springframework.security.config.http.SessionCreationPolicy;
import org.springframework.web.filter.CorsFilter;

@EnableWebSecurity
@Slf4j
public class WebSecurityConfig extends WebSecurityConfigurerAdapter {

  @Autowired
  private JwtAuthenticationFilter jwtAuthenticationFilter;

  @Override
  protected void configure(HttpSecurity http) throws Exception {
   // http 시큐리티 빌더
```

```
http.cors() // WebMvcConfig에서 이미 설정했으므로 기본 cors 설정.
    .and()
    .csrf()// csrf는 현재 사용하지 않으므로 disable
      .disable()
    .httpBasic()// token을 사용하므로 basic 인증 disable
      .disable()
    .sessionManagement()  // session 기반이 아님을 선언
      .sessionCreationPolicy(SessionCreationPolicy.STATELESS)
    .and()
    .authorizeRequests() // /와 /auth/** 경로는 인증 안 해도 됨.
      .antMatchers("/", "/auth/**").permitAll()
    .anyRequest() // /와 /auth/**이외의 모든 경로는 인증해야됨.
      .authenticated();

  // filter 등록.
  // 매 요청마다
  // CorsFilter 실행한 후에
  // jwtAuthenticationFilter 실행한다.
  http.addFilterAfter(
      jwtAuthenticationFilter,
      CorsFilter.class
  );
 }
}
```

HttpSecurity는 시큐리티 설정을 위한 오브젝트다. 이 오브젝트는 빌더를 제공하는 데, 빌더를 이용해 cors, csrf, httpbasic, session, authorizeRequest 등 다양한 설정을 할 수 있다. 말하자면 우리는 web.xml 대신 HttpSecurity를 이용해 시큐리티 관련 설정을 하는 것이다.

마지막 줄을 보면 addFilterAfter() 메서드를 실행하는 것을 알 수 있다. 이것도 Jwt AuthenticationFilter를 CorsFilter 이후에 실행하라고 설정하는 것이다. CorsFilter 다음에 반드시 실행해야 하는 것은 아니지만, CorsFilter 다음이 적당한 것 같아 그 렇게 설정했다.

예제 4-12. 스프링 시큐리티 필터 로그

```
o.s.s.web.DefaultSecurityFilterChain        : Will secure any request with [org.
springframework.security.web.context.request.async.WebAsyncManagerIntegrationFilter@307
98137, org.springframework.security.web.context.SecurityContextPersistenceFilter@3d1c5
2f5, org.springframework.security.web.header.HeaderWriterFilter@612af486,
org.springframework.web.filter.CorsFilter@455da438, com.example.demo.security.JwtAut
henticationFilter@2f5c1332, org.springframework.security.web.authentication.logout.
LogoutFilter@2fc7fa6e, org.springframework.security.web.savedrequest.RequestCacheAwareF
ilter@67b5e613, org.springframework.security.web.servletapi.SecurityContextHolderAwareR
equestFilter@b94703b, org.springframework.security.web.authentication.AnonymousAuthenti
cationFilter@60652518, org.springframework.security.web.session.SessionManagementFilter
@5eeee124, org.springframework.security.web.access.ExceptionTranslationFilter@6133e20b,
org.springframework.security.web.access.intercept.FilterSecurityInterceptor@45297e7]
```

작성을 마친 후 스프링 부트 애플리케이션을 실행해보자. 로그 부분을 자세히 보면 예제 4-12처럼 DefaultSecurityFilterChain이 보일 것이다. 이 로그에서 우리가 등록한 JwtAuthenticationFilter를 확인하자. CorsFilter다음으로 등록된 것을 확인할 수 있다.

테스팅

간단히 테스팅을 해보자. 회원가입은 변한 것이 없으므로 이전에 했던 것처럼 회원가입을 한다. 포스트맨을 이용해 signup 후 signin 요청을 날려보자. 이 부분은 자주 했으니 그림은 생략했다. 로그인하면 응답에 토큰이 함께 오는 것을 확인할 수 있다.

```
{
    "token": "eyJhbGciOiJIUzUxMiJ9.eyJzdWIiOiJmZjgwODA4MTgyMDAzMGNmMDE4MjAwMzEzN
zcwMDAwMCIsImlzcyI6ImRlbW8gYXBwIiwiaWF0IjoxNjU3ODYwNjA5LCJleHAiOjE2NTc5NDcwMDl9.
NmBIV0ixXxs7etCfbFYQMO_sEWfsG6q5siShIVwGJDStOKjHZyCm9atWGmSCXYSsFN6GkkzbtoqfuzvT-
bg37w",
    "username": "hello@world.com",
    "password": null,
    "id": "ff80808178587bf40178587c34cc0000"
}
```

이제 이 로그인 토큰을 복사하자. 그리고 그림 4-14를 참고해 GET 요청을 작성해
보자.

그림 4-14 GET 요청에 Bearer 토큰 함께 보내기

포스트맨의 주소창 아래에서 Authorization을 선택하고 바로 아래의 Type에서 Bearer Token을 선택한다. Bearer Token을 선택하면 오른쪽에 토큰을 넣을 수 있는 창이 나오는데, 여기에 복사한 JWT를 넣는다. 그리고 Send를 클릭했을 때 그림 4-14처럼 error와 data가 날아오면 정상적으로 인증된 것이다.

예제 4-14. JwtAuthenticationFilter 로그

```
JwtAuthenticationFilter   : Authenticated user ID : ff80808178587bf40178587c34cc0000
```

의심된다면 애플리케이션 로그를 확인해보자. 예제 4-14처럼 인증됐을 때 뜨는 로그가 출력돼 있을 것이다. 혹시 모든 요청을 인증하는 게 아닌가? 하는 의심이 든다면 토큰 맨 마지막에 아무 문자열이나 넣고 다시 요청을 보내보자.

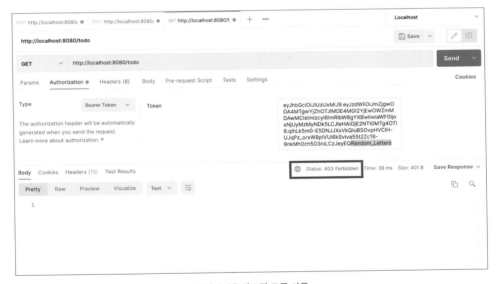

그림 4-15 위조된 토큰 사용

그림 4-15처럼 아무 문자열이나 뒤에 추가한 후 요청을 보내면 status 부분에서 403 Forbidden이 반환되는 것을 확인할 수 있다.

스프링 버전에 따라 응답 바디 부분이 오는 경우도 있고, 아닌 경우도 있다. 우리가 사용한 스프링 버전에서는 바디 부분이 생략됐다.

예제 4-15. 위조된 토큰 로그

```
io.jsonwebtoken.SignatureException: JWT signature does not match locally computed
signature. JWT validity cannot be asserted and should not be trusted.
```

예제 4-15처럼 애플리케이션 로그에 JWT를 신뢰할 수 없어 예외처리가 된 것을 확인할 수 있다.

아직 끝이 아니다. 우리가 만든 Todo 컨트롤러는 모두 디폴트로 사용자 아이디 "temporary-user"를 사용하고 있었다. 이제 토큰에서 가져온 사용자 아이디로 Todo 컨트롤러에서 올바른 사용자를 지정해 줄 차례이다.

4.3.5 TodoController에서 인증된 유저 사용하기

예제 4-16. TemporaryUserId

```
String temporaryUserId = "temporary-user"; // temporary user id.
```

TodoController의 메서드를 보면 예제 4-16처럼 인증이 없던 시절 우리가 임시로 지정해 놓았던 유저 아이디를 아직도 사용하고 있음을 알 수 있다. 이제 이 메서드들이 인증된 유저 아이디를 사용할 수 있도록 각 메서드에 userId 매개변수를 추가해주자. 실습 코드 4-12을 참고해 TodoController 전체를 수정하라.

```java
package com.example.demo.controller;


import com.example.demo.dto.ResponseDTO;
import com.example.demo.dto.TodoDTO;
import com.example.demo.model.TodoEntity;
import com.example.demo.service.TodoService;
import org.springframework.beans.factory.annotation.Autowired;
import org.springframework.http.ResponseEntity;
import org.springframework.security.core.annotation.AuthenticationPrincipal;
import org.springframework.web.bind.annotation.*;

import java.util.ArrayList;
import java.util.List;
import java.util.stream.Collectors;

@RestController
@RequestMapping("todo")
public class TodoController {

  @Autowired
  private TodoService service;

  @GetMapping("/test")
  public ResponseEntity<?> testTodo() {
    String str = service.testService(); // 테스트 서비스 사용
    List<String> list = new ArrayList<>();
    list.add(str);
    ResponseDTO<String> response = ResponseDTO.<String>builder().data(list).build();
    return ResponseEntity.ok().body(response);
  }


  @PostMapping
  public ResponseEntity<?> createTodo(@AuthenticationPrincipal String userId,
                                      @RequestBody TodoDTO dto) {

    try {
```

```java
        // (1) TodoEntity로 변환한다.
        TodoEntity entity = TodoDTO.toEntity(dto);

        // (2) id를 null로 초기화한다. 생성 당시에는 id가 없어야 하기 때문이다.
        entity.setId(null);

        // (3) Authentication Bearer Token을 통해 받은 userId를 넘긴다.
        entity.setUserId(userId);

        // (4) 서비스를 이용해 Todo 엔티티를 생성한다.
        List<TodoEntity> entities = service.create(entity);

        // (5) 자바 스트림을 이용해 리턴된 엔티티 리스트를 TodoDTO 리스트로 변환한다.

        List<TodoDTO> dtos = entities.stream().map(TodoDTO::new).collect(Collectors.
toList());

        // (6) 변환된 TodoDTO 리스트를 이용해 ResponseDTO를 초기화한다.
        ResponseDTO<TodoDTO> response = ResponseDTO.<TodoDTO>builder().data(dtos).
build();

        // (7) ResponseDTO를 리턴한다.
        return ResponseEntity.ok().body(response);
    } catch (Exception e) {
        // (8) 혹시 예외가 나는 경우 dto 대신 error에 메시지를 넣어 리턴한다.

        String error = e.getMessage();
        ResponseDTO<TodoDTO> response = ResponseDTO.<TodoDTO>builder().error(error).
build();
        return ResponseEntity.badRequest().body(response);
    }
  }


@GetMapping
public ResponseEntity<?> retrieveTodoList(@AuthenticationPrincipal String userId) {
    // (1) 서비스 메서드의 retrieve 메서드를 사용해 Todo 리스트를 가져온다.
    List<TodoEntity> entities = service.retrieve(userId);
```

```java
    // (2) 자바 스트림을 이용해 리턴된 엔티티 리스트를 TodoDTO 리스트로 변환한다.
    List<TodoDTO> dtos = entities.stream().map(TodoDTO::new).collect(Collectors.
toList());

    // (6) 변환된 TodoDTO 리스트를 이용해 ResponseDTO를 초기화한다.
    ResponseDTO<TodoDTO> response = ResponseDTO.<TodoDTO>builder().data(dtos).build();

    // (7) ResponseDTO를 리턴한다.
    return ResponseEntity.ok().body(response);
}

@PutMapping
public ResponseEntity<?> updateTodo(@AuthenticationPrincipal String userId,
                                    @RequestBody TodoDTO dto) {

    // (1) dto를 entity로 변환한다.
    TodoEntity entity = TodoDTO.toEntity(dto);

    // (2) Authentication Bearer Token을 통해 받은 userId를 넘긴다.
    entity.setUserId(userId);

    // (3) 서비스를 이용해 entity를 업데이트한다.
    List<TodoEntity> entities = service.update(entity);

    // (4) 자바 스트림을 이용해 리턴된 엔티티 리스트를 TodoDTO 리스트로 변환한다.
    List<TodoDTO> dtos = entities.stream().map(TodoDTO::new).collect(Collectors.
toList());

    // (5) 변환된 TodoDTO 리스트를 이용해 ResponseDTO를 초기화한다.
    ResponseDTO<TodoDTO> response = ResponseDTO.<TodoDTO>builder().data(dtos).build();

    // (6) ResponseDTO를 리턴한다.
    return ResponseEntity.ok().body(response);
}

@DeleteMapping
public ResponseEntity<?> deleteTodo(@AuthenticationPrincipal String userId,
                                    @RequestBody TodoDTO dto) {
```

```
    try {

        // (1) TodoEntity로 변환한다.
        TodoEntity entity = TodoDTO.toEntity(dto);

        // (2) Authentication Bearer Token을 통해 받은 userId를 넘긴다.
        entity.setUserId(userId);

        // (3) 서비스를 이용해 entity를 삭제한다.
        List<TodoEntity> entities = service.delete(entity);

        // (4) 자바 스트림을 이용해 리턴된 엔티티 리스트를 TodoDTO 리스트로 변환한다.
        List<TodoDTO> dtos = entities.stream().map(TodoDTO::new).collect(Collectors.
toList());

        // (5) 변환된 TodoDTO 리스트를 이용해 ResponseDTO를 초기화한다.
        ResponseDTO<TodoDTO> response = ResponseDTO.<TodoDTO>builder().data(dtos).
build();

        // (6) ResponseDTO를 리턴한다.
        return ResponseEntity.ok().body(response);
    } catch (Exception e) {
        // (8) 혹시 예외가 나는 경우 dto 대신 error에 메시지를 넣어 리턴한다.
        String error = e.getMessage();
        ResponseDTO<TodoDTO> response = ResponseDTO.<TodoDTO>builder().error(error).
build();
        return ResponseEntity.badRequest().body(response);
    }
  }


}
```

질문이 있을 것이라 생각한다. userId는 도대체 누가 어떻게 String인 것을 알고 넘겨주는 것인가? 이 매개변수는 스프링이 넘겨준다는 것쯤은 이제 짐작할 수 있을 것이다. 그러면 스프링은 어떻게 userId를 찾아내는가? @AuthenticationPrincipal

을 이용한 것이다. @AuthenticationPrincipal이 무엇이었는가? 답을 찾기 위해 Jwt AuthenticationFilter 클래스로 돌아가라. 그리고 예제 4-17처럼 UsernamePassw ordAuthenticationToken을 찾아라.

예제 4-17. JwtAuthenticationFilter

```
AbstractAuthenticationToken authentication =
new UsernamePasswordAuthenticationToken(
    userId, // <- AuthenticationPrincipal (또는 principal)
    null,
    AuthorityUtils.NO_AUTHORITIES
);
```

JwtAuthenticationFilter에서 UsernamePasswordAuthenticationToken을 생성했다. 이 때 생성자의 첫 매개변수로 넣은 것이 AuthenticationPrincipal이다. 당시 우리는 AuthenticationPrincipal에 스트링 형의 userId를 넣었다. 또 이 오브젝트를 Security Context에 등록했다. 이제 해답이 보인다. 스프링은 컨트롤러 메서드를 부를 때 @ AuthenticationPrincipal 어노테이션이 있다는 것을 안다. 그래서 SecurityCon textHolder에서 SecurityContext::Authentication, 즉 UsernamePasswordAuthentication Token 오브젝트를 가져온다. 이 오브젝트에서 AuthenticationPrincipal을 가져와 컨 트롤러 메서드에 넘겨준다. 우리가 userId를 받아오고 싶다고 대뜸 String userId를 매개변수로 추가한 게 아니다. JwtAuthenticationFilter 클래스에서 Authentication Principal을 String 형의 오브젝트로 지정했기 때문에 @AuthenticationPrincipal의 형으로 String을 사용해야 한다는 것을 미리 안 것이다.

테스팅

이제 사용자 두 명이 독립적으로 애플리케이션을 사용할 수 있는지 확인해보자. 우 선 계정 2개를 생성한다. 첫 번째 사용자로 hello@world.com, 두 번째 사용자로 hello2@world.com을 생성했다.

첫 번째 사용자로 로그인한 후 토큰을 복사해 놓자. 그리고 /todo에 POST 메서드를 사용해 그림 4-16처럼 TODO 리스트 하나를 추가해보자.

그림 4-16 hello@world.com 사용자의 Todo 생성

이제 hello2@world.com으로 로그인한 후 토큰을 복사해보자. 첫 번째 사용자 때 했던 것처럼 /todo POST 메서드에 Todo 아이템을 하나 추가한다. Bearer 토큰을 설정하는 것을 잊지 말자.

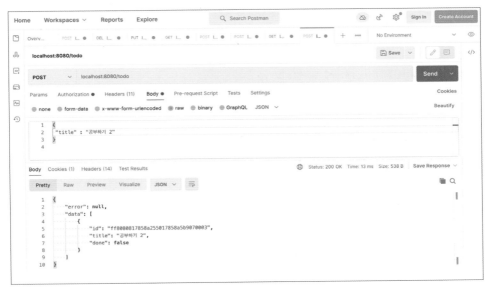

그림 4-17 hello2@world.com 유저의 Todo 생성

그림 4-17과 같이 첫 번째 사용자가 추가한 Todo는 보이지 않고 오직 두 번째 사용자가 추가한 Todo만 반환되는 것을 확인할 수 있다.

4.3.6 패스워드 암호화

마지막으로 패스워드를 암호화하자. 패스워드 암호화 부분은 스프링 시큐리티가 제공하는 BCryptPasswordEncoder를 사용하기 위해 구현을 잠시 미루어 뒀었다. 우리가 UserController와 UserService를 구현할 당시에는 스프링 시큐리티 디펜던시를 설정하지 않았기 때문이다. 실습 코드 4-13을 참고해 UserService를 수정하자.

```java
package com.example.demo.service;

import com.example.demo.model.UserEntity;
import com.example.demo.persistence.UserRepository;
import lombok.extern.slf4j.Slf4j;
import org.springframework.beans.factory.annotation.Autowired;
import org.springframework.security.crypto.bcrypt.BCryptPasswordEncoder;
import org.springframework.security.crypto.password.PasswordEncoder;
import org.springframework.stereotype.Service;

import java.util.Optional;

@Slf4j
@Service
public class UserService {

  /* 기존 코드 */

  public UserEntity getByCredentials(final String username, final String password, final
PasswordEncoder encoder) {
    final UserEntity originalUser = userRepository.findByUsername(username);

    // matches 메서드를 이용해 패스워드가 같은지 확인
    if(originalUser != null &&
      encoder.matches(password,
      originalUser.getPassword())) {
     return originalUser;
    }
    return null;
  }
}
```

보통 암호화된 패스워드를 비교해야 하는 경우, 사용자에게 받은 패스워드를 같은 방법으로 암호화한 후, 그 결과를 데이터베이스의 값과 비교하는 것이 자연스러운 흐름이다. 하지만 우리는 그렇게 하지 않고 matches() 메서드를 사용한다. 이유는 이

렇다. BCryptPasswordEncoder는 같은 값을 인코딩하더라도 할 때마다 값이 다르다. 패스워드에 랜덤하게 의미 없는 값을 붙여 결과를 생성하기 때문이다. 이런 의미 없는 값을 보안 용어로 Salt라 하고, Salt를 붙여 인코딩하는 것을 Salting이라고 한다. 따라서 사용자에게 받은 패스워드를 인코딩해도 데이터베이스에 저장된 패스워드와는 다를 확률이 높다. 대신 BCryptPasswordEncoder는 어떤 두 값이 일치 여부를 알려주는 메서드인 matches() 메서드를 제공한다. 이 메서드는 Salt를 고려해 두 값을 비교해준다.

이제 수정한 코드에 맞춰 UserController도 수정하자. 실습 코드 4-14을 참고하라. 고칠 곳은 두 군데다. 첫 번째는 회원가입 시 패스워드를 인코딩해 저장하는 부분이고 두 번째는 로그인 시 수정한 getByCredentials에 BCryptPasswordEncoder를 넘겨주는 것이다.

실습 코드 4-14. UserController 수정

```
package com.example.demo.controller;

/*다른 import */

import org.springframework.security.crypto.bcrypt.BCryptPasswordEncoder;
import org.springframework.security.crypto.password.PasswordEncoder;

@Slf4j
@RestController
@RequestMapping("/auth")
public class UserController {

  @Autowired
  private UserService userService;

  @Autowired
  private TokenProvider tokenProvider;

  // Bean으로 작성해도 됨.
```

```
    private PasswordEncoder passwordEncoder = new BCryptPasswordEncoder();

  @PostMapping("/signup")
  public ResponseEntity<?> registerUser(@RequestBody UserDTO userDTO) {
    try {
      if(userDTO == null || userDTO.getPassword() == null ) {
        throw new RuntimeException("Invalid Password value.");
      }
      // 요청을 이용해 저장할 유저 만들기
      UserEntity user = UserEntity.builder()
          .username(userDTO.getUsername())
          .password(passwordEncoder.encode(userDTO.getPassword()))
          .build();
      // 서비스를 이용해 리포지터리에 유저 저장
      UserEntity registeredUser = userService.create(user);
      UserDTO responseUserDTO = UserDTO.builder()
          .id(registeredUser.getId())
          .username(registeredUser.getUsername())
          .build();

      return ResponseEntity.ok().body(responseUserDTO);
    } catch (Exception e) {
      // 유저 정보는 항상 하나이므로 리스트로 만들어야 하는 ResponseDTO를 사용하지 않고 그냥 UserDTO
리턴.

      ResponseDTO responseDTO = ResponseDTO.builder().error(e.getMessage()).build();
      return ResponseEntity
          .badRequest()
          .body(responseDTO);
    }
  }
}

@PostMapping("/signin")
public ResponseEntity<?> authenticate(@RequestBody UserDTO userDTO) {
  UserEntity user = userService.getByCredentials(
      userDTO.getUsername(),
      userDTO.getPassword(),
      passwordEncoder);
```

```
  if(user != null) {
    // 토큰 생성
    final String token = tokenProvider.create(user);
    final UserDTO responseUserDTO = UserDTO.builder()
        .username(user.getUsername())
        .id(user.getId())
        .token(token)
        .build();
    return ResponseEntity.ok().body(responseUserDTO);
  } else {
    ResponseDTO responseDTO = ResponseDTO.builder()
        .error("Login failed.")
        .build();
    return ResponseEntity
        .badRequest()
        .body(responseDTO);
  }
 }
}
```

패스워드 인코딩까지 마쳤으므로 보안 측면에서 초보자로서 할 수 있는 일을 다한
셈이다!

4.3.7 정리

4.3절에서 성공적으로 API 서비스 레벨에서 인증을 구현했다. 처음으로 몇 가지 기
본적인 인증과 인가의 방법을 알아봤다. 이후 실제로 사용자 관리를 위한 User 레
이어를 구현했다. 그 후, 모든 요청마다 한 번씩 사용자를 인증하기 위해 스프링 시
큐리티가 제공하는 OncePerRequestFilter를 상속해 JwtAuthenticationFilter를
작성했다. 그리고 WebSecurityConfigurerAdapter를 상속해 어떤 경로는 인증해
야하고 어떤 경로는 인증하지 않아도 되는지, 또 우리가 구현한 JwtAuthentication
Filter를 어느 시점에서 실행할지도 설정했다.

다음 장에서는 프론트엔드에서 인증과 인가 로직을 구현하고 서비스와 통합한다. API에서 했던 것과 마찬가지로 프론트엔드에서도 고려할 사항이 많다. 주로 백엔드에서 받은 토큰을 어디에 저장해 둘 것인가에 대한 사항, 또 인증되지 않은 사용자가 인증이 필요한 경로에 접근하는 경우 어떻게 대처할 것인가에 대한 이야기이다. 프론트엔드에서 인증과 인가 로직을 구현하며 더 자세히 알아보자.

05

인증
프론트엔드 통합

백엔드 서비스에 인증과 인가를 구현하고 나서 프론트엔드 애플리케이션을 다시 시작해 보면 동작하지 않을 것이다. 백엔드가 인증을 하기 시작했기 때문이다. 애플리케이션을 정상적으로 사용하기 위해선 프론트엔드에도 인증을 구현해줘야 한다. 프론트엔드에서 인증이란 무엇인가? 바로 로그인과 회원가입, 그리고 리디렉션이다.

프론트엔드 애플리케이션은 이제부터 백엔드에 HTTP 요청을 보냈을 때, 403이 날아오면 로그인 페이지로 리디렉트redirect해야 한다. 또 로그인 후 백엔드 서비스에게 받은 토큰을 어딘가에 저장해 놓고, HTTP 요청을 보낼 때마다 헤더에 Bearer 토큰으로 지정해줘야 한다. 따라서 5장에서는 첫 번째로 로그인 페이지와 리디렉션 Redirection 로직을 구현한다. 그리고 로그인 후 토큰을 저장할 로컬 스토리지에 대해 알아보고 토큰을 저장하는 로직을 구현한다. 마지막으로 회원가입 페이지까지 구현하면, 프로덕션에 올려도 흠 없는 애플리케이션이 완성된다!

5.1 라우팅

- ■ **학습 내용**
  - react-router-dom

- ■ **실습 내용**
  - react-router-dom을 이용한 리디렉션 로직 구현

5.1.1 react-router-dom

이미 리액트 애플리케이션을 실행 중이라면 애플리케이션을 종료한다. 터미널 또는 파워셸을 켜고 실습 코드 5-1을 참고해 리액트 애플리케이션이 존재하는 경로로 들어간 후 react-router-dom을 설치하도록 한다.

실습 코드 5-1. react-router-dom 설치

```
npm install react-router-dom@6.3.0
```

5.1.2 react-router-dom 라이브러리가 필요한 이유

react-router-dom이 왜 필요한지 설명하기에 앞서 우리가 익숙한 형식의 웹 애플리케이션을 살펴보자. 우리에게 익숙한 형식의 라우팅은 그림 5-1과 같다.

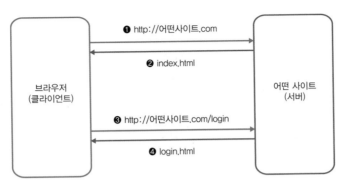

그림 5-1 서버 사이드 라우팅

브라우저에 "어떤사이트.com"을 치고 들어가면 브라우저에 index.html이 렌더링된다. index.html은 어디서 온 것일까? 바로 "어떤사이트"의 서버에서 온 것이다. 어떤사이트.com을 브라우저 주소 창에 치는 것은 HTTP GET 요청을 보내는 것이고, 이 요청이 사이트에 렌더링할 html과 여타 다른 파일들을 반환한 것이다. 마찬가지로 "어떤사이트.com/login"로 들어가면 이 요청은 브라우저의 기본 로직에 의해 HTTP GET 요청이 되어 "어떤 사이트"의 서버에 전달된다. 서버는 주소의 경로에 포함된 /login를 보고 login.html 페이지를 반환한다. 브라우저는 받은 login.html을 렌더링하고, 그 과정에서 웹페이지가 새로고침된다. 이런 라우팅을 서버-사이드 라우팅Server-Side Routing이라고 한다. 스탠더드 라우팅 방법이고 우리에게 가장 익숙한 라우팅 방법이기도 하다.

우리가 사용하는 라우팅은 서버-사이드 라우팅이 아니다. 이미 알고 있듯이 우리 애플리케이션은 한 페이지에서만 동작하는 싱글 페이지 애플리케이션이다. 따라서 우리가 구현하는 라우팅은 클라이언트-사이드 라우팅Client-Side Routing이다. 이름에서 짐작할 수 있다시피 클라이언트 사이드 라우팅은 서버로 어떤 요청도 날리지 않는다. 모든 라우팅은 클라이언트 코드, 즉 자바스크립트가 해결한다.

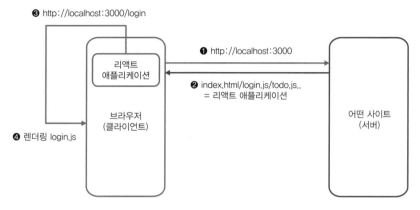

그림 5-2 클라이언트 사이드 라우팅

우리 프로그램을 예로 들어보자(그림 5-2 참고). 우리가 http://localhost:3000 에 접속하면 프론트엔드 서버가 리액트 애플리케이션을 반환한다. 이 애플리케이션은 앞으로 브라우저에서 필요한 모든 리소스를 갖고 있다. 여기서 리소스란 html, Javascript, css 파일 등을 의미한다. 다시 말해 처음 http://localhost:3000 에 접속할 때 이후에 필요한 모든 페이지, 자바스크립트, CSS리소스와 라우팅 로직 등이 브라우저로 반환된다. 그다음 http://localhost:3000/login을 브라우저 주소 창에 치면 리액트 라우터가 이를 가로챈다. 리액트 라우터의 로직은 URL을 해석해 Login 컴포넌트를 렌더링한다. Login 페이지를 가져오는 두 번째 요청은 인터넷이 끊기더라도 실행된다. 모든 것은 클라이언트 사이드 즉 브라우저 내부에서 실행되고, 서버로 아무것도 요청하지 않기 때문이다.

클라이언트-사이드 라우팅은 보편적으로 브라우저가 동작하는 방식인 서버사이드-라우팅과 다르다. 그래서 라이브러리가 필요하다. 어떤 자바스크립트 프레임워크를 사용하느냐에 따라 또 개발자의 기호에 따라 라이브러리는 달라질 수 있다. 우리 프로젝트에서는 클라이언트 사이드 라우팅 라이브러리로 react-router-dom을 사용한다.

5.1.3 로그인 컴포넌트

라우팅을 테스트하기 위해 기능이 없는 src/Login.js를 추가하고 실습 코드 5-2를 참고해 로그인 컴포넌트를 만들어 보자. http://localhost:3000/login에서 렌더링할 컴포넌트이다.

실습 코드 5-2. 로그인 컴포넌트

```
import React from "react";

const Login = () => {

    return (
      <p> 로그인 페이지</p>
    );
}

export default Login;
```

이제 이 컴포넌트로 라우팅하기 위해 src/AppRouter.js를 작성한다. 실습 코드 5-3을 참고해 AppRouter.js에 모든 라우팅 규칙을 작성한다.

실습 코드 5-3. AppRouter 컴포넌트

```
import React from "react";
import "./index.css";
import App from "./App";
import Login from "./Login";
import { BrowserRouter, Routes, Route } from "react-router-dom";
import { Typography, Box } from "@mui/material";

function Copyright() {
  return (
    <Typography variant="body2" color="textSecondary" align="center">
      {"Copyright © "}
      fsoftwareengineer, {new Date().getFullYear()}
```

```
        {"."}
      </Typography>
    );
  }

  function AppRouter() {

    return (
      <div>
        <BrowserRouter>
          <Routes>
            <Route path="/" element={<App />} />
            <Route path="login" element={<Login />} />
          </Routes>
        </BrowserRouter>
        <Box mt={5}>
          <Copyright />
        </Box>
      </div>
    );
  };


  export default AppRouter;
```

⟨BrowserRouter⟩

React-dom-router에는 여러 가지 라우터 컴포넌트가 존재하는데 그중 하나가 BrowserRouter이다. 오래된 버전의 클라이언트-사이드 라우팅의 경우 브라우저 화면은 업데이트되지만 브라우저의 히스토리에 남지 않아 뒤로가기 같은 버튼 지원이 제대로 안 되는 경우가 있다. BrowserRouter의 경우 브라우저가 관리하는 히스토리를 사용해 브라우저와 리액트 사이의 URL을 동기화하므로 그런 문제가 발생하지 않는다(Remix, 2022).

⟨Routes⟩와 ⟨Route⟩

⟨Route⟩는 실제 경로를 지정해주기 위한 컴포넌트다. 예를 들어 http://localhost: 3000/login 경로는 Login 컴포넌트를 렌더링하기 위해 실습 코드 5-3에서 ⟨Route path="login" element={⟨Login /⟩} /⟩와 같이 ⟨Route⟩ 컴포넌트를 선언했다. ⟨Routes⟩는 여러 개의 ⟨Route⟩를 관리하고 실제로 가장 적합한 ⟨Route⟩를 찾아주는 컴포넌트이다. URL 경로가 바뀌는 경우, ⟨Routes⟩ 컴포넌트가 자신에게 등록된 모든 ⟨Route⟩ 컴포넌트를 검토하고 가장 적합한 ⟨Route⟩를 찾는 것이다(Remix, n.d.).

☀️ **팁** ─────────────────

다른 라우터 컴포넌트로는 MemoryRouter, HashRouter, HistoryRouter, NativeRouter, StaticRouter 가 존재한다.

기존에는 ReactDOM에 App 컴포넌트를 넘겨줬다. 하지만 이제는 경로에 따라 실행되는 컴포넌트가 다르므로 그 정보를 갖고 있는 AppRouter를 가장 먼저 렌더링해야 한다. Index.js로 가서 가장 처음 렌더링되는 컴포넌트가 AppRouter 컴포넌트가 되도록 수정하자.

실습 코드 5-4. index.js 수정

```
import React from 'react';
import './index.css';
import reportWebVitals from './reportWebVitals';
import { createRoot } from 'react-dom/client';
import AppRouter from './AppRouter';

const container = document.getElementById('root');

const root = createRoot(container);

root.render(<AppRouter tab="home" />);

reportWebVitals();
```

예제 5-1. 기존 index.js

```
ReactDOM.render(
  <React.StrictMode>
    <App />
  </React.StrictMode>,
  document.getElementById('root')
);
```

기존 index.js에서 ReactDOM.render를 사용하는 경우 React 18 이상의 버전에서 예제 5-2와 같은 경고 브라우저 콘솔에 뜨는 것을 확인할 수 있다.

예제 5-2. 경고

```
Warning: ReactDOM.render is no longer supported in React 18. Use createRoot instead.
Until you switch to the new API, your app will behave as if it's running React 17.
```

따라서 실습 코드 5-4에서는 경고를 해결하기 위해 ReactDOM.render(..)를 createRoot로 대체했으나, 이런 경고가 뜨지 않는 경우 ReactDOM.render를 계속 사용해도 상관없다. ReactDOM.render를 계속 사용하는 경우에는 〈App /〉를 〈AppRouter /〉로 변경하도록 하자.

팁

이제 프론트엔드를 재시작한 후 http://localhost:3000/login 페이지로 들어가 보자.

그림 5-3 로그인 페이지

300

그림 5-3과 같이 '로그인 페이지'하고 문구가 뜬다면 라우팅이 제대로 동작하는 것이다.

5.1.4 접근 거부시 로그인 페이지로 라우팅하기

여기서 코딩을 멈추고 잠시 생각해보자. 접근 거부[Access Denied]를 받는 경우 /login으로 라우팅하는 코드는 어디에 작성해야 할까? 우리는 누구에게 API 콜을 했을 때 접근 거부를 받는가? 바로 localhost:8080/todo이다.

App.js의 useEffect 또는 add, delete, update를 다시 확인해 보면 예제 5-3처럼 API 콜을 위해 ApiService의 call 메서드를 사용하는 것을 알 수 있다.

예제 5-3. App 컴포넌트의 API 콜

```
useEffect(() => {
    call("/todo", "GET", null)
    .then((response) => setItems(response.data));
 }, []);
```

또한 HTTP 메서드(GET/POST/PUT/DELETE)의 종류에 상관 없이 로그인하지 않은 경우 로그인 페이지로 리디렉트해야 한다. 따라서 우리는 리디렉트하는 로직을 ApiService의 어딘가에 추가해야 한다는 것을 알 수 있다.

ApiService의 call 메서드는 결국 fetch 메서드를 부른다. fetch 메서드를 이용하면 API 콜을 한 후 .then을 이용해 HTTP 응답[Response]을 받아올 수 있다. 받아온 응답의 Status 값이 200이라면 요청이 잘 수행된 것이다. Status 값이 403이라면 인증에 실패해 접근이 거부된 것이다. 따라서 Status가 403인 경우 login 화면으로 리디렉트해주는 로직을 작성해야 한다.

실습 코드 5-5. ApiService: 403 redirect

```javascript
import { API_BASE_URL } from "../api-config";

export function call(api, method, request) {
  let options = {
    headers: new Headers({
      "Content-Type": "application/json",
    }),
    url: API_BASE_URL + api,
    method: method,
  };
  if (request) {
    // GET method
    options.body = JSON.stringify(request);
  }
  return fetch(options.url, options).then((response) => {
    if (response.status === 200) {
      return response.json();
    } else if(response.status === 403) {
      window.location.href = "/login"; // redirect
    } else {
      Promise.reject(response);
      throw Error(response);
    }
  }).catch((error) => {
    console.log("http error");
    console.log(error);
  });
}
```

실습 코드 5-5를 참고해 ApiService를 수정한 후 localhost:3000으로 다시 접근해 보자. login 페이지로 리디렉트되는 것을 확인할 수 있다.

5.1.5 정리

5.1절에서 클라이언트 사이드 라우팅에 대해 알아봤다. 클라이언트 사이드 라우팅을 하기 위해 react-router-dom을 설치하고, react-router-dom을 이용해 임시 로그인 경로를 만들었다.

다음 장에서는 실제로 사용할 로그인 페이지를 구현하고, 로그인 성공 시 Todo 페이지로 리디렉트하는 로직을 구현한다.

5.2 로그인 페이지

■ **실습 내용**
- 로그인 페이지 구현
- Todo 페이지 리디렉션 로직 구현

라우팅 기능을 구현했으니 이제 제대로 동작하는 로그인 페이지를 만들자.

5.2.1 로그인을 위한 API 서비스 메서드 작성

로그인 API 서비스는 /auth/signin이었다. 이 경로를 이용해 로그인하는 메서드를 ApiService.js에 작성한다. 실습 코드 5-6을 참고해 로그인 서비스 함수를 작성해 보자.

실습 코드 5-6. ApiService: signin 함수

```
//... 다른 코드

export function signin(userDTO) {
  return call("/auth/signin", "POST", userDTO)
    .then((response) => {
    console.log("response : ", response);
    alert("로그인 토큰: " + response.token);
  });
}
```

실습 코드 5-7를 참고해 Login 컴포넌트를 수정한다. Login 컴포넌트는 이메일과 패스워드를 받는 인풋 필드, 로그인 버튼으로 이뤄져 있다. 사용자가 이메일과 패스워드를 입력한 후 로그인 버튼을 누르면 백엔드의 /auth/signin으로 요청이 전달된다.

실습 코드 5-7. Login.js

```
import React from "react";
import { Container, Grid, Typography, TextField, Button } from "@mui/material";
import { signin } from "./service/ApiService";

function Login() {
  const handleSubmit = (event) => {
    event.preventDefault();
    const data = new FormData(event.target);
    const username = data.get("username");
    const password = data.get("password");
    // ApiService의 signin 메서드를 사용해 로그인.
    signin({ username: username, password: password });
  };

  return (
    <Container component="main" maxWidth="xs" style={{ marginTop: "8%" }}>
      <Grid container spacing={2}>
        <Grid item xs={12}>
```

```
      <Typography component="h1" variant="h5">
        로그인
      </Typography>
    </Grid>
  </Grid>
</Grid>
<form noValidate onSubmit={handleSubmit}>
  {" "}
  {/* submit 버튼을 누르면 handleSubmit이 실행됨. */}
  <Grid container spacing={2}>
    <Grid item xs={12}>
      <TextField
        variant="outlined"
        required
        fullWidth
        id="username"
        label="아이디"
        name="username"
        autoComplete="username"
      />
    </Grid>
    <Grid item xs={12}>
      <TextField
        variant="outlined"
        required
        fullWidth
        name="password"
        label="패스워드"
        type="password"
        id="password"
        autoComplete="current-password"
      />
    </Grid>
    <Grid item xs={12}>
      <Button type="submit" fullWidth variant="contained" color="primary">
        로그인
      </Button>
    </Grid>
  </Grid>
```

```
      </form>
    </Container>
  );
};

export default Login;
```

브라우저가 새로고침되면 그림 5-4과 같은 화면을 확인할 수 있다.

그림 5-4 수정한 로그인 페이지

포스트맨을 이용해 새 유저를 만든 후 이 페이지에서 로그인을 시도해보자.

그림 5-5 로그인 토큰

로그인에 성공하는 경우 그림 5-5처럼 alert 메시지에 토큰이 기록되는 것을 확인할 수 있다.

5.2.2 로그인에 성공

성공적으로 로그인한 경우 어떤 일이 벌어져야 할까? 로그인에 성공하는 경우 우리는 Todo 리스트가 있는 화면으로 돌아가야 한다. 따라서 토큰이 존재하는 경우 Todo 리스트 화면인 http://localhost:3000/으로 돌아가는 로직을 작성해야 한다. 실습 코드 5-8을 참고해 ApiService.js의 **signin** 함수를 수정해보자.

실습 코드 5-8. 로그인 성공 시 메인 화면으로 리디렉트

```
// 다른 코드..

export function signin(userDTO) {
  return call("/auth/signin", "POST", userDTO)
```

```
    .then((response) => {
  if (response.token) {
    // token이 존재하는 경우 Todo 화면으로 리디렉트
    window.location.href = "/";
  }
});
}
```

이제 무슨 일이 일어나는지 알아보기 위해 새로고침 후 다시 로그인해보자. 다시 로그인하면 뭔가 로그인된 것처럼 보이다가 로그인 페이지로 다시 리디렉트된다. 왜 이럴까? 1분간 스스로 생각해보고 5.3절으로 넘어가자.

5.2.3 정리

5.2절에서는 로그인 페이지를 작성하고, 로그인에 성공하는 경우 Todo 리스트 페이지로 다시 리디렉트하는 로직을 구현했다. 그런데 이 로직에는 흠이 있다. 어떤 이유인지 우리는 로그인 페이지를 벗어날 수 없게 됐다. 이 문제를 5.3절 로컬 스토리지를 이용한 액세스 토큰 관리에서 해결한다.

5.3 로컬 스토리지를 이용한 액세스 토큰 관리

■ **학습 내용**

· 로컬 스토리지

■ **실습 내용**

· 로컬 스토리지를 이용한 토큰 저장

5.2절에서 로그인하지 않은 유저가 http://localhost:3000에 접속하면 로그인 페이지로 리디렉트하도록 했다. 로그인을 했는지 안 했는지 어떻게 알까? https://localhost:8080/todo로 리스트를 가져올 때 넘기는 엑세스 토큰이 유효하지 않은 경우 로그인을 하지 않은 것이다. 이 경우 서비스는 HTTP Status 403을 반환한다. 기억을 돕기 위해 예제 5-3에 ApiService의 `fetch` 메서드의 일부를 가져왔다.

예제 5-3. HTTP 응답 상태 코드 체크

```
else if(response.status === 403) {
    window.location.href = "/login"; // redirect
  }
```

그래서 유저에게 로그인 인터페이스를 제공하기 위해 Login.js를 만들고 토큰을 받은 경우 다시 메인 페이지로 리디렉트했다. 이때, 우리가 받은 액세스 토큰은 어디에 저장돼 있는가? 메인 페이지로 돌아가면 메인 페이지는 또 다시 http://localhost:8080/todo를 부른다. 이때 로그인 당시 받은 엑세스 토큰을 함께 보내는가? 안 보낸다. 그래서 서비스는 또 유효하지 않은 접근으로 보고 403을 날리고, 브라우저는 다시 로그인 페이지로 리디렉트된다. 아무리 로그인을 성공적으로 해도 이 로그인 무한 루프에서 벗어날 수 없다. 이 상황을 해결하기 위해 우리는 어디엔가 엑세스 토큰을 저장하고, 백엔드 서비스에 HTTP 요청을 보낼 때 이 토큰을 요청에 동봉해야 한다. 우리는 이를 웹 스토리지의 일종인 로컬 스토리지^{LocalStorage}를 이용해 구현할 것이다.

5.3.1 로컬 스토리지

웹 스토리지를 이용하면 사용자의 브라우저에 데이터를 key-value형태로 저장할 수 있다. 쿠키^{cookie}와 비슷하다고 생각하면 된다. 웹 스토리지에는 두 종류가 존재한다. 세션 스토리지^{SessionStorage}와 로컬 스토리지이다. 세션 스토리지는 브라우저를 닫으면 사라진다. 로컬 스토리지는 브라우저를 닫아도 사라지지 않는다. 따라서 사용자가 브라우저를 재시작할 때마다 로그인하게 하고 싶으면 세션 스토리지를, 브라우저를 재시작해도 로그인 상태를 유지하고 싶으면 로컬 스토리지를 사용하면 된다.

그림 5-6처럼 브라우저의 개발자 도구에서 콘솔을 켜보자.

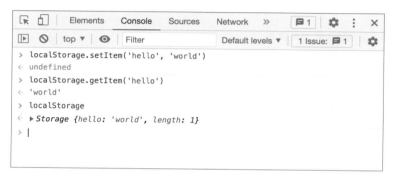

그림 5-6 디벨로퍼 툴

실습 코드 5-9. 로컬 스토리지 실습

```
> localStorage.setItem('hello', 'world')
> localStorage.getItem('hello')
> localStorage
```

실습 코드 5-9을 콘솔 창에서 차례대로 실행하라. 그 과정에서 로컬 스토리지에 아이템이 어떻게 저장되는지, 어떻게 원하는 아이템을 가져올 수 있는지 숙지하라. 혹시 이렇게 다른 웹 애플리케이션이 내 로컬 스토리지에 마음대로 접근할 수 있는 게 아닐까? 하는 생각이 든다면 그림 5-7를 참고해 Application 탭으로 들어가보자.

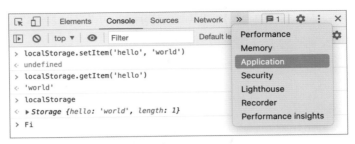

그림 5-7 디벨로퍼 툴의 Application 탭

구글 크롬을 사용하는 경우 》 버튼을 눌러 Application으로 이동하면 각 애플리케이션 별로 사용 저장된 로컬 스토리지를 확인할 수 있다.

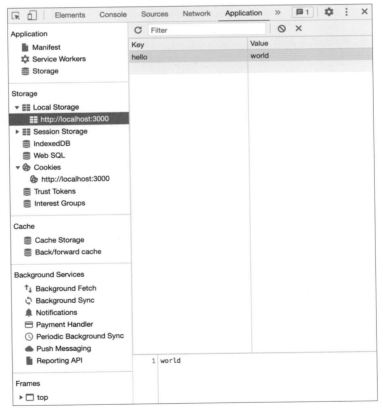

그림 5-8 스토리지 탭

로컬 스토리지는 도메인(주소 경로)마다 따로 저장된다. 따라서 다른 도메인의 자바스크립트는 다른 도메인의 로컬 스토리지를 알지 못한다.

5.3.2 액세스 토큰 저장

우리 로직은 간단하다. 로그인 시 받은 토큰을 로컬 스토리지에 저장한다. 백엔드에 API 콜을 할 때마다 로컬 스토리지에서 액세스 토큰을 불러와 헤더에 추가해준다.

첫 번째로 로그인 시 받은 토큰을 로컬 스토리지에 저장해보도록 하자. 실습 코드 5-10를 참고해 ApiService의 signin 함수를 수정하라. key에 ACCESS_TOKEN을 value에 넘겨받은 토큰을 로컬 스토리지에 저장한다.

실습 코드 5-10. 액세스 코드 저장

```
// 기존 코드

export function signin(userDTO) {
  return call("/auth/signin", "POST", userDTO)
    .then((response) => {
    if (response.token) {
      // 로컬 스토리지에 토큰 저장
      localStorage.setItem("ACCESS_TOKEN", response.token);
      // token이 존재하는 경우 Todo 화면으로 리디렉트
      window.location.href = "/";
    }
  });
}
```

두 번째로 모든 API의 헤더에 액세스 토큰을 추가하는 부분을 구현한다. 로그인에 관련되지 않은 모든 API 콜은 call 메서드를 통해 이뤄진다. 따라서 반복을 피하기 위해 call에 토큰이 존재하는 경우 헤더에 추가하는 로직을 작성한다.

```javascript
export function call(api, method, request) {
  let headers = new Headers({
    "Content-Type": "application/json",
  });

// 로컬 스토리지에서 ACCESS TOKEN 가져오기
  const accessToken = localStorage.getItem("ACCESS_TOKEN");
   if (accessToken && accessToken !== null) {
    headers.append("Authorization", "Bearer " + accessToken);
  }

  let options = {
    headers: headers,
    url: API_BASE_URL + api,
    method: method,
  };
  if (request) {
    // GET method
    options.body = JSON.stringify(request);
  }
  return fetch(options.url, options).then((response) => {
    if (response.status === 200) {
      return response.json();
    } else if(response.status === 403) {
      window.location.href = "/login"; // redirect
    } else {
      new Error(response);
    }
  }).catch((error) => {
      console.log("http error");
      console.log(error);
    });
}
```

실습 코드 5-11과 같이 코드 작성을 완료한 후 애플리케이션을 새로고침하고 다시 로그인해보자. 이제 성공적으로 메인 화면으로 라우팅 되는 것을 확인할 수 있다.

5.3.3 정리

5.3절에서는 브라우저가 제공하는 로컬 스토리지에 대해 알아보고, 로컬 스토리지를 이용해 토큰을 임시로 저장하고 사용하는 법을 알아봤다. 로직은 간단했다. 성공적으로 로그인하는 경우 반환된 토큰을 로컬 스토리지에 저장한다. 이후 API 콜을 할 때마다 로컬 스토리지에서 토큰을 가져와 헤더에 포함시켜준다. 올바른 토큰이므로 백엔드는 인증에 성공한다.

5.4절에서는 로그인에 이어 로그아웃을 구현하고 UI 글리치를 해결한다. 로그아웃은 굉장히 간단하다. 먼저 어떻게 구현할지 고민해보는 것을 추천한다.

5.4 로그아웃과 글리치 해결

■ **실습 내용**
- 로그아웃 기능 구현
- UI 글리치 버그 잡기

5.4.1 로그아웃 서비스

로그인 기능은 완료됐는데 로그아웃 기능이 없다. 로그아웃 기능은 어떻게 만들까? 우리는 로그인을 위해 액세스 토큰을 로컬 스토리지에 추가했다. 로그아웃은 이를 반대로 하면 된다. 로컬 스토리지에 존재하는 액세스 토큰을 제거하고 로그인 페이지로 리디렉트하는 것이다.

실습 코드 5-12을 참고해 ApiService.js에 signout 함수를 작성하자. 비록 백엔드 서버에 요청하는 로직은 아니지만 코드 관리를 위해 로컬 스토리지에 관련된 모든 것은 ApiService에 작성했다.

실습 코드 5-12. 로그아웃 서비스

```
export function signout() {
  localStorage.setItem("ACCESS_TOKEN", null);
  window.location.href = "/login";
}
```

5.4.2 네비게이션 바와 로그아웃

우리가 원하는 애플리케이션은 그림 5-9처럼 상단에 네비게이션 바가 있고 오른쪽 끝에 로그아웃 버튼이 있는 형태다.

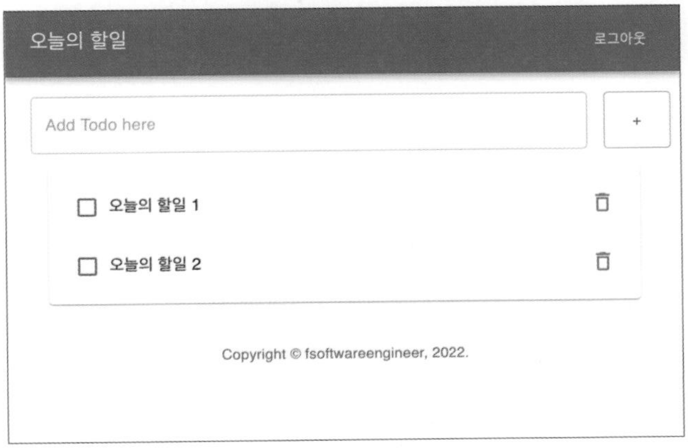

그림 5-9 상단 네비게이션 바와 로그아웃 버튼

이를 구현하기 위해 Material UI에서 제공하는 AppBar와 Toolbar를 사용한다. 실습 코드 5-13를 참고해 App 컴포넌트를 수정하자. navigationBar라는 새 변수에

AppBar JSX 코드를 작성해준다. 그리고 return 부분에서 리스트 렌더링 위에 이 변수를 추가해주면 네비게이션 바가 생긴다.

실습 코드 5-13. App 컴포넌트에 네비게이션 바 추가

```
import "./App.css";
import Todo from "./Todo";
import React, { useState, useEffect } from "react";
import {
  Container,
  List,
  Paper,
  Grid,
  Button,
  AppBar,
  Toolbar,
  Typography,
} from "@mui/material";
import AddTodo from "./AddTodo";
import { call, signout } from "./service/ApiService";

function App() {

  /* 기존 코드 */
  // navigationBar 추가
  let navigationBar = (
    <AppBar position="static">
      <Toolbar>
        <Grid justifyContent="space-between" container>
          <Grid item>
            <Typography variant="h6">오늘의 할일</Typography>
          </Grid>
          <Grid item>
            <Button color="inherit" raised onClick={signout}>
              로그아웃
            </Button>
          </Grid>
        </Grid>
```

```
    </Toolbar>
  </AppBar>
);


return (
  <div className="App">
    {navigationBar} {/* 네비게이션 바 렌더링 */}
    <Container maxWidth="md">
      <AddTodo addItem={addItem} />
      <div className="TodoList">{todoItems}</div>
    </Container>
  </div>
);
}

export default App;
```

버튼의 onClick에 signout 함수를 연결해 준 것에 주목하라. 이제 로그아웃을 테스팅해보자. 로그아웃 버튼을 누르면 로그인 페이지로 돌아가는 것을 확인할 수 있다.

5.4.3 UI 글리치 해결

로그인하지 않은 상태에서 http://localhost:3000에 접속하면 브라우저에 따라 잠깐 todo 리스트 페이지가 보이다가 로그인 화면으로 넘어가는 경우가 있다. Todo 리스트 페이지에 접속한 후 로그인 페이지로 라우팅하기까지 걸리는 시간 때문이다. 이 시간은 백엔드 서버에 todo를 요청하고 결과를 받아 확인하는 데 걸리는 시간이다. 물론 메인 페이지에 아무 리스트도 보이지 않으니 사용자는 로그아웃 상태에서 아무것도 할 수 없지만, UI가 이렇게 오락가락하는 것은 사용성 측면에서 좋지 않다. 그러니 이를 방지하기 위해 실습 코드 5-14를 참고해 백엔드에서 todo 리스트를 받아오기 전까지는 로딩 중이라는 메시지를 띄우도록 하자.

```
import "./App.css";
import Todo from "./Todo";
import React, { useState, useEffect } from "react";
import {
  Container,
  List,
  Paper,
  Grid,
  Button,
  AppBar,
  Toolbar,
  Typography,
} from "@mui/material";
import AddTodo from "./AddTodo";
import { call, signout } from "./service/ApiService";

function App() {
  const [items, setItems] = useState([]);
  const [loading, setLoading] = useState(true);

  useEffect(() => {
    call("/todo", "GET", null).then((response) => {
      setItems(response.data);
      setLoading(false);
    });
  }, []);

  const addItem = (item) => {
    call("/todo", "POST", item).then((response) => setItems(response.data));
  };

  const editItem = (item) => {
    call("/todo", "PUT", item).then((response) => setItems(response.data));
  };

  const deleteItem = (item) => {
    call("/todo", "DELETE", item).then((response) => setItems(response.data));
```

```jsx
};

let todoItems = items.length > 0 && (
  <Paper style={{ margin: 16 }}>
    <List>
      {items.map((item) => (
        <Todo
          item={item}
          key={item.id}
          editItem={editItem}
          deleteItem={deleteItem}
        />
      ))}
    </List>
  </Paper>
);

// navigationBar 추가
let navigationBar = (
  <AppBar position="static">
    <Toolbar>
      <Grid justifyContent="space-between" container>
        <Grid item>
          <Typography variant="h6">오늘의 할일</Typography>
        </Grid>
        <Grid item>
          <Button color="inherit" raised onClick={signout}>
            로그아웃
          </Button>
        </Grid>
      </Grid>
    </Toolbar>
  </AppBar>
);

/* 로딩중이 아닐 때 렌더링할 부분 */
let todoListPage = (
  <div>
    {navigationBar} {/* 네비게이션 바 렌더링 */}
```

```
      <Container maxWidth="md">
        <AddTodo addItem={addItem} />
        <div className="TodoList">{todoItems}</div>
      </Container>
    </div>
  );

  /* 로딩중일 때 렌더링 할 부분 */
  let loadingPage = <h1> 로딩중.. </h1>;
  let content = loadingPage;

  if (!loading) {
    /* 로딩중이 아니면 todoListPage를 선택*/
    content = todoListPage;
  }

  /* 선택한 content 렌더링 */
  return <div className="App">{content}</div>;
}

export default App;
```

이제 로그인하지 않은 상태에서 http://localhost:3000에 접근하면 그림 5-10처럼 로딩중..이라는 화면이 뜨다가 로그인 화면으로 전환되는 것을 확인할 수 있다.

로딩중..

Copyright © fsoftwareengineer, 2022.

그림 5-10 로딩중 화면

이제 리액트 컴포넌트를 생성하고 구현하는 데 조금 익숙해졌을 거라 생각한다. 그렇다면 로딩중 페이지를 컴포넌트로 따로 작성해 App에서 사용하는 부분을 스스로 작성해보라.

5.4.4 정리

5.4절에서는 로그아웃을 위한 네비게이션 바를 구현하고 UI 글리치를 해결했다. 여기서부터는 기술적으로 배우는 게 별로 없다는 느낌이 들 수 있다. 사실 맞다. 이론적으로 딱히 새로 소개한 기술은 없고, 지금까지 배운 기술을 활용하거나 새 UI 컴포넌트로 UI를 작성한 게 전부다. 그렇다고 너무 지루해 하지 말자. 우리는 이 프로젝트를 프로덕션 환경에 올릴 예정이다. 그 말은 즉, 우리 애플리케이션이 어느 정도 완성도가 있어야 된다는 뜻이다. 로그인은 되는데 로그아웃은 안 되는 애플리케이션이나, 자명한 글리치 이슈가 있는 웹 애플리케이션은 거의 없다. 백엔드라면 어떻게든 얼버무릴 수 있지만 프론트엔드는 눈에 보이기 때문에 하기 힘들다. 그래서 완성도를 높이기 위한 작업을 빼놓지 않고 하는 것이다.

같은 맥락에서 계정 생성이 불가능하면 로그인 기능은 화중지병이다. 따라서 5.5절에서는 프론트엔드의 개발의 마지막을 장식할 계정 생성 페이지를 구현한다.

5.5 계정 생성 페이지

마지막으로 계정 생성 코드를 작성해보자. 계정 생성 코드는 이 프로젝트의 애플리케이션 구현의 마지막 단계이다. 백엔드 서비스에서 signup API를 이미 만들었으므로 프론트엔드 부분만 작성하면 된다. 또 여기까지 따라온 독자라면 스스로 계정 생성 기능을 디자인하고 구현할 수 있을 것이라 믿는다.

다양한 방법으로 계정 생성 페이지를 작성할 수 있겠지만 여기서는 로그인 하단의 링크를 클릭해 계정 생성 페이지로 라우팅한 후 계정 생성 완료 시 다시 로그인 페이지로 돌아가는 간단한 로직을 구현한다.

5.5.1 계정 생성 로직

실습 코드 5-15을 참고해 ApiService에 `signup` 메서드를 추가한다. 이 메서드를 이용해 백엔드에 signup 요청을 보낸다.

실습 코드 5-15. ApiService: signup 함수 추가

```
export function signup(userDTO) {
  return call("/auth/signup", "POST", userDTO);
}
```

SignUp.js를 추가 후 실습 코드 5-16를 참고해 계정 생성 페이지를 구현한다.

```
import React from "react";
import { Container, Grid, Typography, TextField, Button } from "@mui/material";
import { signup } from "./service/ApiService";
import { Link } from "react-router-dom";


function SignUp() {
  const handleSubmit = (event) => {
    event.preventDefault();
    // 오브젝트에서 form에 저장된 데이터를 맵의 형태로 바꿔줌.
    const data = new FormData(event.target);
    const username = data.get("username");
    const password = data.get("password");
    signup({ username: username, password: password }).then(
      (response) => {
        // 계정 생성 성공 시 login 페이지로 리디렉트
        window.location.href = "/login";
      }
    );

  };


  return (
    <Container component="main" maxWidth="xs" style={{ marginTop: "8%" }}>
      <form noValidate onSubmit={handleSubmit}>
        <Grid container spacing={2}>
          <Grid item xs={12}>
            <Typography component="h1" variant="h5">
              계정 생성
            </Typography>
          </Grid>
          <Grid item xs={12}>
            <TextField
              autoComplete="fname"
              name="username"
              variant="outlined"
              required
```

```
                fullWidth
                id="username"
                label="아이디"
                autoFocus
              />
          </Grid>
          <Grid item xs={12}>
            <TextField
              variant="outlined"
              required
              fullWidth
              name="password"
              label="패스워드"
              type="password"
              id="password"
              autoComplete="current-password"
            />
          </Grid>
          <Grid item xs={12}>
            <Button
              type="submit"
              fullWidth
              variant="contained"
              color="primary"
            >
              계정 생성
            </Button>
          </Grid>
        </Grid>
        <Grid container justify="flex-end">
          <Grid item>
            <Link to="/login" variant="body2">
              이미 계정이 있습니까? 로그인하세요.
            </Link>
          </Grid>
        </Grid>
      </form>
    </Container>
  );
```

```
};

export default SignUp;
```

계정 생성 페이지는 크게 세 부분으로 구성된다. 첫 번째 부분은 form 부분이다. 이 부분에는 인풋 필드input field가 들어가고, 사용자는 각 인풋 필드에 해당 값을 입력한다. 두 번째는 버튼이다. 사용자가 계정 정보를 입력 후 버튼을 누르면, 버튼에 연결된 submitHandle 함수가 실행된다. 이 함수는 event.target, 즉 form에서 데이터를 가져와 HTTP 요청 바디를 작성한 후, ApiService의 signup 함수를 이용해 계정 생성 요청을 날린다. 마지막 부분은 "이미 계정이 있습니까? 로그인하세요." 링크이다. 이 링크를 통해 사용자는 원한다면 로그인 페이지로 다시 돌아갈 수 있다. 〈Link〉 컴포넌트의 to="/login"에 들어가는 값은 AppRouter에서 지정한 경로와 같아야 한다는 사실에 유의하자.

SignUp.js 구현을 마친 후 실습 코드 5-17를 참고해 AppRouter에서 SignUp 페이지로 가는 라우트를 추가한다.

실습 코드 5-17. AppRouter: SignUp 라우트 추가

```
import React from "react";
import "./index.css";
import App from "./App";
import Login from "./Login";
import SignUp from "./SignUp";
import { BrowserRouter, Routes, Route } from "react-router-dom";
import { Typography, Box } from "@mui/material";

/* 기존 CopyRight 컴포넌트 */

function AppRouter() {
  return (
    <div>
      <BrowserRouter>
```

```
    <Routes>
      <Route path="/" element={<App />} />
      <Route path="login" element={<Login />} />
      <Route path="signup" element={<SignUp />} />
    </Routes>
  </BrowserRouter>
  <Box mt={5}>
    <Copyright />
  </Box>
  </div>
  );
};

export default AppRouter;
```

라우트를 추가했다면 로그인 화면에서 계정 생성 페이지로 넘어가는 부분을 수정해 주면 끝난다. 실습 코드 5-18를 참고해 계정 생성 페이지로 넘어가는 링크를 작성해 주자. 또 〈Link〉의 to="/signup"에 들어가는 값은 AppRouter에서 지정한 경로[path]와 같아야 한다.

실습 코드 5-18. 로그인 컴포넌트 수정

```
import React from "react";
import {
  Container,
  Grid,
  Typography,
  TextField,
  Button
} from "@mui/material";
import { Link } from "react-router-dom";
import { signin } from "./service/ApiService";

function Login() {
  const handleSubmit = (event) => {
    event.preventDefault();
```

```
    const data = new FormData(event.target);
    const username = data.get("username");
    const password = data.get("password");
    // ApiService의 signin 메서드를 사용해 로그인.
    signin({ username: username, password: password });
};


return (
  <Container component="main" maxWidth="xs" style={{ marginTop: "8%" }}>
    <Grid container spacing={2}>
      <Grid item xs={12}>
        <Typography component="h1" variant="h5">
          로그인
        </Typography>
      </Grid>
    </Grid>
    <form noValidate onSubmit={handleSubmit}>
      {" "}
      {/* submit 버튼을 누르면 handleSubmit이 실행됨. */}
      <Grid container spacing={2}>
        <Grid item xs={12}>
          <TextField
            variant="outlined"
            required
            fullWidth
            id="username"
            label="아이디"
            name="username"
            autoComplete="username"
          />
        </Grid>
        <Grid item xs={12}>
          <TextField
            variant="outlined"
            required
            fullWidth
            name="password"
            label="패스워드"
```

```
              type="password"
              id="password"
              autoComplete="current-password"
            />
          </Grid>
          <Grid item xs={12}>
            <Button type="submit" fullWidth variant="contained" color="primary">
              로그인
            </Button>
          </Grid>
          <Grid item>
            <Link to="/signup" variant="body2">
              계정이 없습니까? 여기서 가입하세요.
            </Link>
          </Grid>
        </Grid>
      </form>
    </Container>
  );
}

export default Login;
```

테스팅

로그인 페이지에서 하단의 "계정이 없습니까? 여기서 가입하세요." 링크를 눌러 그
림 5-11처럼 계정 생성 페이지로 라우팅되는지 확인하자.

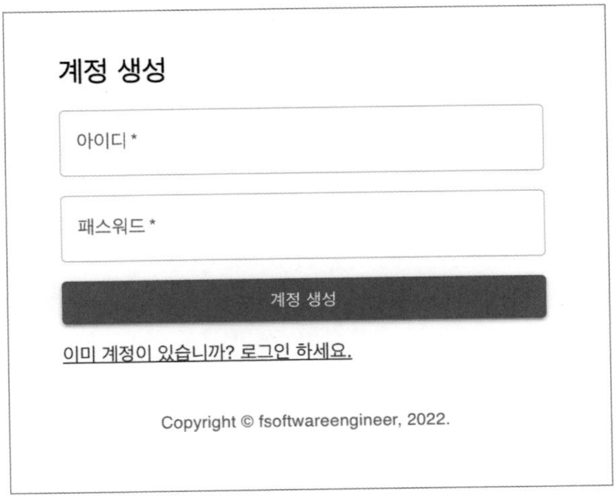

그림 5-11 계정 생성 페이지

마찬가지로 "이미 계정이 있습니까? 로그인 하세요."를 클릭해 로그인 화면으로 돌아가는지 확인해보자. 또 임의의 계정을 생성한 후 로그인 화면으로 넘어가는지 확인해보자. 생성한 계정으로 로그인한 후 나머지 기능이 잘 작동하는지 마지막으로 테스팅해보자.

5.5.2 정리

계정 생성 기능을 마지막으로 Todo 애플리케이션 구현에 방점을 찍었다. 우리는 완전히 동작하는, 하나도 아닌 2개의 서비스를 구현했다. 물론 검증과 예외처리에서 부족한 부분이 아직 많이 있다. 하지만 이런 부분은 여러분이 직접 구현할 수 있는 부분이다. 축하한다. 여기까지 잘 따라왔다면 어렵지 않게 해낼 수 있을 것이다.

아쉽게도 여기서 끝이 아니다. 로컬 호스트에서 동작하는 애플리케이션은 나만 사용할 수 있다. 나만 사용할 거였다면 왜 굳이 로그인 기능을 구현했겠는가. 우리는 이 서비스가 널리 퍼져 많은 사람이 사용하길 바란다. 그러려면 이 애플리케이션을 배포해야 한다. 6장에서는 이 애플리케이션을 위해 AWS에 프로덕션 환경을 구축하고, 애플리케이션을 프로덕션에 배포하며 서비스 운영을 위해 필요한 기술을 배울 것이다.

06

프로덕션
배포

이제 우리가 로컬 호스트에서 프론트엔드와 백엔드 서버를 실행시켰듯, 우리 애플리케이션을 하루 종일 실행시켜줄 서버가 필요하다. 우리 컴퓨터를 서버로 사용할 수도 있다. 우리 컴퓨터를 절대 끄지 않고 애플리케이션 서버로만 가동시킨다면 말이다. 하지만 우린 이 컴퓨터로 웹 서핑도 하고, 게임도 하고, 문서 작성도 하는 등 다양한 용도, 다시 말해 범용 컴퓨터로 사용한다. 따라서 서버로 사용하기에는 적합하지 않다. 보통 서버 컴퓨터라는 서버 전용 컴퓨터가 따로 있는데, 그 가격이 대개 100만원 이상이다. 또는 서버를 빌려주는 회사에 의탁해 매달 비용을 지불한다면 못해도 한 달에 몇 십만원을 사용해야 한다. 적어도 한 개의 애플리케이션 서버와 한 개의 데이터베이스 서버가 필요하다. 서버 이외에도 네트워크 관련 장비와 구축비용, 또 이를 구축하고 운영하기 위한 인건비를 포함하면 서비스 개시에 필요한 자본이 적지 않음을 알 수 있다. 클라우드 컴퓨팅 서비스를 이용하면 이렇게 서비스를 구축하고 운영하기 위한 비용Capital Expenditure(CAPEX)/Operation Expenditure(OPEX)을 절약할 수 있다. 얼마나? 초기 비용만 따졌을 때 신중히 계획한다면 한 달에 10만원 안팎으로 서비스를 개시할 수 있다.

이 장에서 AWS의 일래스틱 빈스톡 서비스를 이용해 AWS에 데이터베이스, 오토 스케일링 그룹, 로드 밸런서를 구축할 예정이다. 또 AWS 라우트 53와 ACMAWS Certificate Manager를 이용해 도메인을 구매하고 SSL인증서를 생성해 로드 밸런서에 적용 할 예정이다.

그렇다면 이 챕터를 진행하는 데 돈이 든다는 말인가? 그렇다. 하지만 10만원까지 들진 않는다. AWS 계정을 생성하면 1년간 Free-Tier[1] 사용권이 주어진다. 특정 리소스에 한해 무료로 사용할 수 있다. 우리가 무료로 사용할 리소스는 EC2와 S3이다. Free-Tier로 EC2를 가동하면 한달에 대략 2~3만원이 든다. 또 우리는 도메인을 사야하고(2-3만원), 아마존의 DNS 레코드 사용 비용(5-6천원), 로드 밸런서 비용(약 2만원/달)을 지불해야 한다. 이는 모두 서버를 한달 내내 운영했을 때의 비용이고, 실제로 테스팅만 하는 데는 도메인 비용과 DNS 비용, 로드 밸런서 비용을 합해도 2-3만원이 채 들지 않는다. 또 도메인과 DNS 레코드 사용은 필수가 아니다. 비용 문제로 실습하지 않고 읽어만 봐도 상관 없다. 대신 실습을 하는 경우 실습 후 반드시 AWS의 모든 리소스를 삭제하고 정리해야 한다. 그렇지 않으면 사용하지 않았음에도 비용을 지불해야 할 수 있다.

비용이 드는 이 부분을 군이 설명하는 이유에는 두 가지가 있다. 첫 번째는 여러분에게 현업에서 구축하는 프로덕션과 최대한 유사한 환경을 경험할 수 있도록 하기 위함이다. 대부분의 프로덕션은 두 대 이상의 서버를 가지고 있으며 로드 밸런서 뒤에서 동작한다. 물론 실제 프로덕션은 보통 이보다 훨씬 더 복잡하다. 배포 방법 중 하나인 CI/CDContinuous Integration/Continuous Deployment를 구축하거나 로깅 서비스, 캐시 서버, 백업 등 서비스의 기능적 측면 외에도 고려해야 할 사항이 많기 때문이다. 이런 복잡한 프로덕션 환경은 실제로 엔지니어로 일하고 있지 않으면 접하기 힘들다. 필자도 로드 밸런서나 SSL 인증서 같은 것들은 말로만 듣고 글로만 읽었었고, 실제로 경험해본 것은 개발자로 일하기 시작한 이후였다. 오늘날 우리는 클라우드 컴퓨팅 덕에 저렴한 비용으로 이런 환경을 경험해볼 수 있다. 실습하지 않고 읽고 넘어가더라도 서비스를 프로덕션에 올리는 데 필요한 것들을 이해하는 것은 강점이 될 수 있다.

두 번째 이유는 JWT 때문이다. 인증과 인가에서, JWT는 반드시 HTTPS와 함께 사용해야 한다고 설명했다. HTTPS를 사용하려면 SSL 인증서를 받아야 한다. 인증서를 받기 위해서는 도메인이 필요하다. 이뿐만 아니라 HTTP로 운영하는 실제 서비스는 거의 없다고 봐도 좋다. 있어도 보안에 너무 취약하다. HTTPS는 프로덕션 서비스 운영에 필수적이므로 빼놓지 않고 다루기로 했다.

6.1 서비스 아키텍처

■ **학습 내용**
- EC2
- 오토 스케일링 그룹 소개
- 로드 밸런서 소개
- 라우트 53 소개
- 일래스틱 빈스톡 소개

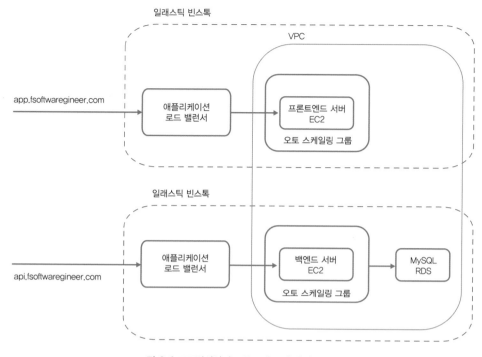

그림 6-1 프로덕션상의 프론트엔드 및 백엔드 서비스

서비스를 배포하기에 앞서, 프로덕션 환경을 어떻게 구성할지, 또 이렇게 구성해야 하는 이유가 무엇인지 설명하고자 한다.

그림 6-1에서 일어나는 일은 이렇다. 누군가 우리 서비스의 프론트엔드 주소, app.fsoftwareengineer.com를 브라우저에 치고 들어오면, 프론트엔드 서버에 연결된 애플리케이션 로드 밸런서를 거쳐 로드 밸런서에 연결된 오토 스케일링 그룹 내의 EC2 인스턴스 중 하나에 트래픽이 전달된다. EC2 인스턴스 내부에서 실행 중인 우리 프론트엔드 애플리케이션이 브라우저에서 동작할 리액트.js 애플리케이션을 반환한다.

유저는 우리 프론트엔드 앱의 메인 화면을 보고 있다. 유저는 아이디와 비밀번호를 넣고 로그인을 누른다. 그러면 이번에는 백엔드 서버의 애플리케이션 로드 밸런서를 통해 백엔드 애플리케이션에 전달된다. 백엔드 애플리케이션은 MySQL 서버와 통신해 적절한 데이터를 주고 받는다. 이 과정에서 라우트 53, 로드 밸런서, 오토 스케일링 그룹, EC2 등과 같은 리소스가 필요하다. DB나 EC2는 그렇다 쳐도, 다른 리소스들은 왜 필요한 걸까? 기본으로 돌아가서 생각해보자.

6.1.1 EC2

EC2^{Elastic Compute Cloud}[2]는 컴퓨터이다. 서버 컴퓨터라고 생각하면 된다. 우리가 로컬 환경에서 애플리케이션을 실행했듯이, EC2에서 애플리케이션을 실행할 수 있다.

로컬 환경에서 애플리케이션을 실행했을 때는, localhost:8080이나 localhost:3000 등으로 애플리케이션에 접근했다. EC2에서 애플리케이션을 실행하는 경우 EC2의 IP나 EC2가 제공하는 퍼블릭 도메인을 이용해 애플리케이션에 접근해야 한다.

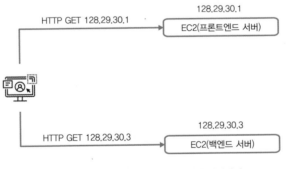

그림 6-2 EC2 위에서 실행되는 애플리케이션

그림 6-2와 같이 각 서버는 IP 주소를 가지고 있고, 각 애플리케이션은 기본 포트인 80포트에서 실행된다고 가정하자. 그러면 우리는 localhost:8080/todo 대신 128.29.30.2/todo을 이용해 REST API를 사용할 수 있다. 이제 24시간 애플리케이션을 실행해 줄 서버가 있으니 프로덕션 배포는 끝난 것일까? 여기서 책이 끝난다면 기분이 굉장히 찜찜할지도 모른다. 대관절 129.29.30.2/todo을 어떻게 사이트의 주

소로 쓰라는 얘기인가? 주민번호도 간신히 기억하는 마당에 사이트 IP를 어떻게 기억하란 말인가? 그렇다. 그래서 우리는 DNS가 필요하다.

6.1.2 라우트 53 – DNS

이전 챕터에서 애플리케이션 아키텍처를 설명할 때 마치 http://어떤사이트.com을 브라우저에 치고 들어가면 어떤 사이트의 서버가 바로 응답하는 것처럼 설명했다. 근데 그것은 거짓말이다. 어떤 사이트의 서버는, 본인이 어떤사이트.com이라는 이름을 가지고 있다는 사실을 모른다. 집집마다 무슨 시, 무슨 구, 무슨 동, 몇 호 등 고유한 주소가 있는 것처럼 네트워크에 연결된 모든 컴퓨터는 고유한 IP 주소를 가진다. 서버는 본인 IP만 알고있다. 그리고 서버는 누가 자신의 IP 주소를 이용해 불러주지 않는 이상 통신할 수 없다. 그러면 우리는 대체 어떻게 "어떤사이트.com"으로 서버와 통신한 걸까?

집 주소의 예로 다시 돌아와 네비게이션을 이용한다고 가정해보자. 우리는 천개의 주소가 있다. 천개의 주소를 어떻게 기억 할 것인가? 고유한 이름을 붙이는 방법이 있다. 예를 들면 점포 이름이나, 주소가 친구 집일 경우 친구의 이름을 붙일 수 있다. 네비게이션 시스템을 이용할 때 특정 주소를 "XXX 음식점"으로 저장하고 나중에 그 음식점에 가고 싶을 때, "XXX 음식점"으로 검색하면 된다. IP 주소도 마찬가지이다. IP 주소를 일일이 기억하는 데 한계가 있다. 따라서 IP 주소 대신 "어떤사이트.com"이라는 이름을 붙인다. 사람들이 IP 대신 이름으로 접근할 수 있도록 말이다. 그리고 "XXX 음식점"과 그 주소를 네비게이션 시스템에 등록했듯이 이 이름을 어떤 시스템이 등록한다. 사람들이 IP 대신 이름으로 검색할 수 있도록. 이렇게 사람들이 검색할 수 있는, IP를 대신하는 이름을 "도메인 이름Domain Name"이라고 하고 도메인 이름과 주소를 매핑해 놓은 시스템을 DNSDomain Name System이라 한다.

그런데 잠깐. 우린 DNS를 사용해 IP를 가져와 IP로 접근한 적이 없다. 어떻게 된 일인가? 다행히 DNS에 도메인 이름을 물어보고 IP를 가져와 통신하는 작업은 브라우저가 대신 해준다. 우리 컴퓨터는 IP말고도 DNS 서버 IP를 가지고 있다. 이 IP는 대부분 인터넷 서비스 제공자ISP-Internet Service Provider(XX텔레콤, XX통신 등) 회사들이 제공해준다. 간단히 말하면 인터넷 서비스 제공자의 DNS 서버에 우리가 원하는 주소가 없으면 이들은 다른 여러 DNS 서버들에게 물어봐 최종적으로 우리가 원하는 주소를 받아온다. 그 "여러 다른 DNS 서버들" 중 하나가 바로 라우트 53이다. 그림 6-3에는 마치 라우트 53과 1:1로 통신하는 것 같지만 그 사이에는 사실 ISP가 있다는 사실을 유념하자.

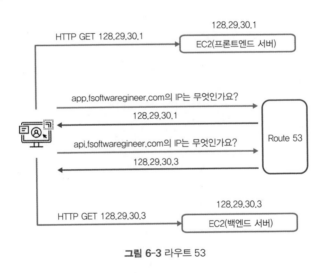

그림 6-3 라우트 53

라우트 53[3]를 이용해 우리는 "app.fsoftwareengineer.com"을 우리가 지정한 IP에 매핑할 수 있다. 그렇다면 우리가 지정할 IP는 누구의 IP인가? 아주 간단히 생각해 현재 애플리케이션이 실행 중인 EC2 인스턴스의 IP가 될 수 있다. 이렇게 하면 누군가 app.fsoftwareengineer.com으로 접속할 때마다, 애플리케이션이 실행 중인 EC2로 라우팅될 것이다. 하지만 이 방법은 문제를 반만 푼 것이다.

6.1.3 애플리케이션 로드 밸런서

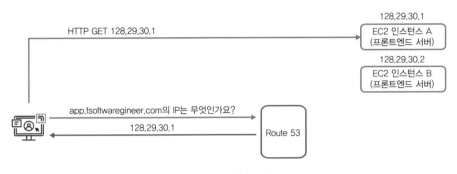

그림 6-4 서버 증설

우리가 서버 하나로 서비스를 운영하고 있다고 생각해보자. 예를 간단히 하기 위해 프론트엔드 서비스만 고려하자. 우리 프론트엔드 서버는 EC2 인스턴스에서 실행 중이고 1초에 백만 개의 요청을 처리할 수 있다고 가정한다. 어느 날 서비스가 성장해 1초에 2백만 개의 요청을 받기 시작했다. 서버를 증설해야 한다는 뜻이다. 서버를 증설하기 위해 EC2 인스턴스 하나를 더 실행시킨다. 기존의 인스턴스를 A, 새 인스턴스를 B라고 부르자(그림 6-4 참고). 이제 우리는 두 개의 EC2 인스턴스가 있고 각 인스턴스는 서비스 애플리케이션을 실행 중이다. 이제 사용자가 서비스에 접근한다고 해보자. 사용자는 app.fsoftwareengineer.com으로 접근한다. app.fsoftwareengineer.com은 현재 어디에 연결돼 있는가? 기존 인스턴스인 A에 연결돼 있다. 그럼 인스턴스 B에는 누가 접근하는가? 아무도 접근하지 못한다. 겨우 서버를 증설했는데도 사용하질 못한다. 인스턴스 A는 결국 늘어나는 요청을 버티지 못하고 다운되고 만다.

우리가 원하던 시나리오는 인스턴스 B를 설정하고, 트래픽이 A와 B로 적절히 분배되는 상황이었을 것이다. 그러려면 두 인스턴스가 공유하는 IP가 필요하다. 이 공유 IP를 그림 6-5에서는 VIP^Virtual IP라고 지정했다. 이제 VIP를 공유하는 서버에게 트래픽을 반반 나눠 주면 된다.

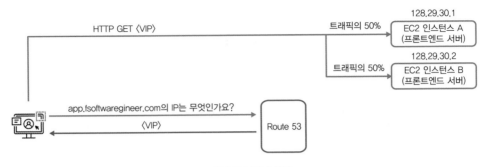

그림 6-5 트래픽 분배

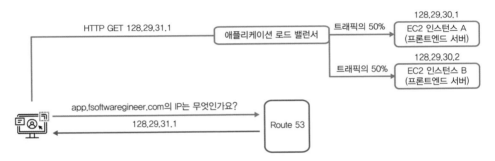

그림 6-6 애플리케이션 로드 밸런서

아쉽게도 이런 일은 마법처럼 짠!하고 이뤄지진 않는다. 트래픽을 분배하기 위해선 특별한 소프트웨어나 하드웨어가 필요한데, 이를 로드 밸런서^{Load Balancer}[4]라고 부른다. 로드^{Load}는 트래픽을 의미한다. 밸런서^{Balancer}는 균형을 잡아준다는 뜻이다. 따라서 로드 밸런서는 트래픽을 분산시켜 여러 서버에서 처리하도록 도와주는 시스템임을 알 수 있다. 로드 밸런서에는 많은 기능이 있지만 기본적으로는 트래픽을 서버에 적절히 분배하는 역할을 한다. 이 로드 밸런서로 우리는 AWS의 애플리케이션 로드 밸런서^{Application Load Balancer}를 사용한다(그림 6-6 참고). 애플리케이션 로드 밸런서는 HTTP/HTTPS 요청을 연결된 서버로 분배한다. 그렇다면 이 인스턴스들을 어떻게 연결하고 관리해야 할까?

6.1.4 오토 스케일링 그룹

AWS 애플리케이션 로드 밸런서에 두 개의 인스턴스가 연결돼 있다고 가정하자. 이렇게 연결된 인스턴스들을 AWS에서는 타깃 그룹Target Group이라고 한다. 이제 서버도 증설했겠다, 우리는 기쁜 마음으로 잠에 들었다. 그런데 새벽 3시, 두 인스턴스 중 하나가 이유 없이 다운됐다. 로드 밸런서가 이를 알고 다운된 인스턴스로 트래픽을 중단했다. 서비스는 스케일 다운된 상태로 운영 중이다. 새벽 3시에 서비스를 복구하려고 일어나 EC2를 실행하고 타깃 그룹에 올리고 서비스 상태를 확인 후 다시 잠자리에 든다. 이런 가혹한 상황이 반복되는 것이 싫어서 우리는 오토 스케일링 그룹을 사용한다(그림 6-7 참고).

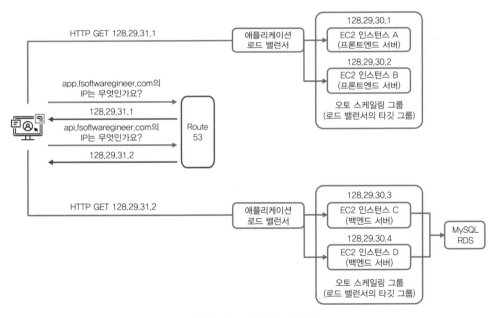

그림 6-7 오토 스케일링 그룹(ASG)

오토 스케일링 그룹(이하 ASG) [5]은 말 그대로 자동으로 스케일해준다는 뜻이다.

우리는 ASG에 최소min, 최대max 그리고 적정desired 인스턴스 수를 정할 수 있다. 그러면 ASG가 적정 인스턴스 수만큼 인스턴스를 실행시킨다. 예를 들어 적정 인스턴스 수가 2이고 최소 인스턴스 수도 2라고해보자. 1개의 인스턴스가 다운되면 로드 밸런서가 ASG에게 '이 인스턴스가 다운됐다'하고 알려줄 수 있다. 그러면 ASG는 그 인스턴스를 제거하고 새 인스턴스를 실행시킨다. 이렇게 해서 아무도 새벽 3시에 일어나지 않고 서비스를 복구할 수 있다. 또 트래픽의 변동에 따라 자동으로 스케일 인scale in(자동으로 서버 증설)또는 스케일 아웃scale out(자동으로 서버 수축)하도록 설정 할 수 있다.

이 같은 작업을 그림 6-7과 같이 프론트엔드 서버와 백엔드 서버에 각각 해 주면 이제 자동으로 스케일링이 가능한 서비스를 구축한 것이다.

6.1.5 VPC와 서브넷

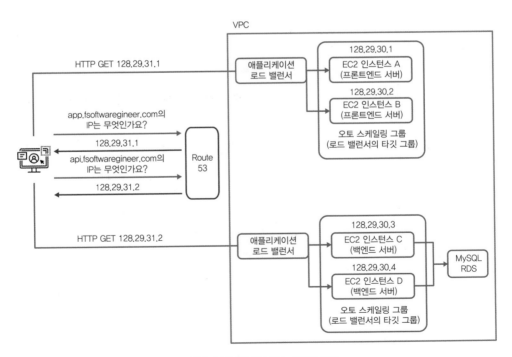

그림 6-8 VPC와 인스턴스 사이의 관계

VPC[6]는 사용자의 AWS 계정 전용 가상 네트워크이다. 가상 네트워크라는 것은 특별한 네트워크 설정을 하지 않는 이상 이 네트워크 안에서 생성되는 EC2는 외부에서 접근하지 못한다는 뜻이다. 외부라는 것은 인터넷이 될 수도 있고, 다른 AWS 계정이 될 수도 있다. 하여간, AWS가 물리적인 레벨에서 어떻게 EC2를 관리하든 기능적으로 봤을 때 EC2는 다른 계정에서 또는 인터넷에서 접근할 수 없는 독립된 가상의 네트워크virtual network에 존재하며, VPC의 주인인 우리만이 인터넷 또는 클라우드를 통해 접근 가능하다(그림 6-8 참고). 그래서 가상 사설 클라우드Virtual Private Cloud인 것이다.

VPC 안에는 서브넷subnet(서브-네트워크)라는 여러 개로 쪼개진 네트워크가 존재하는데 우리는 VPC의 서브넷 내에 EC2 서버를 생성한다. 서브넷이 어떻게 설정됐느냐에 따라 서브넷 아래 EC2의 사설 IP 주소가 결정된다. 우리는 AWS가 제공하는 디폴트 VPC와 서브넷을 사용할 예정이므로 VPC나 서브넷에 대해 자세히 알지 못해도 진행하는 데 문제는 없다. 그러나 사설 네트워크나 서브넷은 기본적인 네트워크 관련 용어이므로, 따로 공부해보는 것을 추천한다.

6.1.6 일래스틱 빈스톡

이 모든 인프라를 우리가 직접 만들어야 하는가? 기본적으로는 그렇지만 우리는 그럴 필요가 없다. 이런 환경 구축을 대신 해 주는 서비스가 바로 AWS 일래스틱 빈스톡[7]이다.

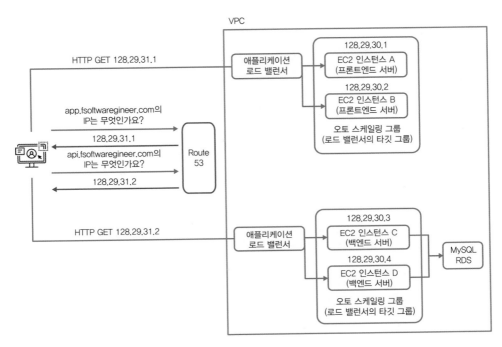

그림 6-9 일래스틱 빈스톡으로 생성 가능한 환경

우리는 일래스틱 빈스톡에게 필요한 리소스들을 말해준다. 예를 들어 로드 밸런서, 최소 인스턴스 갯수, 또 데이터베이스가 필요하다고 알려주면 일래스틱 빈스톡이 그림 6-9처럼 로드 밸런서, 오토 스케일링 그룹, RDS(데이터베이스), 그리고 EC2 환경을 구축하고 EC2에 우리 애플리케이션을 실행한다.

☀️ **팁** ─────────────────────

일래스틱 빈스톡은 내부적으로 AWS 클라우드포메이션(Cloudformation)이라는 서비스를 사용한다. 이 서비스는 JSON이나 YML 파일을 인풋으로 받는데, 이 설정 파일에 원하는 리소스와 리소스 사이의 관계를 적을 수 있다. 그러면 AWS 콘솔에 들어가 GUI 환경에서 환경을 생성하거나 업데이트할 필요 없이 설정 파일을 작성하는 것으로 인프라를 구축할 수 있다. 이렇게 파일에 코드로 인프라를 묘사하고 서비스가 이를 반영해 인프라를 구축하는 것을 IaC(Infrastructure as Code)라고 한다.

6.1.7 정리

6.1절에서는 프로덕션 환경 구축에 필요한 리소스(EC2, ASG 등)들과 각 리소스들이 필요한 이유에 대해 알아봤다. 이 장은 네트워크에 관련된 부분이 많아 조금 어려웠을 수 있다. 또 처음 보는 용어나 개념이 나와 당황했을 수도 있다. 괜찮다. 실습을 하며 더 알아가면 된다. 실습을 하다 보면 6.1절의 개념적인 부분이 손끝에 와 닿을 것이다.

6.2 AWS CLI와 EB CLI 설치

■ **학습 내용**
- AWS를 사용하는 세 가지 방법

■ **실습 내용**
- AWS CLI 설치 및 계정 설정
- AWS EBCLI 설치

우리는 세 가지 방법으로 AWS 리소스에 접근할 수 있다. 첫 번째 방법은 AWS 콘솔을 통해서다. AWS 콘솔은 https://console.aws.amazon.com를 통해 접근할 수 있고 GUI 기반으로 동작한다. 두 번째 방법은 AWS CLI^{Command Line Interface}를 이용하는 방법이다. CLI를 이용하면 터미널이나 파워셸에서 명령어를 이용해 AWS 리소스에 접근할 수 있다. 세 번째 방법은 AWS SDK^{Software Development Kit}를 이용하는 것이다. AWS SDK는 라이브러리다. 예를 들어 지금 실행 중인 모든 EC2 인스턴스를 출력하는 자바 프로그램을 만든다고해보자. 자바에서 AWS를 사용하려면 라이브러리가 필요하다. 그 라이브러리가 AWS SDK이다. 우리는 메이븐 센트럴에서 구글 구아바 라이브러리를 찾아 build.gradle에 추가해 줬던 것처럼, aws-java-sdk-ec2를 메이븐 센트럴에서 찾아 build.gradle에 추가해 라이브러리를 이용할 수 있다.

이 세 가지 방법 중에 우리는 AWS 콘솔과 CLI를 사용할 예정이다. 따라서 AWS에 계정을 생성하고, AWS CLI프로그램을 설치하는 작업을 해야 한다.

6.2.1 AWS 계정 생성

https://portal.aws.amazon.com/billing/signup#/start에서 AWS 계정을 생성하자. 계정을 생성하는 과정에서 신용카드 정보를 입력해야 하는데, 신용카드 확인 차원에서 1달러를 출금 후 재입금하니 유의하도록 하자. 회원가입을 완료하면 https://console.aws.amazon.com로 들어가 AWS 콘솔에 로그인한다.

6.2.2 파이썬 설치

AWS CLI와 EB CLI는 파이썬 기반으로 작동한다. 따라서 파이썬이 설치돼 있지 않다면 파이썬을 먼저 설치해야 한다. 예제 6-1을 참고해 파워셸 또는 터미널에서 python --version 커맨드로 파이썬이 설치돼 있는지 확인하자.

예제 6-1. 파이썬 설치여부 확인

```
$ python3 --version
Python 3.7.6
```

윈도우에 설치

설치되지 않았다면 https://www.python.org/downloads/windows/ 파이썬 3을 다운받아 설치한다.

맥에 설치

파이썬이 없다면 첫 번째로 homebrew를 설치한다.

예제 6-2. homebrew 설치

```
$/bin/bash -c "$(curl -fsSL <https://raw.githubusercontent.com/Homebrew/install/HEAD/
install.sh>)"
```

Homebrew 설치 후 예제 6-3을 참고해 brew를 이용해 python3를 설치한다.

예제 6-3. python3 설치

```
$brew install python3
```

homebrew를 사용해 설치하는 경우 pip3이 함께 설치된다. 예제 6.2-4를 참고해 pip3 설치 여부를 확인하자.

예제 6-4. pip3 설치 확인

```
$pip3 --version
pip 19.3.1 from /usr/local/lib/python3.7/site-packages/pip (python 3.7)
```

6.2.3 AWS CLI 설치

파이썬을 설치했다면 이제 AWS CLI^Command Line Interface[8]를 설치할 차례이다.

윈도우에 설치

https://awscli.amazonaws.com/AWSCLIV2.msi에서 AWS CLI를 다운받아 설치한다.

그림 6-10 AWS CLI 설치화면 1

그림 6-10의 화면에서 Next를 눌러 진행한다.

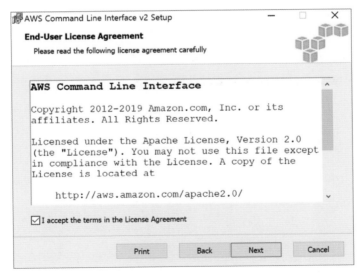

그림 6-11 AWS CLI 설치화면 2

그림 6-11 화면에서 라이센스에 동의한 후 Next를 눌러 진행한다.

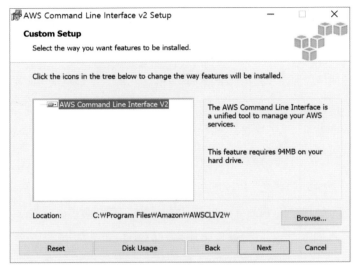

그림 6-12 AWS CLI 설치화면 3

그림 6-12 화면에서 Next를 눌러 진행한다.

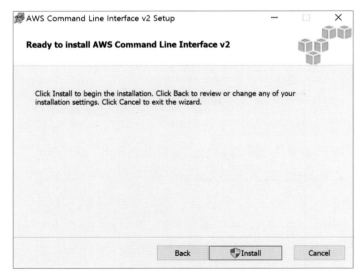

그림 6-13 AWS CLI 설치화면 4

그림 6-13에서 별다른 문제가 없다면 Install을 클릭해 진행한다.

그림 6-14 AWS CLI 설치화면 5

그림 6-14처럼 설치가 끝나면 파워셸/터미널을 재시작한다. 이제 aws --version 커맨드를 이용해 설치를 확인하자.

맥에 설치

맥 유저의 경우 https://awscli.amazonaws.com/AWSCLIV2.pkg에서 패키지를 다운받는다. 다운받으면 그림 6-15과 같은 화면이 뜬다.

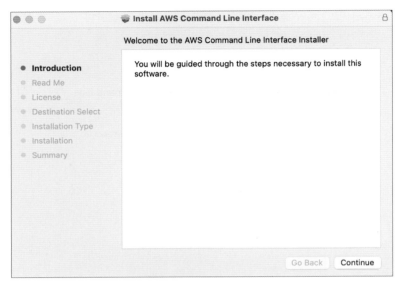

그림 6-15 AWS CLI 맥 설치 화면

그림 6-15 화면에서 Continue를 눌러 진행하다가 중간에 라이센스 동의에 Accept를 누른다. 나머지도 계속 Continue를 눌러 설치를 완료하면 된다.

예제 6-5. CLI 설치 확인

```
$aws --version
aws-cli/2.1.7 Python/3.7.9 Windows/10 exe/AMD64 prompt/off
```

6.2.4 AWS CLI 설정

AWS 콘솔(https://console.aws.amazon.com)에 로그인한 후 IAM으로 들어간다.

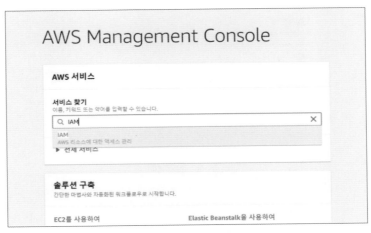

그림 6-16 AWS Management Console

우리가 그림 6-16의 화면에 들어오기 위해 방금 무엇을 했는가? AWS Console에 로그인했다. 마찬가지로 AWS CLI가 우리 계정에 접근하기 위해서는 아이디와 비밀번호가 필요하다. 그렇다면 그냥 우리 아이디와 비밀번호를 쓰면 되는 일 아닌가? 그것이 그렇게 간단한 일이 아니다. 우리는 1인 개발을 하고 있지만, 보통 IT 기업은 여러 명의 엔지니어가 협업해 서비스를 운영한다.

그 모든 엔지니어가 같은 CLI 계정, 게다가 그냥 계정도 아닌 루트(어드민) 계정을 사용하는 것은 보안에 취약하다. 따라서 AWS는 IAM^{Identity and Access Management}라는 툴을 제공해, 사람마다 역할마다 다른 접근 권한을 줄 수 있도록 한다. 이때 사람에게는 아이디와 비밀번호를, 사람이 아닌 프로그램에게는 액세스 키와 비밀 액세스 키를 따로 따로 제공할 수 있다. AWS CLI는 프로그램이므로 지금부터 AWS CLI가 사용할 액세스 키와 비밀 액세스 키를 발급 받도록 하자.

그림 6-17 IAM 사용자 페이지

IAM을 선택해 들어간 후 그림 6-18처럼 왼쪽 메뉴에서 **사용자**를 클릭한다.

그림 6-18 사용자 추가 버튼

사용자 탭으로 들어가면 그림 6-18처럼 중간에 **사용자 추가** 버튼이 화면이 보인다.

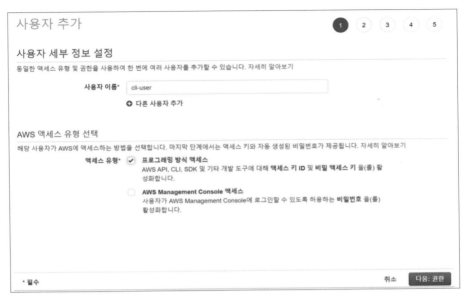

그림 6-19 사용자 추가 페이지

그림 6-19의 사용자 추가 페이지에서 원하는 사용자 이름을 입력하고 액세스 유형으로는 '프로그래밍 방식 액세스'를 선택한다. AWS Management Console 액세스를 누르면, 아이디와 비밀번호를 지정하는 로그인 유저가 되는 것이고 프로그래밍 방식 액세스를 선택하면 액세스 키와 시크릿 키가 자동으로 생성된다. 우리는 CLI를 위한 사용자를 추가하는 것이므로, 프로그래밍 방식 액세스를 선택했다.

사용자 추가
1 2 3 4 5
권한 설정
그룹에 사용자 추가
기존 사용자에서 권한 복사
기존 정책 직접 연결
정책 생성
정책 필터
검색
625 결과 표시
정책 이름
유형
사용 용도
AdministratorAccess
직무 기반
Permissions policy (2)
AdministratorAccess-Amplify
AWS 관리형
없음
AlexaForBusinessDeviceSetup
AWS 관리형
Permissions policy (1)
AlexaForBusinessFullAccess
AWS 관리형
없음
AlexaForBusinessGatewayExecution
AWS 관리형
없음
AlexaForBusinessLifesizeDelegatedAccessPolicy
AWS 관리형
없음
AlexaForBusinessPolyDelegatedAccessPolicy
AWS 관리형
없음
AlexaForBusinessReadOnlyAccess
AWS 관리형
없음
취소
이전
다음: 태그

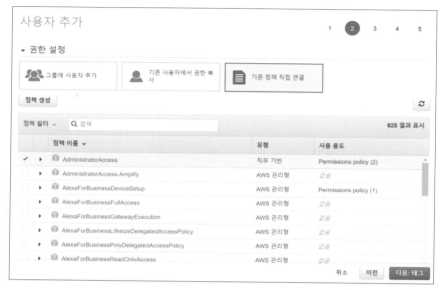

그림 6-20 정책 연결

그림 6-20에서 **기존 정책 직접 연결**을 누른 후 AdministratorAccess를 선택한다.

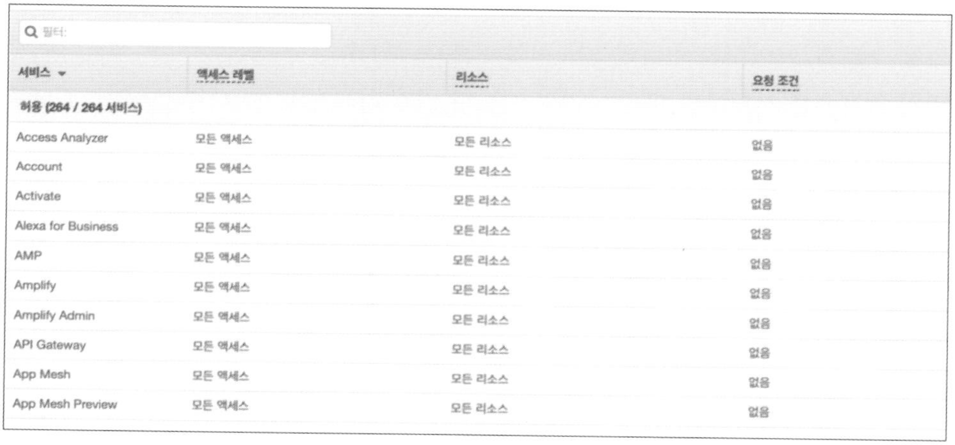

필터:
서비스
액세스 레벨
리소스
요청 조건
허용 (264 / 264 서비스)
Access Analyzer
모든 액세스
모든 리소스
없음
Account
모든 액세스
모든 리소스
없음
Activate
모든 액세스
모든 리소스
없음
Alexa for Business
모든 액세스
모든 리소스
없음
AMP
모든 액세스
모든 리소스
없음
Amplify
모든 액세스
모든 리소스
없음
Amplify Admin
모든 액세스
모든 리소스
없음
API Gateway
모든 액세스
모든 리소스
없음
App Mesh
모든 액세스
모든 리소스
없음
App Mesh Preview
모든 액세스
모든 리소스
없음

그림 6-21 정책

정책^{Policy}이란 무엇인가? 정책은 그림 6-21과 같이 권한^{Permission}을 나열한 문서다.

예를 들어 우리가 선택한 AdministratorAccess는 모든 AWS 리소스(EC22, RDS, EMR, 등등)에 대해 모든 권한을 준다는 뜻이다.

AdministratorAccess-Amplify는 어떨까? 이름에서 유추할 수 있듯이, 이 정책은 Amplify라는 서비스에 한해 모든 권한을 준다는 뜻이다. 그림 6-21처럼 정책 이름을 클릭해 확인해 보면 모든 서비스에 대해 모든 액세스, 모든 리소스를 허용함을 알 수 있다.

그림 6-22 태그

태그를 원한다면 태그 추가한 후 **다음:검토**로 넘어간다(그림 6-22 참고).

그림 6-23 검토

검토 후 그림 6-23 화면에서 **사용자 만들기**를 클릭한다.

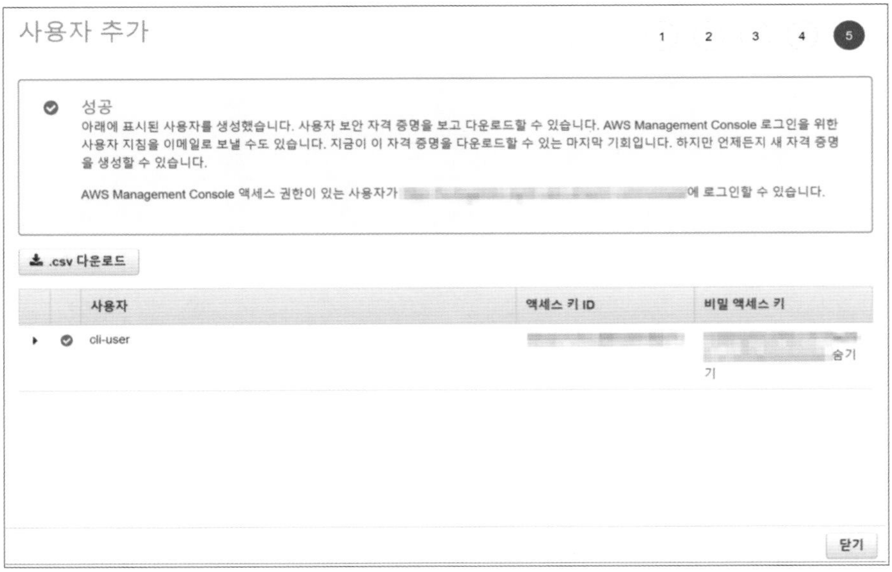

그림 6-24 IAM 사용자 추가 화면

그림 6-24에 보이는 액세스 키 ID와 비밀 액세스 키를 반드시 어딘가에 메모해 줘야 한다. 이 키는 닫기를 누르면 다시 확인할 수 없다. 만약 닫기를 눌렀다면 새로 사용자를 추가해야 한다.

실습 코드 6-1을 참고해 파워셸 또는 터미널로 돌아가 `aws configure` 명령어로 `aws cli`를 설정해준다.

실습 코드 6-1. AWS Credential 설정

```
$ aws configure
AWS Access Key ID [None]: <액세스 키 ID>
AWS Secret Access Key [None]: <비밀 액세스 키>
Default region name [None]: us-west-2
Default output format [None]: json
```

Default region name

AWS에는 리전[9]이라는 개념이 있다. 리전은 말하자면 AWS 데이터센터[10]가 있는 장소다. 서비스를 실제로 사용할 사용자와 서비스가 호스팅되고 있는 데이터 센터가 가까울수록 네트워크 대기 시간latency이 짧아진다. 이 책은 기본 리전으로 us-west-2를 사용하지만, 사용자가 북미 동부에 거주할 확률이 높다면 us-east-2를, 한국에 거주할 확률이 높다면 ap-northeast-2을 선택하면 된다.

6.2.5 pip을 이용해 EB CLI 설치

AWS CLI는 AWS의 모든 서비스를 위한 CLI이다. 따라서 AWS CLI를 사용하면 EC2, 로드 밸런서, 오토 스케일링 그룹, 라우트 53, 다이나모 디비 등등 AWS의 모든 서비스를 사용할 수 있다. 반면 우리가 지금 설치할 EB CLI는 일래스틱 빈스톡만을 위한 CLI이다. 이 CLI로는 일래스틱 빈스톡 환경을 구축하고 설정할 수 있다.

파워셸 또는 터미널을 실행 한 후 pip을 이용해 awsebcli를 설치[11]한다(실습 코드 6-2 참고).

실습 코드 6-2. pip을 이용한 ebcli 설치

```
$ pip install awsebcli --upgrade --user
```

Pip3을 사용하는 경우 pip3을 이용해 설치한다(실습 코드 6-3참고).

실습 코드 6-3. pip3를 이용한 ebcli 설치

```
$ pip3 --version
pip 19.3.1 from /usr/local/lib/python3.7/site-packages/pip (python 3.7)
```

윈도우 사용자의 경우 설치를 완료하고 로그를 자세히 보면 예제 6-6처럼 스크립트 경로가 PATH에 없다는 경고문을 확인할 수 있다.

예제 6-6. 환경 변수 경고

```
WARNING: The script chardetect.exe is installed in 'C:\\Users\\<사용자이름>\\AppData\\
Roaming\\Python\\Python39\\Scripts' which is not on PATH.
```

터미널에서 ebcli를 사용하기 위해 환경 변수에 해당 경로를 추가해야 한다.

6.2.6 윈도우 사용자를 위한 환경 변수 설정

환경 변수 설정을 위해 윈도우 하단의 검색창에서 '시스템'을 검색한다. 시스템 속성에서 그림 6-25과 같이 탐색기 왼편의 내 PC 마우스 우클릭 ❯ 속성 ❯ 고급 시스템 설정으로 들어간다.

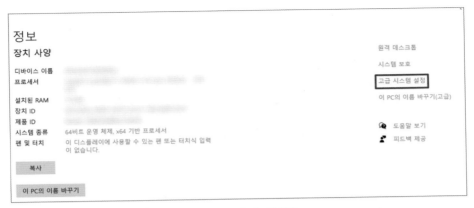

그림 6-25 고급 시스템 설정

그림 6-26의 시스템 속성 화면에서 하단의 **환경 변수**로 들어간다.

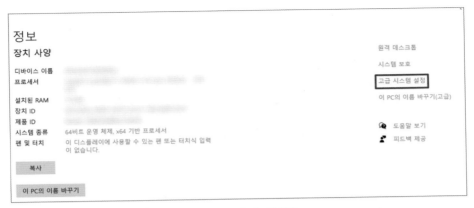

그림 6-26 EBCLI 환경 변수 설정

그림 6-26에서 **환경 변수**로 들어간다.

그림 6-27 환경 변수 창

그림 6-27의 화면에서 시스템 변수 아래에 있는 PATH를 선택한 후 **편집**을 클릭한다.

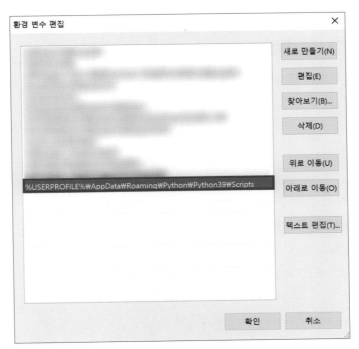

그림 6-28 환경 변수 편집 화면

그림 6-28에서 **새로 만들기**를 클릭하고 %USERPROFILE%\AppData\Roaming\
Python\Python39\Scripts를 추가한 후 **확인**을 누른다.

이제 파워셸을 재시작한 후 실습 코드 6-4처럼 eb 커맨드를 이용해 설치 여부를 확
인하자.

실습 코드 6-4. EBCLI 설치 확인

```
$ eb --version
EB CLI 3.19.2 (Python 3.9.0)
```

6.2.7 정리

6.2절에서는 배포를 위한 사전 작업으로 AWS 툴을 설치했다. AWS을 사용하기 위해 파이썬을 설치한 후 AWS CLI를 pip을 이용해 설치했다.

6.3 AWS 일래스틱 빈스톡을 이용한 백엔드배포

■ **학습 내용**
- AWS 일래스틱 빈스톡을 이용해 백엔드 배포 하는 방법
- 환경별 애플리케이션 프로퍼티 파일 설정
- RDS
- EC2
- 오토 스케일링 그룹
- 로드 밸런서

■ **실습 내용**
- AWS EBCLI를 이용한 백엔드 애플리케이션 배포

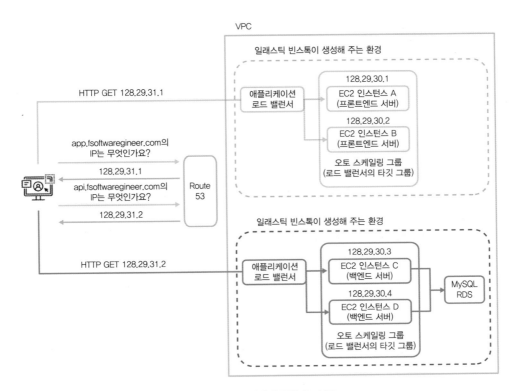

그림 6-29 6.3장에서 구현하는 부분

6.3.1 일래스틱 빈스톡이란?

6.1.5절에서 설명했듯이 일래스틱 빈스톡을 이용하면 애플리케이션 로드 밸런서, 오토 스케일링 그룹, RDS, EC2 등을 하나하나 따로따로 설정하지 않아도 된다. 일래스틱 빈스톡이 이를 구축해 주고 연결해 준다.

예를 들어 우리 백엔드 애플리케이션의 경우 RDS에 MySQL를 데이터베이스로 두며, 서버는 로드 밸런서에 오토 스케일링 그룹을 연결하는 형태이다. 따라서 첫 번째로 데이터베이스 설정을 해야 한다. 그 후, 오토 스케일링 그룹을 생성하고 오토 스케일링 그룹 내에서 실행되는 ec2 인스턴스들이 애플리케이션을 실행할 수 있도록

스크립트를 짜야 한다. 또 로드 밸런서에서 오토 스케일링 그룹을 타깃 그룹으로 지정해줘야 한다. 이 모든 과정을 일래스틱 빈스톡은 한 커맨드 라인으로 가능하게 한다(예제 6-7 참고).

예제 6-7. EB CLI을 이용한 환경 생성[12]

```
$ eb create --database --elb-type application --instance-type t2.micro
```

코드나 다른 서비스를 이용해 같은 작업을 한다면 더 많은 비용이 소모됐을 것이다.

그림 6-30 AWS 콘솔 화면의 일래스틱 빈스톡 환경

이렇게 커맨드라인 한 줄로 프론트엔드 또는 백엔드 환경을 일래스틱 빈스톡으로 구축하면, 일래스틱 빈스톡 콘솔 페이지의 **애플리케이션 이름 › 구성** 탭에서 그림 6-30과 같은 테이블을 확인할 수 있다. 또 일래스틱 빈스톡 페이지의 왼쪽 패널에서 애플리케이션 이름과 애플리케이션에 귀속된 다양한 컴포넌트들을 확인할 수 있다. 일래스틱 빈스톡에서 애플리케이션이란 환경, 환경의 구성, 버전 등등 여러 가지 컴포넌트의 집합이다. 여기서 환경이란 AWS의 리소스를 의미하며, 환경의 구성이란 이 환경에 적용될 매개변수를 뜻한다.

지금부터 우리의 백엔드 애플리케이션을 일라스틱 빈스톡에 올리기 위해 필요한 작업들을 실습해보자.

6.3.2 eb init을 이용해 애플리케이션 생성

EB CLI를 이용해 로컬 환경에서 애플리케이션을 생성 한다. 파워셸을 켜고 프로젝트가 있는 디렉터리로 들어간다. 실습 코드 6-5처럼 eb init <애플리케이션 이름>[13]을 이용해 로컬 환경에서 일래스틱 빈스톡 애플리케이션을 생성한다. 이 커맨드는 로컬 환경에서 일래스틱 빈스톡 애플리케이션을 초기화하는 작업으로 실제 AWS에 아무 작업도 하지 않는다.

실습 코드 6-5. eb init을 사용해 환경 초기화

```
$ eb init TodoApplication-backend

Select a default region
1) us-east-1 : US East (N. Virginia)
2) us-west-1 : US West (N. California)
3) us-west-2 : US West (Oregon)
4) eu-west-1 : EU (Ireland)
5) eu-central-1 : EU (Frankfurt)
6) ap-south-1 : Asia Pacific (Mumbai)
7) ap-southeast-1 : Asia Pacific (Singapore)
```

```
8) ap-southeast-2 : Asia Pacific (Sydney)
9) ap-northeast-1 : Asia Pacific (Tokyo)
10) ap-northeast-2 : Asia Pacific (Seoul)
11) sa-east-1 : South America (Sao Paulo)
12) cn-north-1 : China (Beijing)
13) cn-northwest-1 : China (Ningxia)
14) us-east-2 : US East (Ohio)
15) ca-central-1 : Canada (Central)
16) eu-west-2 : EU (London)
17) eu-west-3 : EU (Paris)
18) eu-north-1 : EU (Stockholm)
19) eu-south-1 : EU (Milano)
20) ap-east-1 : Asia Pacific (Hong Kong)
21) me-south-1 : Middle East (Bahrain)
22) af-south-1 : Africa (Cape Town)
(default is 3): 3


Application TodoApplication-backend has been created.
Select a platform.
1)  .NET Core on Linux
2)  .NET on Windows Server
3) Docker
4) GlassFish
5) Go
6) Java
7) Node.js
8) PHP
9) Packer
10) Python
11) Ruby
12) Tomcat
(make a selection): 6


Select a platform branch.
1) Corretto 11 running on 64bit Amazon Linux 2
2) Corretto 8 running on 64bit Amazon Linux 2
3) Java 8 running on 64bit Amazon Linux (Deprecated)
4) Java 7 running on 64bit Amazon Linux (Deprecated)
(default is 1): 1
```

```
Cannot setup CodeCommit because there is no Source Control setup, continuing with
initialization
Do you want to set up SSH for your instances?
(Y/n): n
```

이제 실습 코드 6-5의 각 질문이 무엇을 뜻하는지 알아보자.

Select a default region

일래스틱 빈스톡이 어느 리전에 이 애플리케이션의 환경을 생성해야 하는지 물어보는 것이다. 이후 생성되는 모든 리소스 (예; EC2, ALB, 등)은 지금 선택하는 리전에 생성된다. 우리는 us-west-2를 사용하지만 실습 코드 6-5에서 다른 리전을 선택했다면 그 리전에 해당하는 번호를 선택하면 된다.

Select a platform & Select a platform branch

이 애플리케이션이 사용할 플랫폼을 선택하라는 뜻이다. 애플리케이션의 플랫폼이란 무엇인가? 서버, 미들웨어^{JVM}, 운영체제(Amazon Linux) 등을 말한다. 우리는 리눅스에서 자바8 애플리케이션을 실행시켜야 하니 첫 번째 선택지에서 6) Java를 선택한다. 그다음 자바의 버전과 자바가 실행될 운영체제를 선택한다. 우리는 3) 아마존 리눅스 위에서 도는 Correto 11[14]을 선택한다.

Do you want to set up SSH for your instances?

일래스틱 빈스톡을 이용해 생성된 EC2 접근하기 위해 SSH를 설정할 것인지 묻는 내용이다. 우리는 설정하지 않으므로 n을 입력했다.

설정을 완료하면 디렉터리에 .elasticbeanstalk 디렉터리가 생성된다. .elasticbeanstalk 디렉터리 안에는 config.yml 파일이 생성되는데 이 파일에 방금 설정한 항목들이 나열돼 있다.

예제 6-8 .elasticbeanstalk/config.yml

```
$ cat config.yml

branch-defaults:
  default:
    environment: null
global:
  application_name: TodoApplication-backend
  branch: null
  default_ec2_keyname: null
  default_platform: Corretto 11 running on 64bit Amazon Linux 2
  default_region: us-west-2
  include_git_submodules: true
  instance_profile: null
  platform_name: null
  platform_version: null
  profile: null
  repository: null
  sc: null
workspace_type: Application
```

6.3.3 백엔드 애플리케이션 설정

이제 백엔드 애플리케이션을 배포하기 위한 사전 작업을 해야 한다. 사전 작업은 애플리케이션 프로퍼티 파일을 개발용과 배포용으로 분리해주는 작업이다.

application-prod.yaml

백엔드 코드로 돌아가 /src/main/resources 아래에 application-prod.yaml과 application-dev.yaml을 생성한다. 그리고 자동 생성된 application-properties.yml은 삭제해준다.

application-prod.yaml은 실습 코드 6-6과 같다.

```
server:
  port : 5000
spring:
  jpa:
    database: MYSQL
    show-sql: true
    database-platform: org.hibernate.dialect.MySQL8Dialect
    hibernate:
      ddl-auto: update
  datasource:
    url: jdbc:mysql://${rds.hostname}:${rds.port}/${rds.db.name}
    username: ${rds.username}
    password: ${rds.password}
```

server 설정

일래스틱 빈스톡은 기본적으로 애플리케이션이 5000포트를 사용한다고 생각한다. 일래스틱 빈스톡의 설정을 바꿔줄 수도 있지만 우리는 그냥 애플리케이션이 5000 포트에서 실행하도록 설정해줬다.

jpa설정[15]

- `database:MYSQL` : 데이터베이스 MySQL 사용.

- `show-sql: true` : jpa가 실행한 sql 쿼리를 로그로 보여 줄 지 여부.

- `database-platform: org.hibernate.dialect.MySQL8Dialect` : database-platform 으로 MySQL8Dialect을 사용한다. MySQL8Dialect란 자바의 데이터 형과 데이터베이스의 데이터형을 매핑해주는 라이브러리를 의미한다. 예를 들어 자바의 String을 Varchar로 매핑해주거나, Integer를 bigint로 매핑해준다. 또 @Id, @GeneratedValue 등 각종 어노테이션을 데이터베이스 키워드로 전환 해주는 등 자바와 데이터베이스 사이에서 다리 역할을 한다.

- `hibernate: ddl-auto: update` : ddl은 Data Definition Language의 약자로 보통 Create, Alter, Drop과 같은 쿼리를 의미한다. ddl-auto는 애플리케이션 시작 시 데이터베이스 테이블을 어떻게 하겠느냐에 대한 이야기다. 보통 모든 테이블을 지우고 새로 만들고 싶다면 create을, 없는 테이블은 새로 만들고 수정된 테이블은 업데이트해야 한다면 update를, 아무것도 하지 말고 현재 데이터베이스의 테이블 스키마가 애플리케이션에 정의된 모델과 일치하는지 확인하려면 validate을 사용한다. 보통 프로덕션에서는 validate를 쓰고, 데이터베이스를 업데이트해야 하는 경우 업데이트 스크립트와 롤백 스크립트를 따로 작성한다. 우리는 sql 스크립트 작성을 생략하기 위해 update를 사용한다.

datasource 설정

- `url: jdbc:mysql://${rds.hostname}:${rds.port}/${rds.db.name}` : 데이터베이스 URL을 의미한다. 데이터베이스 URL은 보통 `jdbc:<db_type>://<host>:<port>/<db_name>`의 형태로 돼 있다. 따라서 우리는 `jdbc:mysql://db-host:3306/todo`처럼 호스트 주소, 포트, 데이터베이스 이름을 적어줘야 한다. 그런데 데이터베이스는 일래스틱 빈스톡이 만들어주므로 일래스틱 빈스톡이 애플리케이션을 실행하면서 이 값을 지정해 줄 수 있다. 이를 위해 실제 값 대신 `${rds.hostname}`, `${rds.port}`, `${rds.db.name}`으로 DB 주소를 대체해준다.
- `username: ${rds.username}` : DB의 유저네임도 마찬가지로 일래스틱 빈스톡이 애플리케이션 실행 시 대체해줄 수 있다.
- `password: ${rds.password}` : DB 패스워드도 마찬가지로 일래스틱 빈스톡이 애플리케이션 실행 시 대체해줄 수 있다.

application-dev.yaml

application-dev.yaml은 공백 파일로 남겨둔다. 이렇게 남겨두면 dev 사용 시 h2 데이터베이스를, prod 사용 시 mysql를 사용할 수 있다.

build-gradle

mysql을 사용하기 위해서 build.gradle의 dependencies에 실습 코드 6-7과 같이 `mysql-connector`를 추가해준다.

실습 코드 6-7. build.gradle에 mysql-connector-java추가

```
runtimeOnly 'mysql:mysql-connector-java'
```

HealthCheck API

AWS 로드 밸런서는 기본 경로인 "/"에 HTTP 요청을 보내 애플리케이션이 동작하는지 확인[16]한다. 일래스틱 빈스톡은 이를 기반으로 애플리케이션이 실행 중인 상태인지, 주의가 필요한 상태인지 확인해준다. 또 이 상태를 AWS 콘솔 화면에 표시 해준다. 이를 위해 "/"에 간단한 API를 만들어 주자. 실습 코드 6-8을 참고해 com.example.demo.controller 패키지 아래에 HealthCheck.java 클래스를 생성하고 `healthCheck` 메서드를 생성한다.

실습 코드 6-8. HealthCheck 컨트롤러 추가

```
package com.example.demo.controller;

import org.springframework.web.bind.annotation.GetMapping;
import org.springframework.web.bind.annotation.RestController;

@RestController
public class HealthCheckController {
```

```
@GetMapping("/")

public String healthCheck() {
  return "The service is up and running...";
}

}
```

 팁

"/" 이 API는 인증 없이 사용 가능하다. WebSecurityConfig에서 이미 "/"와 "/auth/**"는 인증하지 않아도 되도록 설정했기 때문이다. 이 설정이 없다면 "/"접근은 HTTP 403를 리턴하고 로드 밸런서는 애플리케이션에 에러가 있다고 판단한다.

target jar 설정

이제 일래스틱 빈스톡에게 애플리케이션을 자동으로 S3에 업로드하고 일래스틱 빈스톡 환경에 설정해 달라고 알려줘야 한다. 무엇을 알려줄까? 바로 업로드할 애플리케이션의 경로를 알려주는 것이다. 그럼 업로드할 애플리케이션은 어디에 있는가?

파워셸로 돌아가 프로젝트의 루트로 들어간다. 프로젝트의 루트(demo) 아래에서 실습 코드 6-9와 같이 빌드 커맨드를 실행하면 프로젝트가 빌드된다.

실습 코드 6-9. ./gradlew build

```
$ ./gradlew build

Deprecated Gradle features were used in this build, making it incompatible with Gradle
7.0.
Use '--warning-mode all' to show the individual deprecation warnings.
See https://docs.gradle.org/6.8.2/userguide/command_line_interface.html#sec:command_
line_warnings

BUILD SUCCESSFUL in 13s
7 actionable tasks: 6 executed, 1 up-to-date
```

빌드 완료된 프로젝트는 build/libs아래에 생성된다. build/libs/demo-0.0.1-SNAP SHOT.jar를 복사해 .elasticbeanstalk/config.yml에 실습 코드 6-10처럼 deploy:artifact 부분을 추가해준다.

실습 코드 6-10. elasticbeanstalk.config.yml에 deploy 추가

```
branch-defaults:
  default:
    environment: null
global:
  application_name: TodoApplication-backend
  branch: null
  default_ec2_keyname: null
  default_platform: Corretto 11 running on 64bit Amazon Linux 2
  default_region: us-west-2
  include_git_submodules: true
  instance_profile: null
  platform_name: null
  platform_version: null
  profile: null
  repository: null
  sc: null
  workspace_type: Application
deploy:
  artifact: build/libs/demo-0.0.1-SNAPSHOT.jar
```

6.3.4 eb create를 이용해 AWS에 환경 생성

eb create 커맨드를 이용해 AWS에 환경을 생성한다.

- eb create : AWS에 일래스틱 빈스톡 환경을 생성하는 커맨드.
- --database : 생성하는 환경에 RDS 데이터베이스를 만들기 위한 매개변수. 자동으로 데이터베이스가 생성된다.

- --elb-type <ELB 타입> : 일래스틱 로드 밸런서 타입 매개변수. 로드 밸런서와 오토 스케일링 그룹을 이용하기 위해 이 매개변수를 추가한다. ELB 타입에는 application, classic, network가 있다. 각 로드 밸런서의 차이점은 https://aws.amazon.com/ko/elasticloadbalancing/features/?nc=sn&loc=2 에서 확인할 수 있다.
- --instance-type <인스턴스 타입> : 애플리케이션이 동작할 인스턴스 타입. 인스턴스 타입에는 여러 종류가 있지만 우리는 프리 티어로 제공되는 t2.micro를 사용한다.

실습 코드 6-11. eb create을 이용한 환경 생성

```
eb create --database --elb-type application --instance-type t3.micro
Enter Environment Name
(default is TodoApplication-backend-dev): PROD-TODO-API-SERVICE
Enter DNS CNAME prefix
(default is PROD-TODO-API-SERVICE): prod-todo-api-service

Would you like to enable Spot Fleet requests for this environment?
(y/N): N

Enter an RDS DB username (default is "ebroot"): tododb
Enter an RDS DB master password:
Retype password to confirm:
Uploading: [#############################################] 100% Done...
```

DNS CNAME prefix의 경우 실습 코드 6-11에서 prod-todo-api-service를 사용했지만, 이 값은 전 세계의 어떤 URL과도 중복되면 안 되므로 본인의 고유한 값을 넣도록 하자. 그리고 조금 기다리면 환경 설정 로그가 뜨면서 마지막에 예제 6-9처럼 성공적으로 환경을 설정했다는 로그가 뜬다.

```
2022-06-26 05:09:17      INFO     Successfully launched environment: PROD-TODO-API-
SERVICE
```

6.3.5 애플리케이션 배포

몇 분 후 AWS 일래스틱 빈스톡 환경으로 돌아가 보면 그림 6-31처럼 상태가 severe로 변한 것을 알 수 있다. 이는 우리가 환경을 생성만 하고 애플리케이션을 배포하지 않았기 때문이다.

그림 6-31 Severe 상태의 환경

애플리케이션 배포에 앞서 eb setenv를 이용해 환경이 사용할 애플리케이션 yaml 파일을 지정해준다. SPRING_PROFILES_ACTIVE=prod는 application-prod.yaml을 이용하라는 뜻이다. 마찬가지로 SPRING_PROFILES_ACTIVE=dev로 설정하면 일래스틱 빈스톡은 application-dev.yaml을 이용해 애플리케이션을 실행시킨다.

예제 6-10은 setenv 커맨드를 이용해 애플리케이션 프로파일을 설정하는 커맨드이다.

```
$ eb setenv SPRING_PROFILES_ACTIVE=prod

Environment update is starting.
Updating environment PROD-TODO-BACKEND's configuration settings.
Successfully deployed new configuration to environment.
```

예제 6-10처럼 커맨드라인을 이용해 프로파일을 설정할 수도 있지만 우리는 이 마저도 Gradle을 이용해 자동화하려고 한다. 실습 코드 6-12처럼 build.gradle에 태스크를 추가해주자. 우리는 지금까지 ./gradlew build, ./gradlew bootRun 등 다양한 Gradle 태스크를 실행했다. Build, bootRun 등이 바로 Gradle 태스크이다. 우리도 임의로 태스크를 만들 수 있다. 실습 코드 6-12처럼 release 태스크를 작성해 빌드 후 eb setenv를 부르고 빌드한 Jar를 배포하는 작업까지 자동화해보자.

실습 코드 6-12. Build.gradle의 release태스크 생성

```
// 다른 코드

task('release') {
    /* ./gradlew build를 먼저 실행하라는 뜻이다. */
    dependsOn("build")

    doLast {
        def stdout = new ByteArrayOutputStream()
        /* exec - 커맨드 라인 프로세서; 파워셸/터미널에서 실행하는 것과 같다. */
        exec {
            /* $eb setenv SPRING_PROFILES_ACTIVE=prod */
            commandLine 'eb', 'setenv', 'SPRING_PROFILES_ACTIVE=prod'
            standardOutput = stdout
        }
        /* 결과 로깅을 위한 작업 */
        println "eb setenv SPRING_PROFILES_ACTIVE=prod :\n$stdout";
        exec {
            /* $eb deploy */
            commandLine 'eb', 'deploy'
```

```
            standardOutput = stdout
        }
        println "eb deploy :\n$stdout";
        println "Release succeeded."
    }
}
```

태스크 작성을 마친 후 파워셸/터미널에서 ./gradlew release를 실행해보자.

실습 코드 6-13. ./gradlew release

```
$./gradlew release

> Task :release
eb setenv SPRING_PROFILES_ACTIVE=prod :
2022-06-26 05:43:57    INFO    Environment update is starting.
2022-06-26 05:44:06    INFO    Updating environment PROD-TODO-API-SERVICE's
configuration settings.
2022-06-26 05:44:59    INFO    Successfully deployed new configuration to environment.


eb deploy :
2022-06-26 05:43:57    INFO    Environment update is starting.
2022-06-26 05:44:06    INFO    Updating environment PROD-TODO-API-SERVICE's
configuration settings.
2022-06-26 05:44:59    INFO    Successfully deployed new configuration to environment.
Uploading: [#########################################] 100% Done...
2022-06-26 05:45:26    INFO    Environment update is starting.
2022-06-26 05:45:30    INFO    Deploying new version to instance(s).
2022-06-26 05:45:34    INFO    Instance deployment successfully detected a JAR file in
your source bundle.
2022-06-26 05:45:35    INFO    Instance deployment successfully generated a 'Procfile'.
2022-06-26 05:45:39    INFO    Instance deployment completed successfully.
2022-06-26 05:45:44    INFO    New application version was deployed to running EC2
instances.
2022-06-26 05:45:44    INFO    Environment update completed successfully.
Alert: An update to the EB CLI is available. Run "pip install --upgrade awsebcli" to
get the latest version.
```

```
Release succeeded.

BUILD SUCCESSFUL in 1m 56s
8 actionable tasks: 1 executed, 7 up-to-date
```

그림 6-32 OK상태의 환경

그림 6-32에서 환경 페이지를 새로고침하면 상태가 OK로 변경된 것을 확인할 수 있다.

6.3.6 환경 구성

애플리케이션이 배포되는 동안 현재 환경의 구성에 대해 살펴보자. 구성은 그림 6-33처럼 일래스틱 빈스톡 페이지의 왼쪽 네비게이션 패널에서 환경 이름(PROD-TODO-API-SERVICE) 아래의 **구성**으로 들어가면 찾을 수 있다.

그림 6-33 애플리케이션 환경

환경 내부에 나열된 것들은 일래스틱 빈스톡에만 존재하는 것일까? 아니다. 일래스틱 빈스톡은 우리를 대신해 AWS에 리소스를 생성해준 것뿐이다. 우리는 각 리소스를 개별적으로 확인하고 관리할 수 있다.

RDS(Relational Database Service)

예를 들어 RDS[18]를 확인해보자.

예제 6-11. AWS CLI를 이용한 RDS 확인[19]

```
$ aws rds describe-db-instances --region <REGION>
```

예제 6-11의 커맨드로 일래스틱 빈스톡을 통해 생성한 RDS 인스턴스를 확인할 수 있다. 그 결과는 예제 6-12와 비슷하다. 결과의 마지막에 TagList를 확인해보자. 이 TagList의 key로 "elasticbeanstalk:environment-name", value로는 "PROD-TODO-BACKEND"가 추가돼 있는 것을 확인할 수 있다. RDS 인스턴스가 여러개인 경우 태그를 통해 어떤 인스턴스가 어떤 환경에 속하는지 알 수 있다.

예제 6-12. aws rds describe-db-instances

```
$ aws rds describe-db-instances --region us-west-2

{
  "DBInstances": [{
    "DBInstanceIdentifier": "<ID>",
    "DBInstanceClass": "db.t2.micro",
    "Engine": "mysql",
    "MasterUsername": "<USER_NAME>",
    "DBName": "ebdb",
    // ... 다른 필드들
    "TagList": [{
        "Key": "aws:cloudformation:stack-name",
        "Value": "<일래스틱 빈스톡이 생성한 랜덤 값>"
      },
      {
        "Key": "aws:cloudformation:logical-id",
        "Value": "AWSEBRDSDatabase"
      },
      {
        "Key": "elasticbeanstalk:environment-id",
        "Value": "<일래스틱 빈스톡이 생성한 랜덤 값>"
      },
      {
        "Key": "aws:cloudformation:stack-id",
        "Value": "<스택 ID>"
      },
      {
        "Key": "elasticbeanstalk:environment-name",
        "Value": "PROD-TODO-API-SERVICE"
```

```
      },
      {
        "Key": "Name",
        "Value": "PROD-TODO-API-SERVICE "
      }
    ]
  }]
}
```

오토 스케일링 그룹

마찬가지로 AWS CLI를 이용해 오토 스케일링 그룹을 확인할 수 있다.

예제 6-13. AWS CLI를 이용한 ASG 확인[20]

```
$ aws autoscaling describe-auto-scaling-groups --region <REGION>
```

예제 6-13를 실행하면 예제 6-14 같은 결과가 리턴된다. 책에서 설명하지 않는 다른 필드는 예제 6-14에 포함하지 않았다.

예제 6-14. aws autoscaling describe-auto-scaling-groups

```
$ aws autoscaling describe-auto-scaling-groups --region us-west-2

{
  "AutoScalingGroups": [{
    "AutoScalingGroupName": "<ASG 이름>",
    // .. 다른 필드들
    "AvailabilityZones": [ //ASG의 인스턴스는 세 AZ 중 하나에 생성된다.
      "us-west-2a",
      "us-west-2b",
      "us-west-2c"
    ],
    "TargetGroupARNs": [ // 로드 밸런서에 연결될 타깃 그룹
      "<ARN 값>"
    ],
```

```
    "Instances": [{
      "InstanceId": "<인스턴스 아이디>", // ASG 내의 인스턴스
      "InstanceType": "<인스턴스 타입>",
      "AvailabilityZone": "us-west-2b",
      "LifecycleState": "InService", // 인스턴스의 라이프사이클 상태
      "HealthStatus": "Healthy", // 인스턴스의 상태
      "LaunchConfigurationName": "<LaunchConfigurationName>",
      "ProtectedFromScaleIn": false
    }],
      "Tags": [
      {
        "ResourceId": "<ResourceId>",
        "ResourceType": "auto-scaling-group",
        "Key": "elasticbeanstalk:environment-name",
        "Value": "PROD-TODO-API-SERVICE ", // 일래스틱 빈스톡 환경 이름
        "PropagateAtLaunch": true
      }
    ]
  }]
}
```

애플리케이션 로드 밸런서

예제 6-15. AWS CLI를 이용한 로드 밸런서 확인[21]

```
$ aws elbv2 describe-load-balancers --region <REGION>
```

예제 6-15를 이용해 로드 밸런서를 확인할 수 있다. 결과는 예제 6-16과 같다.

예제 6-16. aws elbv2 describe-load-balancers

```
$ aws elbv2 describe-load-balancers --region us-west-2

{
  "LoadBalancers": [{
    "LoadBalancerArn": "<로드밸런서 ARN>",
```

```
    "DNSName": "<DNS 이름>",
  // ... 다른 필드 생략
    "LoadBalancerName": "<LB 이름>",
  // ... 다른 필드 생략
  }]
}
```

또한 예제 6-17처럼 describe-target-groups 커맨드를 사용해 로드 밸런서와
ASG를 연결하는 타깃 그룹을 확인할 수 있다.

예제 6-17. aws elbv2 describe-target-groups[22]

```
$ aws elbv2 describe-target-groups --region us-west-2

{
  "TargetGroups": [{
    "TargetGroupArn": "<ASG의 TargetGroupoARNs>",        "TargetGroupName": "<TargetGroup이
름>",
    "Protocol": "HTTP",
    "Port": 80,
    "LoadBalancerArns": [
      "<LB ARN>"
    ],
    "TargetType": "instance",
    "ProtocolVersion": "HTTP1"
  }]
}
```

지금까지 본 예제와 예제 6-18을 참고로 CloudWatch와 EC2에 생성된 리소스를
확인해보자. 각 필드에 대한 설명은 AWS 문서에 자세히 나와있으니 AWS 문서를
참고하도록 하라.

```
$ aws elbv2 describe-target-groups --region us-west-2
$ aws ec2 describe-instances --region us-west-2
```

예제의 요지는 일래스틱 빈스톡이 어떻게 AWS 안의 서로 다른 리소스를 생성하고 관리하는지다. 일래스틱 빈스톡은 태그에 일래스틱 빈스톡 환경을 붙여 구별하고 관리한다는 사실을 알 수 있다.

클라우드포메이션

마지막으로 그림 6-34처럼 콘솔에서 클라우드포메이션으로 들어가면 일래스틱 빈스톡이 생성한 클라우드포메이션 스택을 확인할 수 있다.

그림 6-34 일래스틱 빈스톡이 생성한 클라우드포메이션

일래스틱 빈스톡이 생성한 리소스를 개괄적으로 확인하고 싶다면 그림 6-35처럼 클라우드 포메이션 화면에서 **템플릿 > Designer**[24]에서 보기를 누르면 된다.

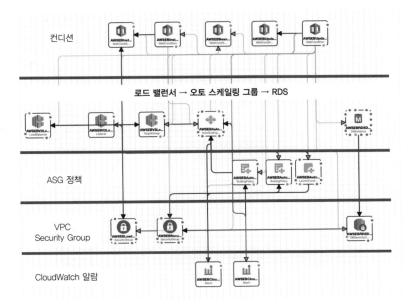

로 밸런서 → 오토 스케일링 그룹 → RDS

컨디션

ASG 정책

VPC
Security Group

CloudWatch 알람

그림 6-35 템플릿 디자이너에서 보기

이를 통해 일래스틱 빈스톡이 클라우드포메이션을 이용해 로드 밸런서, ASG, RDS, CloudWatch 알람뿐만 아니라 각종 보안 그룹과 정책을 알아서 생성해주고 그 사이의 관계를 정의했다는 사실을 알 수 있다.

6.3.7 엔드포인트 테스팅

백엔드 애플리케이션이 잘 동작하는지 확인해보자. 환경 페이지에서 URL을 복사한다. 일래스틱 빈스톡으로 웹 애플리케이션을 생성하면 자동으로 URL이 생성된다. 그림 6-36처럼 환경 페이지에서 URL을 확인할 수 있다.

그림 6-36 엔드포인트 URL

링크를 누르면 그림 6-37처럼 실습 코드 6-8에서 추가했던 컨트롤러의 결과가 반환되는 것을 확인할 수 있다.

그림 6-37 HealthCheck 페이지

이제 그림 6-38처럼 포스트맨에서 계정 생성 API를 테스팅해보자. 정상적으로 응답이 날아온다면 작동하는 것이다.

그림 6-38 포스트맨을 이용한 API 테스팅

6.3.8 프론트엔드 통합 테스팅

각각의 API 동작 여부를 포스트맨을 이용해 확인했으므로 이제 프론트엔드와 통합한다. 통합을 위해 프론트엔드의 실습 코드 6-14를 참고해 api-config.js를 변경한다.

실습 코드 6-14. 프론트엔드 api-config.js

```
let backendHost;

const hostname = window && window.location && window.location.hostname;

if (hostname === "localhost") {
  backendHost = "http://prod-todo-api-service.us-west-2.elasticbeanstalk.com";
}

export const API_BASE_URL = `${backendHost}`;
```

수정을 마친 후 npm start를 이용해 프론트엔드 애플리케이션을 재시작하고 엔드포인트가 동작하는지 확인한다.

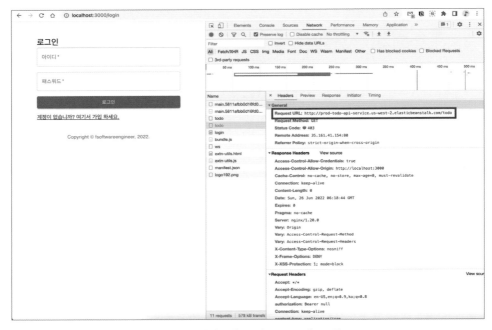

그림 6-39 백엔드 엔드포인트 프론트엔드 통합

그림 6-39처럼 개발 툴의 Network 탭에서 여러분의 엔드포인트를 이용해 요청을 보낸 것을 확인하자. 로그인 후 프론트엔드와 백엔드가 잘 통합돼 돌아가는지 확인해보자.

이것으로 일래스틱 빈스톡을 이용해 백엔드 애플리케이션을 배포하는 과정을 알아봤다. 다음 장에서는 비슷한 과정을 거쳐 프론트엔드 애플리케이션을 배포할 예정이다.

6.3.9 정리

6.3절에서는 일래스틱 빈스톡^{EB CLI}을 이용해 실제로 백엔드 환경을 생성하고 생성된 리소스를 확인하는 작업을 했다. 이를 통해 EB CLI를 사용해 환경을 생성하는 법, 애플리케이션을 배포하는 법, 또 AWS CLI를 이용해 생성한 리소스를 확인하는 법을 배웠다.

각 리소스는 구성하는 요소들이 많으므로 이 장에서 따로 설명하지 않았다. 더 깊이 공부하고 싶은 독자들은 AWS의 공식 문서를 활용하는 것을 추천한다.

6.4절에서는 이 장에서 했던 것과 같은 방식으로 프론트엔드를 위한 일래스틱 빈스톡 환경을 생성할 예정이다. 같은 방식을 반복함으로써 일래스틱 빈스톡이 생성하는 환경에 더 익숙해지길 바라는 바다.

6.4 AWS 일래스틱 빈스톡을 이용한 프론트엔드 배포

실습 내용

- AWS EBCLI를 이용해 프론트엔드 애플리케이션 배포

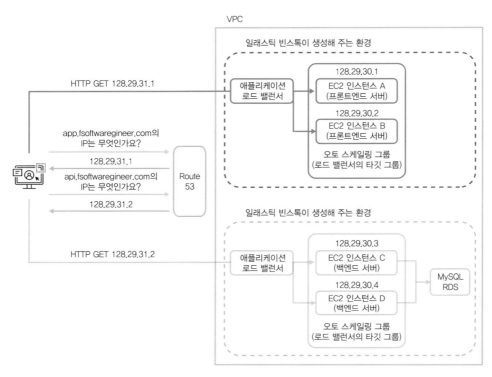

VPC

일래스틱 빈스톡이 생성해 주는 환경

HTTP GET 128.29.31.1

애플리케이션
로드 밸런서

128.29.30.1
EC2 인스턴스 A
(프론트엔드 서버)

128.29.30.2
EC2 인스턴스 B
(프론트엔드 서버)

오토 스케일링 그룹
(로드 밸런서의 타깃 그룹)

app.fsoftwaregineer.com의
IP는 무엇인가요?

128.29.31.1

api.fsoftwaregineer.com의
IP는 무엇인가요?

128.29.31.2

Route
53

일래스틱 빈스톡이 생성해 주는 환경

HTTP GET 128.29.31.2

애플리케이션
로드 밸런서

128.29.30.3
EC2 인스턴스 C
(백엔드 서버)

128.29.30.4
EC2 인스턴스 D
(백엔드 서버)

MySQL
RDS

오토 스케일링 그룹
(로드 밸런서의 타깃 그룹)

그림 6-40 6.4절에서 구현하는 부분

6.4.1 eb init을 이용해 애플리케이션 생성

실습 코드 6-15를 참고해 eb init <애플리케이션 이름>을 이용해 로컬 디렉터리를 일래
스틱 빈스톡 환경으로 초기화한다. 리전region을 선택할 때 백엔드 애플리케이션이 배
포된 리전을 선택한다.

실습 코드 6-15. eb init TodoApplication-frontend

```
$ eb init TodoApplication-frontend

Select a default region
1) us-east-1 : US East (N. Virginia)
```

2) us-west-1 : US West (N. California)

3) us-west-2 : US West (Oregon)

4) eu-west-1 : EU (Ireland)

5) eu-central-1 : EU (Frankfurt)

6) ap-south-1 : Asia Pacific (Mumbai)

7) ap-southeast-1 : Asia Pacific (Singapore)

8) ap-southeast-2 : Asia Pacific (Sydney)

9) ap-northeast-1 : Asia Pacific (Tokyo)

10) ap-northeast-2 : Asia Pacific (Seoul)

11) sa-east-1 : South America (Sao Paulo)

12) cn-north-1 : China (Beijing)

13) cn-northwest-1 : China (Ningxia)

14) us-east-2 : US East (Ohio)

15) ca-central-1 : Canada (Central)

16) eu-west-2 : EU (London)

17) eu-west-3 : EU (Paris)

18) eu-north-1 : EU (Stockholm)

19) eu-south-1 : EU (Milano)

20) ap-east-1 : Asia Pacific (Hong Kong)

21) me-south-1 : Middle East (Bahrain)

22) af-south-1 : Africa (Cape Town)

(default is 3): 3

Application TodoApplication-frontend has been created.

It appears you are using Node.js. Is this correct?

(Y/n): Y

Select a platform branch.

1) Node.js 16 running on 64bit Amazon Linux 2

2) Node.js 14 running on 64bit Amazon Linux 2

3) Node.js 12 running on 64bit Amazon Linux 2 (Deprecated)

4) Node.js 10 running on 64bit Amazon Linux 2 (Deprecated)

5) Node.js running on 64bit Amazon Linux (Deprecated)

(default is 1): 1

Do you wish to continue with CodeCommit? (y/N) (default is n): n

Do you want to set up SSH for your instances?

(Y/n): n

6.4.2 eb create을 이용한 애플리케이션 배포

첫 번째로 애플리케이션을 배포하기 전에 테스팅을 위해 수정했던 코드를 다시 되돌리자. 실습 코드 6-16를 참고해 로컬 호스트인 경우 로컬 API를, 그렇지 않은 경우 일래스틱 빈스톡의 주소를 사용한다.

실습 코드 6-16. api-config.js 백엔드 경로 설정

```
let backendHost;

const hostname = window && window.location && window.location.hostname;

if (hostname === "localhost") {
  backendHost = "http://localhost:8080";
} else {
  backendHost = "<일래스틱 빈스톡의 애플리케이션 URL>"; // 책의 예제에선 http://prod-todo-api-
service.us-west-2.elasticbeanstalk.com

}

export const API_BASE_URL = `${backendHost}`;
```

코드 수정 후 몇 가지 작업해야 할 것이 있다. 첫 번째로 프로젝트 디렉터리(todo-react-app) 아래에 .platform/hooks/prebuild 디렉터리를 추가하자.

실습 코드 6-17. .platform/hooks/prebuild 디렉터리 추가

```
$mkdir -p .platform/hooks/prebuild
```

이제 prebuild 디렉터리 아래에 01_configure_swap_space.sh를 추가한 후 실습 코드 6-18처럼 배시 스크립트를 작성하자.

실습 코드 6-18. .platform/hooks/prebuild/에 01_configure_swap_space.sh 추가

```bash
#!/bin/bash

SWAPFILE=/var/swapfile

if [ -f $SWAPFILE ]; then
    echo "$SWAPFILE found, skip"
    exit;
fi

/bin/dd if=/dev/zero of=$SWAPFILE bs=1M count=1024
/bin/chmod 600 $SWAPFILE
/sbin/mkswap $SWAPFILE
/sbin/swapon $SWAPFILE
```

이와 같은 작업을 해 주는 이유는 우리가 t2/t3 계열의 메모리가 작은 인스턴스를 사용하기 때문이다. 메모리가 부족해 Out Of Memory 에러가 나는 것을 방지하기 위해 Swap 파일을 만들어 준다. Swap이란 메모리가 부족할 때, 사용하지 않는 메모리의 일부를 디스크, 즉 파일로 옮겨 메모리를 확보하는 기술이다.

스크립트 작성 후 실습 코드 6-19와 같이 스크립트를 실행 가능한 파일로 설정해준다.

실습 코드 6-19. 01_configure_swap_space.sh 파일 권한 설정

```
$chmod +x 01_configure-swap-space.sh
```

마지막으로 package.json에 engine 버전을 추가해야 한다. 실습 코드 6-20의 커맨드를 이용해 엔진 버전을 확인하자.

실습 코드 6-20. Node 버전 확인

```
$node --version
v16.14.2
```

커맨드 확인 후 실습 코드 6-21를 참고해 package.json에 엔진 버전을 추가하도록 하자. 일래스틱 빈스톡도 이 node.js v16.14.2버전을 사용하게 하기 위함이다.

실습 코드 6-21. Package.json에 engine 버전 추가

```
{
  "name": "todo-react-app",
  "version": "0.1.0",
  "private": true,
  "engines": { "node" : "16.14.2" },

... 다른 설정들
}
```

코드 수정 후 npm을 이용해 소스 코드를 빌드한다(실습 코드 6-22 참고).

실습 코드 6-22. 소스 코드 빌드

```
$ npm run build
```

코드 빌드 후 실습 코드 6-23처럼 git을 이용해 코드를 커밋하도록 하자. Node.js를 사용하는 일래스틱 빈스톡의 경우 커밋되지 않은 변경 사항들은 배포되지 않기 때문이다.

실습 코드 6-23. git commit

```
$git add -A && git commit -m "commit for deployment"
```

작업을 마친 후 실습 코드 6-24와 같이 eb-create을 이용해 환경을 생성한다.

t2.micro 또는 t3.micro 인스턴스를 사용하는 경우 일래스틱 빈스톡 환경 설정이 중간에 멈추는 경우가 있다. 만약 일래스틱 빈스톡 상태가 10분 넘게 확인 상태로 변경되지 않는다면 EC2 화면으로 가 **인스턴스 상태 ›
인스턴스 종료** 메뉴를 통해 실행 중인 EC2 인스턴스를 종료시키도록 하자.

실습 코드 6-24. eb create

```
$ eb create --elb-type application --instance-type t3.micro
Enter Environment Name
(default is TodoApplication-frontend-dev): PROD-TODO-UI-SERVICE
Enter DNS CNAME prefix
(default is PROD-TODO-UI-SERVICE): prod-todo-ui-service

Would you like to enable Spot Fleet requests for this environment?
(y/N): N
Creating application version archive "app-c6a8-220625_233201".
```

AWS 콘솔 › Elastic Beanstalk으로 들어가면 PROD-TODO-UI-SERVICE 환경과 TodoApplication-fronend 애플리케이션이 그림 6-41처럼 생성된 것을 확인할 수 있다.

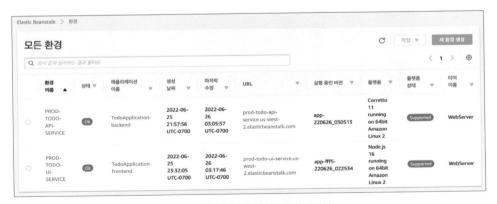

그림 6-41 일래스틱 빈스톡 환경 페이지

이제 프론트엔드 URL(URL 탭)을 클릭해 프론트엔드 애플리케이션을 실행해보자. 실행이 안 된다. 왜인지 짐작해 보고, 스스로 디버깅해보자. 우리는 이전에 이 문제를 해결한 적이 있다.

6.4.3 크로스-오리진 문제

개발자 툴을 켜면 그림 6-42처럼 CORS 정책으로 인해 API를 실행할 수 없다고 나온다.

그림 6-42 다시 만난 Cross-Origin 문제

왜 크로스 오리진 문제가 다시 일어났을까? URL이 달라졌기 때문이다. 이제 오리진이 localhost:3000이 아니라 http://prod-todo-ui-service.us-west-2. elasticbeanstalk.com 또는 여러분의 프론트엔드 주소이다. 따라서 이 오리진을 백엔드에 추가한 후 백엔드를 다시 배포해야 한다.

백엔드 코드의 WebMvcConfig으로 돌아가 allowedOrigins에 프론트엔드 주소를 추가한다. 기억해야 할 점은 이후에 도메인을 사 프론트엔드와 백엔드에 도메인을 연결해 줄 때도 이 작업을 해야 한다는 것이다.

```
package com.example.Demo.config;

import org.springframework.context.annotation.Configuration;
import org.springframework.web.servlet.config.annotation.CorsRegistry;
import org.springframework.web.servlet.config.annotation.WebMvcConfigurer;

@Configuration
public class WebMvcConfig implements WebMvcConfigurer {

  private final long MAX_AGE_SECS = 3600;

  @Override
  public void addCorsMappings(CorsRegistry registry) {
      registry.addMapping("/**")
      .allowedOrigins("http://localhost:3000",
             "http://<도메인이름>.<리전>.elasticbeanstalk.com/")
      .allowedMethods("GET", "POST", "PUT", "PATCH", "DELETE", "OPTIONS")
      .allowedHeaders("*")
      .allowCredentials(true)
      .maxAge(MAX_AGE_SECS);
  }
}
```

예를 들어 이 책의 경우 예제 6-19처럼 prod-todo-frontend로 시작하는 도메인을 추가했다.

예제 6-19. elastic beanstalk 경로 추가 예

```
@Override
public void addCorsMappings(CorsRegistry registry) {
 registry.addMapping("/**")
      .allowedOrigins("http://localhost:3000", "http://prod-todo-ui-service.us-west-2.
elasticbeanstalk.com")
      .allowedMethods("GET", "POST", "PUT", "PATCH", "DELETE", "OPTIONS")
      .allowedHeaders("*")
```

```
    .allowCredentials(true)
    .maxAge(MAX_AGE_SECS);
}
```

코드를 수정한 후 빌드 및 배포한다(실습 코드 6-26참고).

실습 코드 6-26. 백엔드 빌드 및 배포

```
./gradlew clean && ./gradlew release
```

새 애플리케이션을 배포한 후 다시 접속해 보면 그림 6-43처럼 403 forbidden이
리턴돼 login 페이지로 리디렉트된 것을 확인할 수 있다.

그림 6-43 로그인 화면

이제 배포를 완료했으니 그림 6-44처럼 프론트엔드로 계정을 생성하고 기능이 제
대로 동작하는지 확인하자.

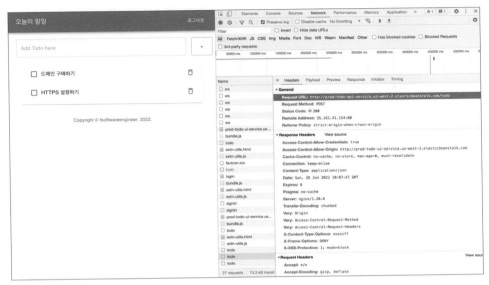

그림 6-44 테스팅

6.4.4 정리

6.4절에서는 6.3절에서 했던 것과 비슷하게 프론트엔드 애플리케이션을 일래스틱 빈스톡을 이용해 배포해 봤다. 모든 과정은 백엔드와 거의 비슷하다. 'eb init'을 이용해 환경을 초기화하고, 'eb-create'을 이용해 환경을 생성한다. 그리고 'eb deploy'를 이용해 애플리케이션을 재배포할 수 있었다. 이 장에서 우리는 또 다시 CORS 문제를 마주쳤다. 이 문제는 `addCorsMapping` 메서드에 프론트엔드 주소를 추가해 줌으로써 해결했다. 이 문제는 6.5절에서도 다시 나올 예정이니 꼭 기억하자.

6.5 Route53 도메인 설정

4장에서 인증과 인가를 구현할 때, JWT는 반드시 HTTPS와 사용해야 한다고 했다. 이 장에서는 HTTPS 인증서를 받기 위해 필요한 절차를 설명하고 실습한다. 우리는 첫 번째로 도메인을 구입해야 한다. 인증서는 자기 자신이 소유한 도메인에 대해서만 추가할 수 있다.

6.5.1 도메인 구매

AWS 콘솔 > Route 53로 들어간다. Route 53는 도메인과 호스팅을 관리를 도와주는 서비스이다. 그림 6-45처럼 대시보드의 **도메인 등록**[25]에서 원하는 도메인 이름을 기입한 후 오른쪽의 **확인**을 누른다.

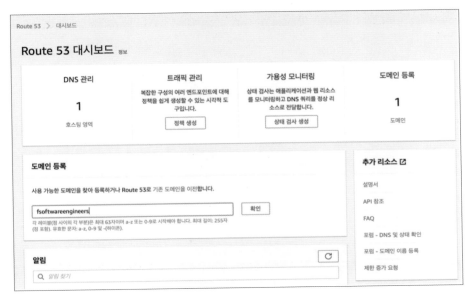

그림 **6-45** Route 53 AWS 콘솔

확인을 누르면 그림 6-46의 화면으로 넘어간다. 해당 도메인을 사용할 수 있는 경우 그대로 장바구니에 추가된다. 다른 도메인을 원하면 오른쪽 장바구니에서 클릭한 후 다른 도메인을 검색해 사용 가능한 도메인을 추가하면 된다. 원하는 도메인을 장바구니에 추가한 후 하단의 **계속**을 누른다.

그림 6-46 도메인 이름 선택

그림 6-47 페이지에서 본인의 연락처를 기입한 후 **계속**을 누른다.

그림 6-47 도메인에 대한 연락처 세부 정보

그림 6-48처럼 다음으로 넘어가 연락처 정보를 확인한 후 결제한다. 도메인 이름에 따라 가격이 달라질 수 있음을 유의하라. 확인 후 **계속**을 눌러 진행하자.

그림 6-48 연락처 세부 정보 확인

이 책에서는 fsoftwareengineer.com의 도메인을 구매했다. 도메인을 구매하면 입력한 이메일로 그림 6-49과 같이 확인 이메일이 전송된다. 확인 이메일의 링크를 눌러야 도메인이 활성화되니 반드시 이메일에서 활성화 링크를 누르자.

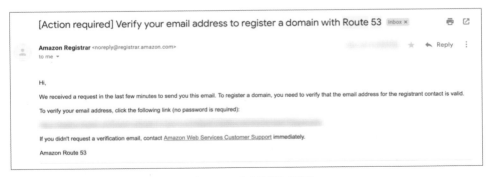

그림 6-49 도메인 활성화 이메일

6.5.2 호스팅 영역 생성

도메인을 생성했으면 이 도메인을 위한 호스팅 영역[26]을 생성한다. 호스팅 영역에 서는 서브 도메인을 생성한다.

- app.fsoftwareengineer.com : 이 도메인은 프론트엔드 애플리케이션을 위한 도메인으로 정할 예정이다.
- api.fsoftwareengineer.com : 이 도메인은 백엔드 애플리케이션을 위한 도메인으로 정할 예정이다.

그림 6-50 호스팅 영역

AWS 콘솔 › Route 53의 왼쪽 탭에서 호스팅 영역을 추가해 들어간다(그림 6-50 참고).

호스팅 영역 생성을 클릭하면 그림 6-51의 호스팅 영역 생성 페이지로 넘어간다. 호스팅 영역 페이지의 도메인 이름에 이전에 산 도메인 이름을 기입하고 **호스팅 영역 생성** 버튼을 누른다.

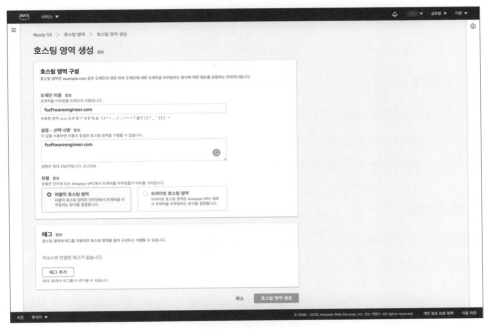

그림 6-51 호스팅 영역 생성

그림 6-52 내 도메인의 호스팅 영역

생성된 호스트 영역으로 들어가면 그림 6-52처럼 두 개의 기본 레코드가 추가돼 있을 것이다.

Host Zone(호스트 영역)

호스트 영역은 DNS 영역^{Zone} 파일이다. DNS 영역이란 DNS 네임스페이스, 여기서는 fsoftwareengineer.com이 관리할 영역을 의미한다. DNS 영역을 생성하는 이유는 여러 개의 레코드를 한곳에서 관리하기 위함이다. 그렇다면 레코드란 무엇인가?

레코드(Record)

레코드는 쉽게 말하면 이름과 IP를 연결해 놓은 파일 또는 엔트리이다. 레코드에는 종류가 여러 개 있는데 호스트 영역을 생성하면 일단 SOA와 NS가 하나씩 생긴다.

- SOA^{Start Of Authority} 레코드 : SOA 레코드는 이 영역을 관리하는 관리자의 정보를 가지고 있다.
- NS^{Name Server} 레코드 : 해당 도메인, 이 책의 예제의 경우 fsoftwareengineer. com의 IP를 물어볼 서버들을 가지고 있다.
- A 레코드 : A 레코드의 경우 해당 도메인, 이 책의 예제의 경우 api.fsoftware engineer.com 또는 app.fsoftwaregineer.com을 특정 IP 또는 다른 도메인(로드 밸런서의 도메인)으로 연결하는 레코드다.

이제 서브 도메인을 추가해야 하므로 **레코드 생성**[27]을 누른다. 우리는 A 레코드를 생성할 예정이다.

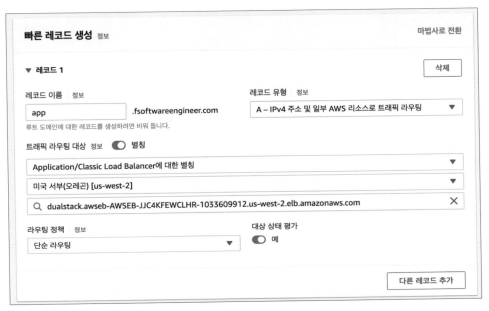

그림 6-53 프론트엔드 단순 레코드 정의

단순 레코드 정의 창(그림 6-53)에서 레코드 이름 app 또는 원하는 서브 도메인 이름을 기재한다. 값/트래픽 라우팅 대상에서 Application/Class Load Balancer에 대한 별칭을 선택한다. 일래스틱 빈스톡이 배포된 리전을 선택하는 것을 잊지 말자. 애플리케이션이 배포된 리전과 로드 밸런서를 선택한 후 단순 레코드 정의를 누른다.

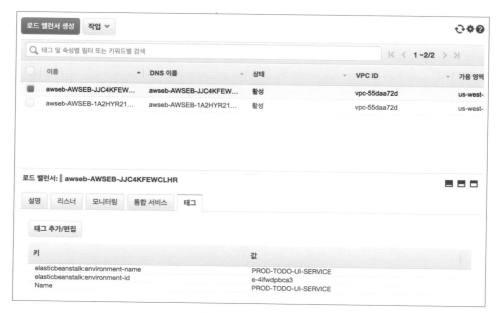

그림 6-54 로드 밸런서 페이지

로드 밸런서의 이름을 확인하는 방법은 여러 가지가 있는데, 그중 가장 간단한 것은 AWS 콘솔을 이용해 확인하는 것이다. 로드 밸런서의 주소는 **AWS 콘솔 〉 EC2 〉 로드 발란서**에서 확인할 수 있다. 그림 6-54과 같은 로드 밸런서 페이지에서 로드 밸런서를 선택한 후 **태그** 탭으로 들어간다. 태그 탭의 'Name' 키와 값을 이용해 어떤 애플리케이션에 이 로드 밸런서가 연결됐는지 확인할 수 있다.

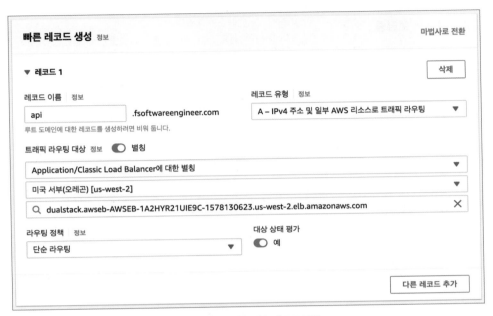

그림 6-55 백엔드 단순 레코드 정의

마찬가지로 그림 6-55를 참고해 백엔드를 위한 서브 도메인을 생성한다. 모든 과정은 프론트엔드 단순 레코드 정의 과정과 같다. 단지 이번에는 레코드 이름을 api로, 라우팅 대상을 백엔드에 연결된 로드 밸런서로 정하는 것뿐이다.

그림 6-56 또 Cross Origin 에러

이제 브라우저상에서 서브도메인으로 들어가보자. 그림 6-56처럼 또 크로스 오리진이 이러쿵 저러쿵하면서 안될 것이다. 그러나 우리는 이제 어떻게 해야 할지 알고 있다. 이 부분을 스스로 해결해보도록 하자.

6.5.3 백엔드 재배포

WebMvcConfig.java를 다음과 같이 수정한 후, 재배포하자. 이후 HTTPS 인증서를 받은 후 또 배포하는 것을 피하기 위해 https도 함께 추가한다.

```
package com.example.demo.config;

import org.springframework.context.annotation.Configuration;
import org.springframework.web.servlet.config.annotation.CorsRegistry;
import org.springframework.web.servlet.config.annotation.WebMvcConfigurer;

@Configuration
public class WebMvcConfig implements WebMvcConfigurer {

  private final long MAX_AGE_SECS = 3600;

  @Override
  public void addCorsMappings(CorsRegistry registry) {
      registry.addMapping("/**")
      .allowedOrigins("http://localhost:3000",
              "http://app.<여러분의 도메인>",
              "https://app.<여러분의 도메인>")
      .allowedMethods("GET", "POST", "PUT", "PATCH", "DELETE", "OPTIONS")
      .allowedHeaders("*")
      .allowCredentials(true)
      .maxAge(MAX_AGE_SECS);
  }
}
```

./gradlew release를 이용해 배포 후 다시 브라우저의 프론트엔드 페이지로 돌아가 애플리케이션의 동작 여부를 확인하자.

6.5.4 프론트엔드 재배포

프론트엔드 코드의 api-config.js 파일에서 프로덕션의 백엔드 주소를 "https://api.<여러분의 도메인>"로 지정해준다. 예를 들어 이 책의 경우 https://api.fsoftware engineer.com으로 지정했다.

실습 코드 6-28. 프론트엔드에 백엔드 API 연결

```
let backendHost;

const hostname = window && window.location && window.location.hostname;

if (hostname === "localhost") {
  backendHost = "http://localhost:8080";
} else {
  backendHost = "https://api.<여러분의 도메인>";
}

export const API_BASE_URL = `${backendHost}`;
```

실습 코드 6-28처럼 코드를 고친 후 코드를 커밋하자. 그 후 eb deploy를 이용해 프론트엔드를 배포한다(실습 코드 6-29 참고).

실습 코드 6-29. eb deploy

```
$ eb deploy PROD-TODO-UI-SERVICE
```

6.5.5 정리

이렇게 배포를 마치고 나면 갑자기 백엔드가 동작하지 않을 것이다. 백엔드 호스트 URI로 https 프로토콜을 사용하기 때문이다. 이제 https 프로토콜을 사용하기 위해 인증서를 등록할 차례이다.

6.6 백엔드/프론트엔드 AWS Certificate Manager를 이용한 https 설정

> ▪ **실습 내용**
> - 인증서 구매
> - 인증서를 이용해 https트래픽 설정

6.6.1 인증서 요청

그림 6-57 AWS 콘솔 Certificate Manager

그림 6-57와 같이 **AWS 콘솔 › Certificate Manager**[28]에서 인증서 **인증서 요청**[29]을 클릭한다.

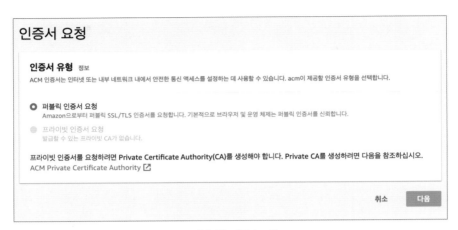

그림 6-58 인증서 요청

그림 6-58의 인증서 요청 화면에서 공인 인증서 요청을 선택한 후 우측 하단의 **다음**을 누른다.

그림 6-59의 도메인 이름 추가에서 *.<도메인이름>을 입력한 후 검증 방법 선택을 DNS 검증으로 선택하고 요청을 누른다. *을 이용하면 app.<도메인이름>과 <api>.<도메인이름>에 하나의 인증서를 같이 사용할 수 있다.

그림 6-59 인증서 정보 추가

인증서를 받기 위해선, 요청한 도메인이 우리의 도메인인지 확인하는 작업이 필요하다. 그림 6-59에서 원하는 검증 방법을 선택한 후 다음을 누른다. Route 53에서 도메인을 구매했으므로 DNS 검증을 쉽게 할 수 있다. 그렇지 않다면 이메일 검증을 해야 한다. 이메일 검증을 하면 해당 도메인을 구매할 때 입력했던 이메일로 인증 메일이 날아간다.

그림 6-60 생성된 인증서 확인

요청을 누르면 그림 6-60처럼 인증서가 생성된 것을 확인할 수 있다. 상태는 검증 보류에서 조금 기다리면 발급됨으로 바뀐다. 처음 사용 중입니까?에는 아니오로 뜬다. 이후 로드 밸런서에 인증서를 연결하면 '예'로 바뀐다.

6.6.2 백엔드 애플리케이션 HTTPS 설정

백엔드 애플리케이션에서 HTTPS를 사용하기 위해 그림 6-61과 같이 **AWS 콘솔 >** **Elastic Beanstalk**으로 이동하자. 환경 창에서 백엔드 애플리케이션을 선택한 후 왼쪽 메뉴에서 **구성**을 클릭한다.

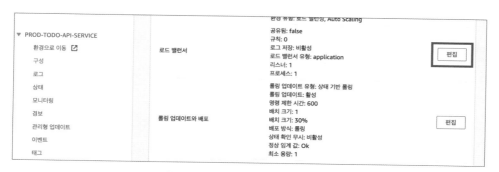

그림 6-61 백엔드 일래스틱 빈스톡 구성 페이지

구성의 "로드 밸런서" 오른쪽 열의 **편집**을 선택한다.

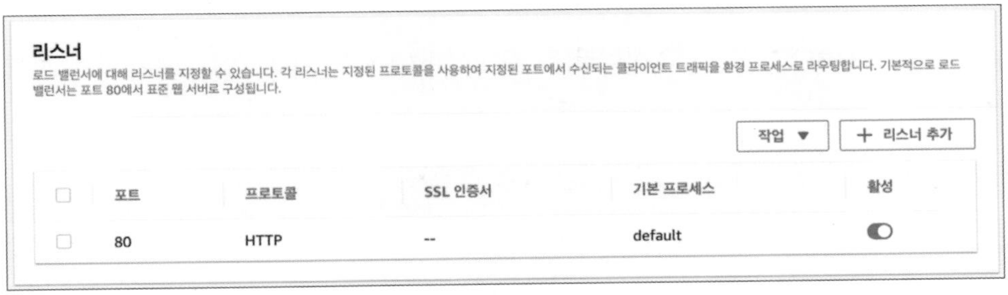

리스너

로드 밸런서에 대해 리스너를 지정할 수 있습니다. 각 리스너는 지정된 프로토콜을 사용하여 지정된 포트에서 수신되는 클라이언트 트래픽을 환경 프로세스로 라우팅합니다. 기본적으로 로드 밸런서는 포트 80에서 표준 웹 서버로 구성됩니다.

작업 ▼   + 리스너 추가

	포트	프로토콜	SSL 인증서	기본 프로세스	활성
☐	80	HTTP	--	default	⬤

그림 6-62 편집 화면

그림 6-62에서 편집 화면에서 **리스너 추가**를 선택한다.

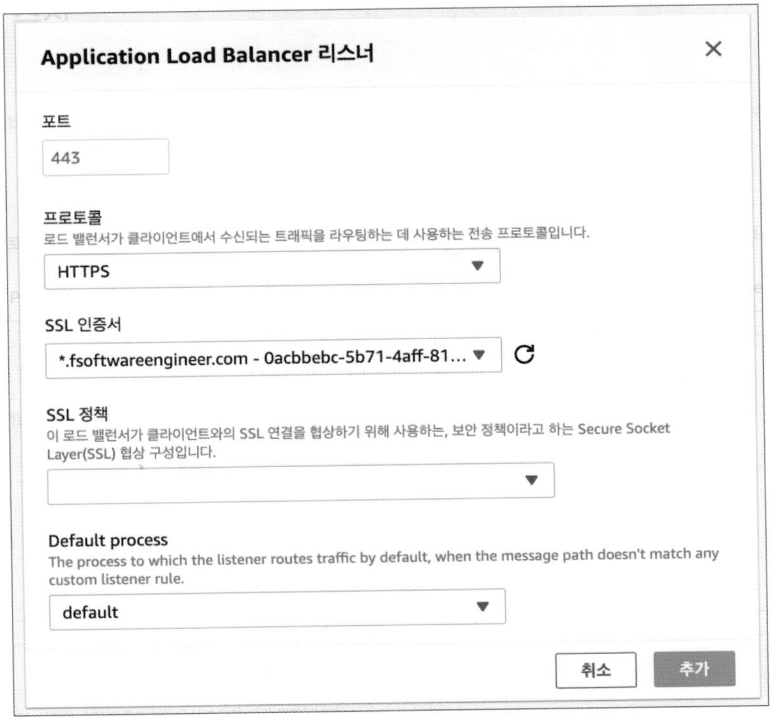

Application Load Balancer 리스너 ✕

포트

443

프로토콜

로드 밸런서가 클라이언트에서 수신되는 트래픽을 라우팅하는 데 사용하는 전송 프로토콜입니다.

HTTPS ▼

SSL 인증서

*.fsoftwareengineer.com - 0acbbebc-5b71-4aff-81... ▼   ↻

SSL 정책

이 로드 밸런서가 클라이언트와의 SSL 연결을 협상하기 위해 사용하는, 보안 정책이라고 하는 Secure Socket Layer(SSL) 협상 구성입니다.

▼

Default process

The process to which the listener routes traffic by default, when the message path doesn't match any custom listener rule.

default ▼

취소   추가

그림 6-63 애플리케이션 로드 밸런서 HTTPS 리스너 추가

그림 6-63과 같이 리스너를 추가한다. **저장**을 눌러 저장하면 리스너가 추가된 것을 확인할 수 있다.

AWS가 아닌 온프렘On-Premise 서버라면 보통 서버나 로드 밸런서에 인증서를 설치해 줘야 한다. 우리는 AWS로드 밸런서를 사용하므로 AWS가 이를 대신해 준 것이다.

이제 HTTPS가 있으니 HTTP 즉 80포트를 비활성화하자.

그림 6-64 HTTP (포트 80) 비활성화

그림 6-64에서 활성 토글을 이용해 비활성화한 후 하단의 **적용**을 누르면 환경이 업데이트된다.

6.6.3 프론트엔드 애플리케이션 HTTPS 설정

마찬가지로 이번에는 프론트엔드 환경에서 **구성 ▸ 로드 밸런서 ▸ 편집**으로 들어간다(그림 6-65. 참고).

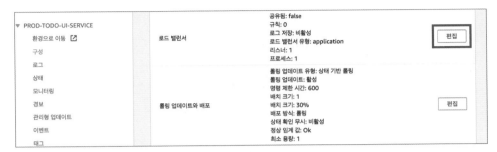

그림 6-65 프론트엔드 로드 밸런서 설정

백엔드에 했던 것과 같은 방식으로 그림 6-66을 참고해 포트 443에 리스너를 추가한다.

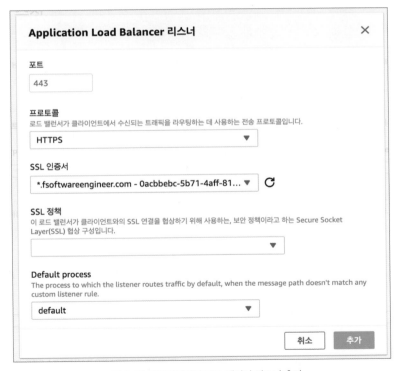

그림 6-66 애플리케이션 로드 밸런서 리스너 추가

그림 6-67를 참고해 백엔드에서 했던 것과 같은 방식으로 80포트를 비활성화한다.

그림 6-67 80포트 비활성화

그림 6-67의 페이지의 하단에서 **적용**을 눌러 환경을 업데이트한다. 이로써 HTTPS 로 애플리케이션을 실행하는 데 성공했다.

6.6.3 정리

6.6절에서는 ACM으로 SSL인증서를 하고, 인증서를 로드 밸런서에 추가해 줬다. 이 제 백엔드와 프론트엔드 API 모두 HTTPS로만 접근 가능하다. 즉 JWT를 네트워크 중간에 누가 가로채도, 암호화됐기에 토큰을 사용할 수 없다는 뜻이다.

07

OAuth 2.0와
소셜 로그인 개발

OAuth와 소셜 로그인은 들어본 적이 없을 수는 있지만 사용해본 적은 있는 기술이다. 페이스북으로 로그인하기, 구글로 로그인하기 등으로 전혀 상관 없는 애플리케이션에 로그인해본 적이 있지 않은가? 이렇게 어떤 계정으로 관계가 없는 제3의 애플리케이션에 로그인하는 것을 소셜 로그인이라고 한다. 그리고 이 소셜 로그인을 구현하는 기술 중 하나가 OAuth 2.0이다.

7장에서는 깃허브를 이용해 소셜 로그인을 구현해보고 소셜 로그인을 구현하는 기술인 OAuth 2.0에 대해서도 알아본다.

7.1 OAuth 2.0

7.1.1 다른 애플리케이션과의 통합

우리가 만든 ToDo 애플리케이션에 이슈 통합 기능을 추가한다고 해보자. 예를 들어서 사용자가 선택한 ToDo 아이템에 깃허브 이슈 링크를 추가하면 해당 이슈의 본문을 읽을 수 있는 기능이라고 가정하자. 이런 타 애플리케이션을 통합Integration하는 기능을 어떻게 구현할까? 가장 시작하기 힘든 부분은 사용자를 대신해 타 애플리케이션에 로그인하는 것이다.

가장 간단한 방법은 사용자에게서 깃허브의 아이디와 비밀번호를 받는 것이다. 사용자가 공유 기능을 최초로 사용할 때, 사용자의 깃허브 아이디와 비밀번호를 입력받고 이를 데이터베이스에 저장한다. 이후 사용자가 공유 기능을 사용할 때마다 데이터베이스에 저장된 아이디와 비밀번호로 깃허브에 로그인해 이슈를 가져오는 것이다. 문제는 해결된 것처럼 보인다.

새 애플리케이션을 사용할 때 다른 애플리케이션의 패스워드를 추가적으로 입력해야 한다면 어떨 것 같은가? 여러분은 이 애플리케이션을 신뢰하는가? 이 애플리케이션이 여러분의 비밀번호를 안전하게 보호할 것이라고 믿는가? 제대로 암호화했고 제대로 관리할 것이라고 믿는가? 이 애플리케이션이 여러분의 사진첩을 마음대로 열람하지 않을 거라고 확신하는가? 여러분의 계정 정보에 들어가 전화번호나, 이름, 여타 다른 개인정보를 사용하지 않을 것이라 확신하는가?

이렇게 100개의 애플리케이션에 아이디와 비밀번호를 제공했다고 해보자. 한 애플리케이션을 더 이상 사용하고 싶지 않고 이 애플리케이션이 더 이상 내 깃허브에 접근하지 않았으면 좋겠다. 어떻게 접근을 제한할 것인가? 패스워드를 바꿔서? 그러면 다른 99개의 애플리케이션들도 접근하지 못하는데? 다시 99번 로그인 해야 하는데?

편의성을 제치고 보더라도 프라이버시 침해나 개인정보 유출로 인한 사건 사고를 생각해보면 내 비밀번호를 다른 애플리케이션에 제공하는 것이 적합한 방법이 아님을 금방 알 수 있다. 그렇다면 비밀번호를 받아 로그인할 수 없는데 이런 기능을 어떻게 구현하라는 말인가?

이 문제를 해결하기 위한 인가 프레임워크가 OAuth 2.0 인가 프레임워크^{Authorization Framework}이다.

7.1.2 OAuth 2.0 인가 프레임워크

OAuth 2.0는 서드 파티^{third-party}애플리케이션이 자기 자신 또는 리소스 오너를 대신해 HTTP 서비스에 제한된 액세스를 제공하도록 해주는 인가 프레임워크이다(D. Hardt, 2020). 많은 소셜미디어 플랫폼이 OAuth 2.0 프레임워크를 구현하고 있고, 우리는 비밀번호 대신 OAuth 2.0를 사용해 사용자의 정보에 액세스한다.

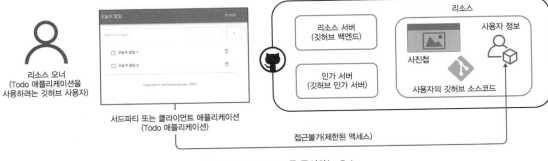

그림 7-1 OAuth 2.0를 구성하는 요소

갑자기 서드 파티, 리소스 오너 등 낯선 단어가 나오니 그림 7-1을 참고해 용어 정리를 해보자.

- **서드 파티/클라이언트** : 서드 파티는 우리 애플리케이션이다. 현재 우리 To Do 애플리케이션이 사용자의 소셜미디어에 접근(액세스)하고자 하기 때문이다. OAuth2에서는 이런 서드 파티를 클라이언트라고 부른다.
- **리소스** : 서드 파티 애플리케이션이 접근하고자 하는 것이다. 예를 들어 우리 To Do 애플리케이션은 사용자의 계정 정보(아이디, 이름 등)를 사용하고자 한다. 따라서 '사용자 정보'가 리소스(또는 HTTP 서비스)다.
- **리소스 오너** : 리소스 오너는 자연스럽게 사용자가 된다. 사용자 정보의 오너가 사용자이기 때문이다.
- **제한된 액세스** : 7.1.1절에서 설명한 '비밀번호'를 이용한 접근과 완전 반대되는 개념이다. 서드 파티 애플리케이션이 리소스 오너(사용자)가 허락한 리소스에만 접근할 수 있도록 하겠다는 것이다. 예를 들어 사용자는 우리 애플리케이션이 사용자 아이디와 이름만 접근하도록 허락할 수 있다. 이 경우 우리 애플리케이션은 사용자의 깃허브 소스 코드나 다른 개인정보에는 접근할 수 없다.

이 외에도 다음과 같은 용어는 OAuth를 설명하는 데 사용된다.

- **리소스 서버** ^{Resource Server} : 리소스를 가지고 있는 서버이다. 그림 7-1의 예에서는 깃허브에 해당한다.
- **인가 서버** ^{Authorization Server} : 인가만 집중적으로 해 주는 서버. 인가 서버와 리소스 서버는 서로 다른 서버일 수도 있고 같은 서버일 수도 있다. 이 책에서는 같은 서버로 간주하고 리소스 및 인가 서버로 이후 설명한다.

7.1.3 OAuth 2.0 흐름

일반적인 OAuth 2.0의 흐름을 예제로 든 Todo 애플리케이션을 사용해 설명해보도록 하겠다. Todo 백엔드 애플리케이션이 사용자의 계정 정보(아이디, 이름)에 접근하는 것이 목표다.

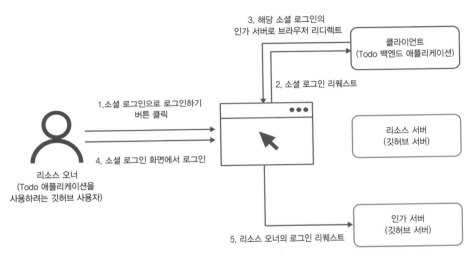

그림 7-2 OAuth 2.0 흐름 1~5

1. 사용자는 Todo 애플리케이션의 브라우저 화면상에서 '깃허브로 로그인하기' 같은 버튼을 클릭한다.
2. 이 버튼은 Todo 백엔드에게 소셜 로그인 요청을 보낸다.
3. 백엔드는 지정한 소셜 로그인 리소스 서버에 해당하는 인가 페이지로 브라우저를 리디렉트한다. 이 시점에서 사용자는 더 이상 우리 애플리케이션의 화면이 아닌 소셜 로그인 리소스의 인가 페이지를 보게 된다. 이 예제에서는 깃허브의 로그인 페이지가 이에 해당된다.
4. 소셜 로그인의 로그인 화면에서 리소스 오너가 로그인한다.
5. 소셜 로그인의 인가 서버로 로그인 요청이 된다.

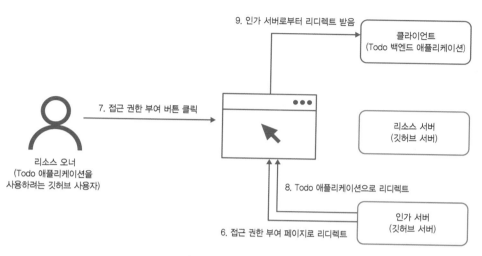

그림 7-3 OAuth 2.0 흐름 6~9

6. 5에서 리소스 오너의 로그인 요청을 처리한 인가 서버는 'Todo 애플리케이션을 인가하겠습니까?'와 같이 Todo 애플리케이션에게 접근 권한을 부여하는 페이지로 브라우저를 리디렉트한다.

7. 리소스 오너는 브라우저상에서 접근을 인가하는 버튼을 클릭한다.

8. 리소스 오너의 인가 요청을 받은 인가 서버는 브라우저를 다시 Todo 애플리케이션 페이지로 리디렉트한다. 이때, 인가 서버는 어떤 URL로 리디렉트해야 하는지 미리 알고 있다.

9. 클라이언트인 Todo 애플리케이션은 인가 서버에서 받은 요청을 이용해 액세스 토큰을 받을 준비를 한다.

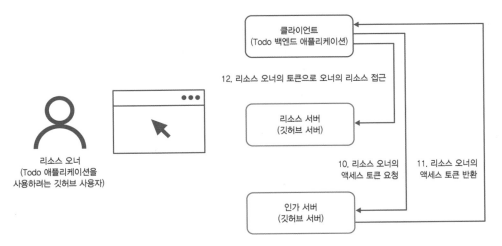

그림 7-4 OAuth 2.0 흐름 10~12]

10. 인가 서버에서 받은 요청에는 인증을 위한 여러 가지 매개변수가 들어있다. 이런 매개변수를 이용해 클라이언트는 인가 서버에 리소스 오너의 액세스 토큰을 요청한다. 이 액세스 토큰은 4장에서 다뤘던 Bearer 토큰과 같다.

11. 리소스 오너가 클라이언트에게 접근 권한을 이미 부여했으므로, 인가 서버는 클라이언트가 리소스 오너의 리소스를 접근할 수 있도록 액세스 토큰을 반환한다.

12. 액세스 토큰을 받은 클라이언트는 이제 토큰을 이용해 리소스 오너의 리소스에 접근할 수 있다.

이 과정에서 몇 가지 생략한 사항이 있다. 첫 번째로 리소스 서버 또는 리소스 인가 서버는 클라이언트 애플리케이션을 미리 알고 있어야 한다. 다시 말해, 클라이언트 애플리케이션은 이미 리소스 서버 또는 인가 서버에 등록된 애플리케이션이다. 그렇지 않으면 리소스 서버 및 인가 서버의 어떤 API 요청도 할 수 없다. 두 번째로 클라이언트 애플리케이션이 리소스/인가 서버에 등록 당시 콜백 URL을 지정한다. [8]에서 일어나는 리디렉션은 콜백 URL로 리디렉트하는 것이다.

7.1.4 정리

7.1절에서는 OAuth 2.0 흐름에 대해 간단하게 알아봤다. 7.2절부터는 이론으로 익힌 OAuth 2.0 흐름을 스프링 시큐리티를 이용해 실제로 사용해 보는 실습을 할 예정이다.

7.2 소셜 로그인 백엔드 구현

■ **실습 내용**
- 깃허브를 이용한 백엔드 소셜 로그인 구현

7.2절에서는 깃허브를 이용해 소셜 로그인을 구현한다. 소셜 로그인이란 싱글 사인 온Single sign on의 일종으로 소셜 네트워크의 계정을 이용해 다른 애플리케이션의 계정을 생성하는 기능이다. 싱글 사인 온이란 하나의 아이디를 이용해 여러개의 독립된 애플리케이션에 로그인할 수 있는 인증 메커니즘을 의미한다(https://en.wikipedia.org/wiki/Single_sign-on). 예를 들어 깃허브 아이디로 여러 다른 애플리케이션에 로그인할 수 있다는 점에서 소셜 로그인은 싱글 사인온의 일종이라 할 수 있다. 그리고 이 소셜 로그인을 구현하는 방법 중 하나가 바로 OAuth2이다(https://en.wikipedia.org/wiki/Social_login).

7.2.1 소셜 로그인 사이트에서 클라이언트 애플리케이션 생성하기

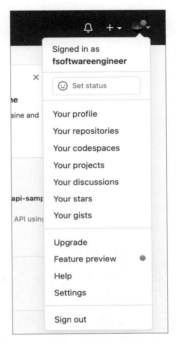

그림 7-5 깃허브에서 내 애플리케이션 등록

7.1.3절에서 리소스 서버 및 인가 서버는 클라이언트 애플리케이션 이미 알고 있
어야된다고 했다. 이 작업을 위해 깃허브에서 애플리케이션을 생성하자. https://
github.com에 로그인 후 오른쪽 상단에서 아바타 아이콘을 누르면 그림 7-5와 같
은 드랍다운 리스트를 확인할 수 있다. 이 리스트에서 Settings를 선택해 들어간다.
Settings 화면의 왼쪽 탭 하단에서 Developer settings를 클릭해 들어가면 그림 7-6과
같은 화면을 볼 수 있다.

그림 7-6 Developer Settings

그림 7-6의 Developer Settings 화면에서 **OAuth Apps**를 클릭한 후 중앙의 Register a new application을 클릭하자. 우리 애플리케이션을 등록하기 위한 작업이다.

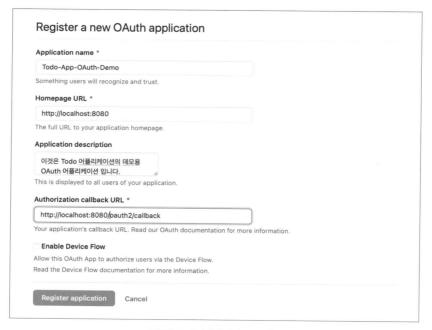

그림 7-7 애플리케이션 등록 화면

그림 7-7과 같이 인풋 필드에 값을 넣는다. 이때, Homepage URL은 Todo 백엔드 애플리케이션이고 Authorization callback URL은 백엔드 애플리케이션에 존재할

콜백 엔드포인트다. 콜백 엔드포인트를 http://localhost:8080/oauth2/callback 으로 설정하자. 콜백 엔드포인트는 7.2.3절에서 구현할 예정이다. 작성 후 Register application을 클릭해 애플리케이션 등록을 마치자.

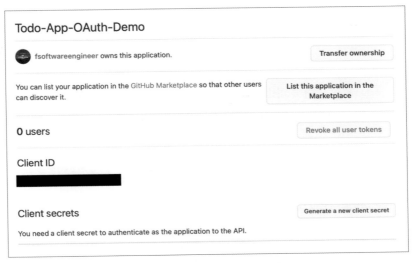

그림 7-8 생성된 애플리케이션 확인

애플리케이션을 생성하면 그림 7-8과 같은 화면으로 넘어간다. 이때, Client ID를 반드시 메모한다. 또 Generate a new client secret을 클릭해 시크릿을 발행한 후 어딘 가에 메모해놓자. AWS 실습 당시 프로그래밍 액세스 방식을 기억하는가? 그때도 액세스 키와 시크릿 키를 메모했었고 액세스 키와 시크릿 키를 이용해 AWS CLI를 사용했다. 액세스 키와 시크릿 키는 프로그램의 아이디와 비밀번호 같은 것이라고 했었다. 여기서도 마찬가지다. 우리 애플리케이션의 아이디와 비밀번호는 Client ID 와 Secret이다. 이후 리소스 오너의 액세스 토큰을 요청할 때, 리소스 오너의 리소 스를 요청할 때 우리 애플리케이션은 이 Client ID와 Secret을 이용해야 한다.

7.2.2 OAuth 2.0 라이브러리 추가

실습 코드 7-1. 스프링 시큐리티 OAuth 2.0 라이브러리 추가

```
// https://mvnrepository.com/artifact/org.springframework.security/spring-security-
oauth2-client
implementation group: 'org.springframework.security', name: 'spring-security-oauth2-
client', version: '5.6.1'
```

실습 코드 7-1을 참고해 build.gradle의 dependencies 부분에 oauth2-client 라이브러리를 추가해준다. 스프링이 제공하는 라이브러리를 사용해 OAuth 2.0의 로직을 대부분 간단히 구현할 수 있다.

7.2.3 application-dev.yaml에서 OAuth 2.0 설정

실습 코드 7-2. application-dev.yml에서 OAuth2 클라이언트 등록

```yaml
spring:
  security:
    oauth2:
      client:
        registration:
          github:
            clientId: <Client Id>
            clientSecret: <Client Secret>
            redirectUri: "{baseUrl}/oauth2/callback/{registrationId}"
            scope:
              - user:email
              - read:user
      provider:
        github:
          authorization-uri: https://github.com/login/oauth/authorize
```

application-dev.yaml로 들어가 실습 코드 7-2와 같이 Github에 등록한 애플리케이션 정보를 명시해준다. 이때, 7.1.1절에서 메모해 두었던 Client ID 와 Secret을 각각 Client Id와 Client Secret에 적어준다.

실습 코드 7-2의 구조를 보면 spring:security:oauth2:client:registration, 그리고 그 아래 github:- 등으로 구성된 것을 확인할 수 있다. 7.1.2절에서 Todo 애플리케이션이 OAuth 흐름에서 보면 클라이언트이자 서드 파티 애플리케이션이라고 했다. 즉, 여기서 client:registration이란 어떤 리소스 제공자(여기서는 github)의 클라이언트인지, 또 클라이언트의 계정 정보(clientId, clientSeceret)는 무엇인지, 리소스 오너의 어떤 리소스(scope)가 필요한지, 로그인 후 어디로 리디렉트해야 하는지(redirectUri) 등을 명시한다(Alex, et al., n.d.).

마찬가지로 provider는 리소스 제공자(여기서는 github)에 대한 정보를 명시한 것이다. 실습 코드 7-2에서 리소스 제공자는 github이며 github의 authorization-uri는 https://github.com/login/oauth/authorize이다. 따라서 Todo 애플리케이션이 소셜 로그인을 요청할 때 https://github.com/login/oauth/authorize로 리디렉트한다.

이를 일반화해보면 예제 7-1과 같다.

예제 7-1. 스프링 OAuth2 설정 방법

```
spring:
  security:
    oauth2:
      client:
        registration:
          <Registration Id>:
            clientId: <Client ID>
            clientSecret: <Client Secret>
            redirectUri: "{baseUrl}/oauth2/callback/{registrationId}"
            scope:
              - <SCOPE 1>
```

```
        - <SCOPE 2>
  provider:
    <Provider Id>:
      authorization-uri: <Provider's Authorization URI>
```

이렇게 설정된 프로퍼티들은 이후 스프링 시큐리티 OAuth 2.0 라이브러리에 의해
ClientRegistration.java의 형태로 변경된다.

7.2.4 Todo 백엔드 OAuth 2.0 엔드포인트 설정

이제 백엔드에서 소셜 로그인 요청을 받기 위한 엔드포인트를 설정해야 한다. 이 설정
은 WebSecurityConfig에서 스프링 시큐리티가 제공하는 메서드를 사용하면 된다.

실습 코드 7-3. WebSecurityConfig::configure

```
@Override
protected void configure(HttpSecurity http) throws Exception {
  // http 시큐리티 빌더
  http.cors() // WebMvcConfig에서 이미 설정했으므로 기본 cors 설정.
      .and()
      .csrf()// csrf는 현재 사용하지 않으므로 disable
      .disable()
      .httpBasic()// token을 사용하므로 basic 인증 disable
      .disable()
      .sessionManagement()  // session 기반이 아님을 선언
      .sessionCreationPolicy(SessionCreationPolicy.STATELESS)
      .and()
      .authorizeRequests() // /와 /auth/** 경로는 인증 안 해도 됨.
      .antMatchers("/", "/auth/**", "/oauth2/**").permitAll() //oauth2 엔드포인트 추가
      .anyRequest()
      .authenticated()
      .and()
      .oauth2Login(); // oauth2Login 설정
```

```
// filter 등록.
// 매 요청마다
// CorsFilter 실행한 후에
// jwtAuthenticationFilter 실행한다.
http.addFilterAfter(
    jwtAuthenticationFilter,
    CorsFilter.class
);
}
```

실습 코드 7-3에서 oauth2Login()을 우리가 OAuth 2.0를 이용한 로그인 기능을 사용하겠다고 명시하는 것이다. 이렇게 코드를 수정한 후 실습 코드 7-4를 참고해 dev 프로파일을 사용해 애플리케이션을 실행해보자.

실습 코드 7-4. 애플리케이션 실행

```
$./gradlew bootRun --args='--spring.profiles.active=dev'
```

Incognito모드의 브라우저상에서 http://localhost:8080/oauth2/authorization/github를 치고 들어가 보면 그림 7-9처럼 깃허브의 로그인 화면으로 리디렉트되는 것을 확인할 수 있다.

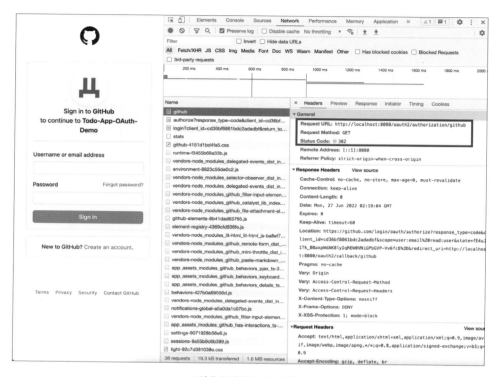

그림 7-9 깃허브 로그인 화면

그림 7-9의 화면에서 개발자 도구를 확인해보면 리디렉트가 여러 번 일어났다는 것을 확인할 수 있다. 첫 번째로 http://localhost:8080/oauth2/authorization/github로 들어갔을 때 백엔드는 브라우저를 https://github.com/login/oauth/authorize로 리디렉트한다. 사용자라 로그인하지 않은 상태이므로 깃허브는 이를 다시 https://github.com/login로 리디렉트한다.

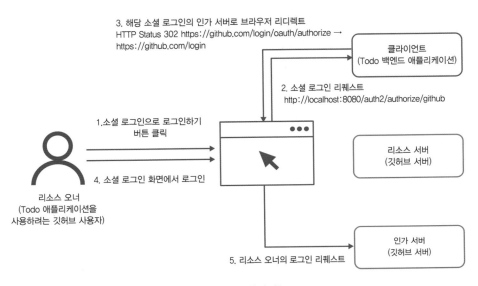

3. 해당 소셜 로그인의 인가 서버로 브라우저 리디렉트
HTTP Status 302 https://github.com/login/oauth/authorize →
https://github.com/login

클라이언트
(Todo 백엔드 애플리케이션)

2. 소셜 로그인 리퀘스트
http://localhost:8080/auth2/authorize/github

1.소셜 로그인으로 로그인하기
버튼 클릭

리소스 서버
(깃허브 서버)

4. 소셜 로그인 화면에서 로그인

리소스 오너
(Todo 애플리케이션을
사용하려는 깃허브 사용자)

인가 서버
(깃허브 서버)

5. 리소스 오너의 로그인 리퀘스트

그림 7-10 구현된 기능

7.1.3장의 OAuth 2.0 흐름을 기준으로 봤을 때 현재 그림 7-10처럼 [2]소셜 로그
인 요청과 [3]리디렉트 부분을 구현한 셈이다. 우리는 설정만 했지 특별히 구현한 게
없다는 생각이 든다. 당연하다. OAuth 2.0은 잘 짜여진 흐름이기 때문에 스프링 시
큐리티 OAuth 2.0 라이브러리가 이미 순서를 알고 있다. 어느 엔드포인트를 사용할
건지, 어디로 콜백할 건지만 알려주면 나머지는 스프링 시큐리티 OAuth 2.0 라이브
러리가 해결해준다.

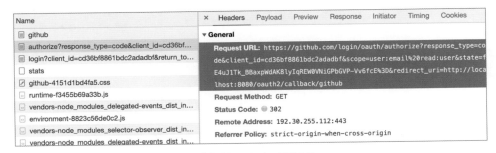

그림 7-11 Authorize 리퀘스트

개발자 도구에서 그림 7-11처럼 authorize 요청을 클릭하면 백엔드가 리디렉트 당시 어떤 쿼리 매개변수를 추가했는지 알 수 있다. client_id, scope, redirect_uri를 확인해보자. 이 매개변수의 값들은 우리가 설정한 application-dev.yml 파일에서 온 것이다. 이처럼 클라이언트 애플리케이션은 쿼리 매개변수를 이용해 깃허브의 인가 서버에게 자신이 어떤 클라이언트인지 어디로 리디렉트해야 하는지 어떤 리소스에 접근이 필요한지 알려주는 것이다.

그림 7-12 Login 요청

이 매개변수들은 그림 7-12처럼 로그인 페이지로 리디렉트할 때도 고스란히 전달된다.

이제 로그인을 해보자. 로그인을 하는 행위는 그림 7-10에서 5. 리소스 오너의 로그인 리퀘스트에 해당한다.

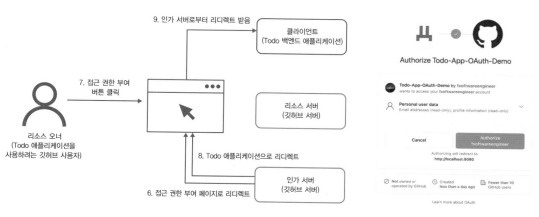

그림 7-13 인가 요청

로그인을 하고 나면 그림 7-13의 오른쪽 화면과 같은 페이지로 리디렉트되는데, 이 화면에서 Authorize를 누르면 인가가 된다. 이 작업이 바로 6. 접근 권한 부여 페이지로 리디렉트 및 7. 접근 권한 부여 버튼 클릭에 해당한다.

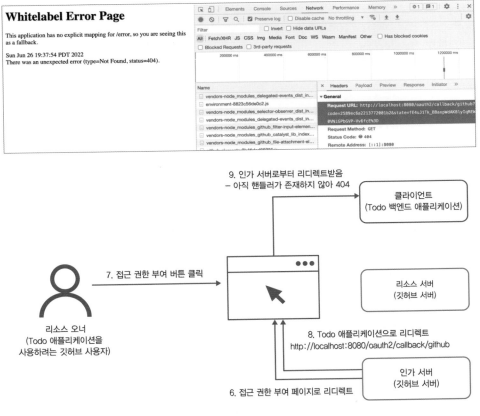

그림 7-14 인가 후 클라이언트로 리디렉트

Authorize를 클릭하면 그림 7-14처럼 Whitelabel Error Page로 리디렉트된다. 개발자 도구를 통해 확인해 보면 http://localhost:8080/oauth2/callback/github으로 리디렉트하려고 했으나 페이지가 존재하지 않아 HTTP 404를 반환한 것을 확인할 수 있다.

이를 해결하기 위해 실습 코드 7-4를 참고해 redirectionEndpoint 설정을 하도록 하자.

실습 코드 7-4. redirectoEndpoint 설정

```
@Override
protected void configure(HttpSecurity http) throws Exception {
  // http 시큐리티 빌더
  http.cors() // WebMvcConfig에서 이미 설정했으므로 기본 cors 설정.
      .and()
      .csrf()// csrf는 현재 사용하지 않으므로 disable
      .disable()
      .httpBasic()// token을 사용하므로 basic 인증 disable
      .disable()
      .sessionManagement()   // session 기반이 아님을 선언
      .sessionCreationPolicy(SessionCreationPolicy.STATELESS)
      .and()
      .authorizeRequests() // /와 /auth/** 경로는 인증 안 해도 됨.
      .antMatchers("/", "/auth/**", "/oauth2/**").permitAll() //oauth2 엔드포인트 추가
      .anyRequest()
      .authenticated()
      .and()
      .oauth2Login()
      .redirectionEndpoint()
      .baseUri("/oauth2/callback/*"); // callback uri 설정; // oauth2Login 설정

  http.addFilterAfter(
      jwtAuthenticationFilter,
      CorsFilter.class
  );
}
```

실습 코드 7-4의 뜻인 http://localhost:8080/oauth2/callback/*으로 들어오는 요청을 redirectionEndpoint에 설정된 곳으로 리디렉트하라는 뜻이다. redirection Endpoint에 아무 주소도 넣지 않았는데 어디로 리디렉트한다는 말인가? 이렇게 아

무 설정도 하지 않는 경우에는 베이스 URL인 http://localhost:8080으로 리디렉트한다.

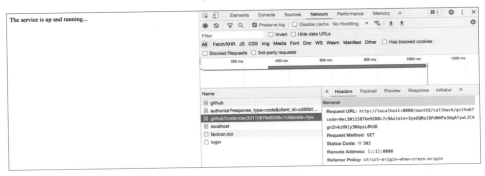

그림 7-15 인가 후 콜백 리디렉트

애플리케이션을 재시작 후 http://localhost:8080/oauth2/authorization/github로 다시 들어가 보면 콜백 요청이 http://localhost:8080으로 정상적으로 리디렉트하는 것을 확인할 수 있다.

7.2.5 소셜 로그인 후 자동으로 회원가입

http://localhost:8080으로 리디렉트되니 정상적으로 로그인된 것처럼 보이지만 사실은 반밖에 돌아가지 않는 상태다. 7.1.3절의 OAuth 2.0 흐름에서 12단계를 설명했는데 우린 아직 9단계까지만 구현한 상태다. 10~12단계는 사용자가 깃허브로 로그인을 하면 백엔드가 액세스 토큰을 요청해 사용자의 액세스 토큰을 발행하고, 액세스 토큰을 이용해 사용자의 계정 정보를 가져오는 것이다. 7.2.5절에서는 깃허브가 콜백 엔드포인트 요청을 보낼 때, 해당 사용자의 계정이 이미 있는지 확인하고 없다면 새로 생성해주는 부분을 구현한다.

```yaml
spring:
  security:
    oauth2:
      client:
        registration:
          github:
            clientId: <Client ID>
            clientSecret: <Client Secret>
            redirectUri: "{baseUrl}/oauth2/callback/{registrationId}"
            scope:
              - user:email
              - read:user
      provider:
        github:
          authorization-uri: https://github.com/login/oauth/authorize
          token-uri: https://github.com/login/oauth/access_token
          user-info-uri: https://api.github.com/user
```

실습 코드 7-5를 참고해 application-dev.yml에 깃허브의 토큰 엔드포인트와 유저 정보 엔드포인트를 추가하자. token-uri는 깃허브에 액세스 가능한 액세스 토큰을 받아오기 위한 주소다. user-info-uri는 유저의 정보를 가져오기 위한 주소이다. 유저의 정보를 가져오기 위해서는 액세스 토큰이 필요하므로 우리는 token-uri를 이용해 먼저 액세스 토큰을 받은 후, user-info-uri로 사용자의 정보를 요청할 때 토큰을 함께 보낸다.

설명은 복잡해 보이지만 이런 작업을 이미 대신 해주는 클래스가 있다. 바로 Default AuthorizationCodeTokenResponseClient와 DefaultOAuth2UserService 클래스이다.

예제 7-2. DefaultOAuth2UserService::loadUser

```java
@Override
public OAuth2User loadUser(OAuth2UserRequest userRequest) throws
OAuth2AuthenticationException {
```

```java
        Assert.notNull(userRequest, "userRequest cannot be null");
        if (!StringUtils
                .hasText(userRequest.getClientRegistration().getProviderDetails().
getUserInfoEndpoint().getUri())) {
            OAuth2Error oauth2Error = new OAuth2Error(MISSING_USER_INFO_URI_ERROR_CODE,
                    "Missing required UserInfo Uri in UserInfoEndpoint for Client Registration: "
                        + userRequest.getClientRegistration().getRegistrationId(),
                    null);
            throw new OAuth2AuthenticationException(oauth2Error, oauth2Error.toString());
        }

        //     client>provider>github>user-into-uri를 통해 엔드포인트 리턴
        String userNameAttributeName = userRequest.getClientRegistration().
getProviderDetails().getUserInfoEndpoint()
                .getUserNameAttributeName();
        if (!StringUtils.hasText(userNameAttributeName)) {
            OAuth2Error oauth2Error = new OAuth2Error(MISSING_USER_NAME_ATTRIBUTE_ERROR_CODE,
                    "Missing required \"user name\" attribute name in UserInfoEndpoint for Client
Registration: "
                        + userRequest.getClientRegistration().getRegistrationId(),
                    null);
            throw new OAuth2AuthenticationException(oauth2Error, oauth2Error.toString());
        }
        RequestEntity<?> request = this.requestEntityConverter.convert(userRequest);
        ResponseEntity<Map<String, Object>> response = getResponse(userRequest, request);
        Map<String, Object> userAttributes = response.getBody();
        Set<GrantedAuthority> authorities = new LinkedHashSet<>();
        authorities.add(new OAuth2UserAuthority(userAttributes));
        // userRequest에 이미 토큰 존재
        OAuth2AccessToken token = userRequest.getAccessToken();
        for (String authority : token.getScopes()) {
            authorities.add(new SimpleGrantedAuthority("SCOPE_" + authority));
        }
        return new DefaultOAuth2User(authorities, userAttributes, userNameAttributeName);
    }
```

이 클래스의 loadUser 메서드 마지막을 보자. 다 이해할 필요는 없다. 다만 OAuth2Access Token token = userRequest.getAccessToken();를 보면 이미 이 메서드를 호출한 시점에서는 액세스 토큰이 존재한다. 또 이 메서드의 getResponse가 이 토큰을 이용해서 user-info-uri에 지정된 주소를 호출해 사용자 정보를 가져온다. 그래서 우리가 직접 깃허브를 호출하는 코드를 작성할 필요는 없다. 토큰을 요청하는 부분도 마찬가지다.

대신 우리는 깃허브가 사용자 정보를 반환하면 사용자의 계정이 존재하는지 확인하고, 존재하지 않는다면 계정을 생성하는 부분을 작성해야 한다. 이를 위해 com.example.demo.security 패키지 아래에 OAuthUserServiceImpl.java 클래스를 생성한 후 실습 코드 7-6를 참고해 작성해보자.

──☀ 팁 ──────────────

스프링 시큐리티가 정확히 어떻게 토큰과 유저 정보를 가져오는지는 설명하지 않았다. 그러나 이 부분이 궁금한 독자들은 언제나 https://github.com/spring-projects/spring-security에서 코드를 확인할 수 있다. 스프링 시큐리티 리파지토리에서 토큰을 가져오는 부분에 관련된

- OAuth2AuthorizationCodeAuthenticationProvider::authenticate,
- DefaultAuthorizationCodeTokenResponseClient::getTokenResponse,
- OAuth2AuthorizationCodeGrantRequestEntityConverter::createParameters
- AbstractOAuth2AuthorizationGrantRequestEntityConverter::convert 코드를 잘 확인해보자.

마찬가지로 유저 정보를 가져오는 DefaultOAuth2UserService::loadUser 부분의 코드를 확인해 보는 것을 추천한다.

실습 코드 7-6 OAuthUserServiceImpl.java

```java
package com.example.demo.security;

import com.example.demo.model.UserEntity;
import com.example.demo.persistence.UserRepository;
import com.fasterxml.jackson.core.JsonProcessingException;
import com.fasterxml.jackson.databind.ObjectMapper;
```

```java
import lombok.extern.slf4j.Slf4j;
import org.springframework.beans.factory.annotation.Autowired;
import org.springframework.security.oauth2.client.userinfo.DefaultOAuth2UserService;
import org.springframework.security.oauth2.client.userinfo.OAuth2UserRequest;
import org.springframework.security.oauth2.core.OAuth2AuthenticationException;
import org.springframework.security.oauth2.core.user.OAuth2User;
import org.springframework.stereotype.Service;

@Slf4j
@Service
public class OAuthUserServiceImpl extends DefaultOAuth2UserService {

    @Autowired
    private UserRepository userRepository;

    public OAuthUserServiceImpl() {
        super();
    }

    @Override
    public OAuth2User loadUser(OAuth2UserRequest userRequest) throws
OAuth2AuthenticationException {
        // DefaultOAuth2UserService의 기존 loadUser를 호출한다. 이 메서드가 user-info-uri를 이용
해 사용자 정보를 가져오는 부분이다.
        final OAuth2User oAuth2User = super.loadUser(userRequest);

        try {
            // 디버깅을 돕기 위해 사용자 정보가 어떻게 되는지 로깅한다. 테스팅 시에만 사용해야 한다.
            log.info("OAuth2User attributes {} ", new ObjectMapper().
writeValueAsString(oAuth2User.getAttributes()));
        } catch (JsonProcessingException e) {
            e.printStackTrace();
        }

        // login 필드를 가져온다.
        final String username = (String) oAuth2User.getAttributes().get("login");
        final String authProvider = userRequest.getClientRegistration().getClientName();

UserEntity userEntity = null;
```

```
// 유저가 존재하지 않으면 새로 생성한다.
if(!userRepository.existsByUsername(username)) {
  userEntity = UserEntity.builder()
      .username(username)
      .authProvider(authProvider)
      .build();
  userEntity = userRepository.save(userEntity);
}

    log.info("Successfully pulled user info username {} authProvider {}",
        username,
        authProvider);
    return oAuth2User;
  }
}
```

각 소셜 로그인 제공자가 반환하는 유저 정보, 즉 attributes에 들어 있는 내용은 제
공자마다 각각 다를 것이다. email을 아이디로 사용하는 제공자는 email 필드가 있
을 것이고, 깃허브의 경우에는 login 필드가 있다. 따라서 여러 소셜 로그인과 통합
하려면 이 부분을 알맞게 파싱해야 한다. 책에서는 생략했지만 다른 소셜 로그인 제
공자를 하나 더 통합해 보고 어떻게 해야 확장 가능하게 코드를 작성할 수 있는지 생
각해보자.

클래스 작성을 마친 후 실습 코드 7-7과 같이 WebSecurityConfig 클래스에서 user
InfoEndpoint와 userService를 추가해줄 차례다.

실습 코드 7-7. userService

```
package com.example.demo.config;

import com.example.demo.security.JwtAuthenticationFilter;
import com.example.demo.security.OAuthUserServiceImpl;
import lombok.extern.slf4j.Slf4j;
import org.springframework.beans.factory.annotation.Autowired;
import org.springframework.security.config.annotation.web.builders.HttpSecurity;
```

```
import org.springframework.security.config.annotation.web.configuration.
EnableWebSecurity;
import org.springframework.security.config.annotation.web.configuration.
WebSecurityConfigurerAdapter;
import org.springframework.security.config.http.SessionCreationPolicy;
import org.springframework.web.filter.CorsFilter;

@EnableWebSecurity
@Slf4j
public class WebSecurityConfig extends WebSecurityConfigurerAdapter {

    @Autowired
    private JwtAuthenticationFilter jwtAuthenticationFilter;

    @Autowired
    private OAuthUserServiceImpl oAuthUserService; // 우리가 만든 OAuthUserServiceImpl 추가

    @Override
    protected void configure(HttpSecurity http) throws Exception {
        // http 시큐리티 빌더
        http.cors()
            .and()
            .csrf()
            .disable()
            .httpBasic()
            .disable()
            .sessionManagement()
            .sessionCreationPolicy(SessionCreationPolicy.STATELESS)
            .and()
            .authorizeRequests()
            .antMatchers("/", "/auth/**", "/oauth2/**").permitAll() //oauth2 엔드포인트 추가
            .anyRequest()
            .authenticated()
            .and()
            .oauth2Login()
            .redirectionEndpoint()
            .baseUri("/oauth2/callback/*")
            .and()
            .userInfoEndpoint()
```

```
        .userService(oAuthUserService); // OAuthUserServiceImpl를 유저 서비스로 등록

    http.addFilterAfter(
        jwtAuthenticationFilter,
        CorsFilter.class
    );
  }
}
```

이제 애플리케이션을 재시작한 후 http://localhost:8080/oauth2/authorization/
github에 접속해보자. 예제 7-3처럼 사용자 정보가 반환된 것을 확인할 수 있다.

예제 7-3. 사용자 정보 반환 로그

```
2022-06-26 21:13:22.984   INFO 23743 --- [nio-8080-exec-4] c.e.demo.security.
OAuthUserServiceImpl   : Successfully pulled user info username fsoftwareengineer
authProvider GitHub
```

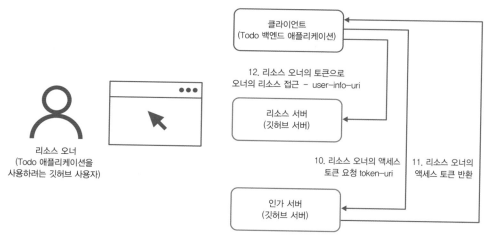

그림 7-16 현재까지 구현된 기능

이렇게 해서 그림 7-16처럼 액세스 토큰을 요청하고 리소스를 접근해 가져오는 부분까지 작성했다. 물론 우리가 한 건 별로 없고 대부분 스프링 시큐리티가 제공하는 라이브러리를 사용한 것이다. 여기에 더 나아가 우리는 사용자가 존재하지 않는 경우 새 사용자를 만드는 부분까지 구현했다.

7.2.6 Todo 애플리케이션 토큰 발행

소셜 로그인을 이용한 회원가입 부분을 마쳤으니 로그인 후 토큰 발행하는 부분을 구현할 차례다. 토큰 발행 부분은 소셜 로그인을 이용한 인증이 완료된 다음, 즉 OAuth 2.0를 이용한 인증이 모두 끝난 다음 발행해야 한다. 따라서 우리는 OAuth 2.0 흐름이 성공적으로 끝난 후 부르는 OAuthSucessHandler 내부에서 토큰을 생성하고 반환하도록 한다.

실습 코드 7-8. OAuthSuccessHandler 구현

```
package com.example.demo.security;

import lombok.AllArgsConstructor;
import lombok.extern.slf4j.Slf4j;
import org.springframework.security.core.Authentication;
import org.springframework.security.web.authentication.SimpleUrlAuthenticationSuccessHandler;
import org.springframework.stereotype.Component;

import javax.servlet.http.HttpServletRequest;
import javax.servlet.http.HttpServletResponse;
import java.io.IOException;

@Slf4j
@Component
@AllArgsConstructor
public class OAuthSuccessHandler extends SimpleUrlAuthenticationSuccessHandler {
```

```
  @Override
  public void onAuthenticationSuccess(HttpServletRequest request, HttpServletResponse
response, Authentication authentication) throws IOException {
    TokenProvider tokenProvider = new TokenProvider();
    String token = tokenProvider.create(authentication);

    response.getWriter().write(token);
    log.info("token {}", token);
  }
}
```

실습 코드 7-8의 구현 내용은 간단하다. TokenProvider를 이용해 토큰을 생성하고
HttpServletResponse에 토큰을 담아주는 것이다. 그런데 다 따라 치고 나면 token
Provider.create(..)에서 에러가 난다. Authentication에 해당하는 타입을 받을 수
없기 때문이다. 그래서 TokenProvider.java에서 Authentication형의 매개변수를
받는 메서드를 예제 7-4처럼 작성했다고 하자.

예제 7-4. TokenProvider::create(Authentication)

```
public String create(final Authentication authentication) {
  OAuth2User userPrincipal = (OAuth2User) authentication.getPrincipal();
  Date expiryDate = Date.from(
      Instant.now()
          .plus(1, ChronoUnit.DAYS));


  return Jwts.builder()
      .setSubject(????) // userEntity.getId()
    .setIssuedAt(new Date())
      .setExpiration(expiryDate)
      .signWith(SignatureAlgorithm.HS512, SECRET_KEY)
      .compact();
}
```

그러면 이제 기존에 userEntity.getId()가 들어갔던 setSubject(..) 부분에 무엇을 넣어야 하는지 고민되기 시작한다. Todo 애플리케이션이 이후에 토큰을 디코딩해 id를 사용할 수 있도록 하려면 마찬가지로 UserEntity의 id를 넣어 주어야 한다. 그런데 authentication에는 UserEntity의 id가 없다. 어떻게 해야 할까?

이를 해결하기 위해 OAuth2User를 구현하는 새 클래스를 작성해야 한다. 새 클래스는 OAuth2User와 UserEntity 사이의 다리 같은 역할을 해준다.

실습 코드 7-9. ApplicationOAuth2User.java

```java
package com.example.demo.security;

import org.springframework.security.core.GrantedAuthority;
import org.springframework.security.core.authority.SimpleGrantedAuthority;
import org.springframework.security.oauth2.core.user.OAuth2User;

import java.util.Collection;
import java.util.Collections;
import java.util.Map;

public class ApplicationOAuth2User implements OAuth2User {
  private String id;
  private Collection<? extends GrantedAuthority> authorities;
  private Map<String, Object> attributes;

  public ApplicationOAuth2User(String id, Map<String, Object> attributes) {
    this.id = id;
    this.attributes = attributes;
    this.authorities = Collections.
        singletonList(new SimpleGrantedAuthority("ROLE_USER"));;
  }

  @Override
  public Map<String, Object> getAttributes() {
    return this.attributes;
  }
```

```
  @Override
  public Collection<? extends GrantedAuthority> getAuthorities() {
    return this.authorities;
  }

  @Override
  public String getName() {
    return this.id; // name 대신 id를 리턴한다.
  }
}
```

이제 실습 코드 7-10처럼 OAuthUserServiceImpl로 돌아가 OAuth2User 대신 ApplicationOAuth2User를 리턴한다. 그러면 SuccessHandler에서도 getName()를 호출할 때 id를 넘겨받을 수 있다.

실습 코드 7-10. OAuthUserServiceImpl 수정

```
  @Override
  public OAuth2User loadUser(OAuth2UserRequest userRequest) throws
OAuth2AuthenticationException {
    // DefaultOAuth2UserService의 기존 loadUser를 호출한다. 이 메서드가 user-info-uri를 이용
해 사용자 정보를 가져오는 부분이다.
    final OAuth2User oAuth2User = super.loadUser(userRequest);

    try {
      // 디버깅을 돕기 위해 사용자 정보가 어떻게 되는지 로깅한다. 테스팅 시에만 사용해야 한다.
        log.info("OAuth2User attributes {} ", new ObjectMapper().writeValueAs
String(oAuth2User.getAttributes()));
    } catch (JsonProcessingException e) {
      e.printStackTrace();
    }

    // login 필드를 가져온다.
    final String username = (String) oAuth2User.getAttributes().get("login");
    final String authProvider = userRequest.getClientRegistration().getClientName();
    UserEntity userEntity = null;
```

```
  // 유저가 존재하지 않으면 새로 생성한다.
  if(!userRepository.existsByUsername(username)) {
    userEntity = UserEntity.builder()
        .username(username)
        .authProvider(authProvider)
        .build();
    userEntity = userRepository.save(userEntity);
  } else {
    userEntity = userRepository.findByUsername(username);
  }

  log.info("Successfully pulled user info username {} authProvider {}",
      username,
      authProvider);

  return new ApplicationOAuth2User(userEntity.getId(), oAuth2User.getAttributes());
}
```

실습 코드 7-11을 참고해 TokenProvider 클래스에서 예제 7-4와 비슷한 코드를 작성하자. 다른 점은 authentication.getPrincipal()의 자료형을 Application OAuth2User로 캐스팅해야 한다는 점이다.

실습 코드 7-11. TokenProvider::create(Authentication)

```
public String create(final Authentication authentication) {
  ApplicationOAuth2User userPrincipal = (ApplicationOAuth2User) authentication.
getPrincipal();
  Date expiryDate = Date.from(
      Instant.now()
          .plus(1, ChronoUnit.DAYS));

  return Jwts.builder()
      .setSubject(userPrincipal.getName()) // id가 리턴됨.
      .setIssuedAt(new Date())
      .setExpiration(expiryDate)
      .signWith(SignatureAlgorithm.HS512, SECRET_KEY)
```

```
      .compact();
}
```

마지막으로 WebSecurityConfig에서 OAuthSuccessHandler를 추가해야 한다.

실습 코드 7-12. WebSecurityConfig에 OAuthSuccessHandler추가

```
package com.example.demo.config;

import com.example.demo.security.JwtAuthenticationFilter;
import com.example.demo.security.OAuthSuccessHandler;
import com.example.demo.security.OAuthUserServiceImpl;
import lombok.extern.slf4j.Slf4j;
import org.springframework.beans.factory.annotation.Autowired;
import org.springframework.security.config.annotation.web.builders.HttpSecurity;
import org.springframework.security.config.annotation.web.configuration.
EnableWebSecurity;
import org.springframework.security.config.annotation.web.configuration.
WebSecurityConfigurerAdapter;
import org.springframework.security.config.http.SessionCreationPolicy;
import org.springframework.web.filter.CorsFilter;

@EnableWebSecurity
@Slf4j
public class WebSecurityConfig extends WebSecurityConfigurerAdapter {

  @Autowired
  private JwtAuthenticationFilter jwtAuthenticationFilter;

  @Autowired
  private OAuthUserServiceImpl oAuthUserService;

  @Autowired
  private OAuthSuccessHandler oAuthSuccessHandler; // Success Handler 추가

  @Override
  protected void configure(HttpSecurity http) throws Exception {
    // http 시큐리티 빌더
```

454

```
    http.cors()
        .and()
        .csrf()
        .disable()
        .httpBasic()
        .disable()
        .sessionManagement()
        .sessionCreationPolicy(SessionCreationPolicy.STATELESS)
        .and()
        .authorizeRequests()
        .antMatchers("/", "/auth/**", "/oauth2/**").permitAll()
        .anyRequest()
        .authenticated()
        .and()
        .oauth2Login()
        .redirectionEndpoint()
        .baseUri("/oauth2/callback/*")
        .and()
        .userInfoEndpoint()
        .userService(oAuthUserService)
        .and()
        .successHandler(oAuthSuccessHandler); // Success Handler 등록

    http.addFilterAfter(
        jwtAuthenticationFilter,
        CorsFilter.class
    );
  }
}
```

실습 코드 7-12를 참고해 OAuthSuccessHandler를 OAuth2Login 아래에 추가
해준 후 애플리케이션을 재시작해보자.

그림 7-17 토큰을 반환하는 콜백 요청

http://localhost:8080/oauth2/authorization/github로 다시 접근해 보면 리디렉션 대신 그림 7-17처럼 토큰이 반환되는 것을 확인할 수 있다.

7.2.7 정리

7.2절에서는 스프링시큐리티와 깃허브를 이용해 백엔드에서 OAuth 2.0를 구현했다. 이제 프론트엔드가 이 토큰을 받아 로컬 스토리지에 저장하도록 하면 소셜 로그인 구현을 완성할 수 있다.

7.3 소셜 로그인 프론트엔드 구현

■ **실습 내용**
- 백엔드의 소셜 로그인을 프론트엔드에 통합

7.2절에서 깃허브에 애플리케이션을 등록할 때 백엔드 주소를 넣어줬고, 모든 인증 및 인가 작업은 백엔드에서 일어났다. 이는 사용자가 궁극적으로 로그인해야 하는 시스템이 백엔드이기 때문이다. 하지만 사용자 입장에서는 그렇지 않다. 실제 사용자는 프론트엔드를 통해 상호작용을 한다. 따라서 우리는 프론트엔드에서 사용자가 소셜 로그인을 시작할 수 있는 방법을 제공해야 한다. 또한 백엔드에서 인증을 마친 후 다시 프론트엔드로 돌아가 사용자가 애플리케이션을 사용할 수 있도록 해야 한다.

7.3.1 백엔드 AuthenticationEntryPoint 설정

이제 백엔드와 프론트엔드를 모두 실행하고 개발자 툴의 네트워크 탭을 켠 후 http://localhost:3000으로 들어가보자.

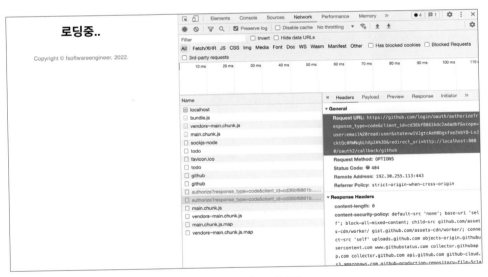

그림 7-18 소셜 로그인 에러

프론트엔드에서 http://localhost:3000으로 들어가면 리액트가 http://localhost:8080/todo를 호출해 사용자의 Todo 리스트를 가지고 온다. 이때 헤더에 Bearer 토큰을 함께 보내 사용자를 인증한다. 만약 토큰이 없다면 인증은 실패하고 HTTP 상태코드로 403이 반환된다. 그러면 리액트는 로그인 페이지로 리디렉트한다. 그런 데 이 모든 작업이 이루어지지 않았다. 페이지는 아직도 로딩 중인 상태다. 네트워크 탭을 보니 http://localhost:8080/todo가 HTTP 상태코드 403이 아닌 302 리디렉트를 반환했다. 제멋대로 OAuth 2.0 흐름을 시작한 것이다.

이렇게 제멋대로인 행동은 스프링 시큐리티의 기본 설정이다. 우리가 바라는 바와는 다르다. 우리는 여전히 인증 실패시 상태 코드로 403을 받고 로그인 화면으로 리디렉트 하고 싶다. 그리고 그 로그인 화면에서 사용자가 소셜 로그인을 할지 이메일 로그인을 할지 결정하게 하고 싶다. AuthenticationEntryPoint를 이용하면 OAuth 2.0 흐름으로 넘어가는 기본 설정을 바꿀 수 있다.

AuthenticationEntryPoint를 이용하면 인증에 실패한 요청의 응답을 원하는 대로 정할 수 있다. 새 클래스를 만들어 지정해줄 수도 있지만, 우리는 OAuth 2.0 흐름으로 넘어가는 것을 막고 응답 상태코드로 403을 반환하기만 하면 되므로 스프링 시큐리에서 제공하는 Http403ForbiddenEntryPoint를 사용한다.

실습 코드 7-13. Http403ForbiddenEntryPoint를 authenticationEntryPoint로 추가

```
@Override
protected void configure(HttpSecurity http) throws Exception {
  // http 시큐리티 빌더
  http.cors()
      .and()
      .csrf()
      .disable()
      .httpBasic()
      .disable()
      .sessionManagement()
      .sessionCreationPolicy(SessionCreationPolicy.STATELESS)
```

```
            .and()
            .authorizeRequests()
            .antMatchers("/", "/auth/**", "/oauth2/**").permitAll()
            .anyRequest()
            .authenticated()
            .and()
            .oauth2Login()
            .redirectionEndpoint()
            .baseUri("/oauth2/callback/*")
            .and()
            .userInfoEndpoint()
            .userService(oAuthUserService)
            .and()
            .successHandler(oAuthSuccessHandler)
            .and()
            .exceptionHandling()
            .authenticationEntryPoint(new Http403ForbiddenEntryPoint()); // Http403Forbidden
EntryPoint 추가


    http.addFilterAfter(
        jwtAuthenticationFilter,
        CorsFilter.class
    );
}
```

WebSecurityConfig.java에 실습 코드 7-13처럼 and().exceptionHandler().authenti
cationEntryPoint(new Http403ForbiddenEntryPoint())를 추가한 후 애플리케이션을
재시작한다. 다시 프론트엔드(http://localhost:3000)으로 들어가 보면 인증에 실패해
로그인 화면으로 돌아가는 것을 확인할 수 있다.

─☼─ 팁 ━━━━━━━━━━━━━━━

AuthenticationEntryPoint(인증의 시작점)이라는 말이 어색하다. 인증이 실패하면 부르는 클래스 아닌가?
이름이 조금 헷갈리긴 하지만 인증의 시작점이라는 것은 인증되지 않은 사용자를 어떻게 처리할 것인가, 즉
인증되지 않은 사용자를 처리하기 위한 시작점이라는 의미에 더 가깝다.

7.3.2 소셜 로그인 엔드포인트 추가

지금까지는 테스팅을 위해 기본으로 제공되던 http://localhost:8080/oauth2/authorization/github를 사용했지만 이 경로는 원하는 경로로 설정이 가능하다. 이 엔드포인트를 http://localhost:8080/auth/authorize/{provider}라고 하자 {provider}에는 어떤 소셜 로그인 제공자라도 들어갈 수 있다. 우리의 경우 github이 이후 {provider}를 대체한다.

실습 코드 7-14. OAuth 2.0 소셜 로그인 흐름을 시작하기 위한 엔드포인트 추가

```
@Override
protected void configure(HttpSecurity http) throws Exception {
  // http 시큐리티 빌더
  http.cors()
      .and()
      .csrf()
      .disable()
      .httpBasic()
      .disable()
      .sessionManagement()
      .sessionCreationPolicy(SessionCreationPolicy.STATELESS)
      .and()
      .authorizeRequests()
      .antMatchers("/", "/auth/**", "/oauth2/**").permitAll()
      .anyRequest()
      .authenticated()
      .and()
      .oauth2Login()
      .redirectionEndpoint()
      .baseUri("/oauth2/callback/*")
      .and()
      .authorizationEndpoint()
      .baseUri("/auth/authorize") // OAuth 2.0 흐름 시작을 위한 엔드포인트 추가
      .and()
      .userInfoEndpoint()
      .userService(oAuthUserService)
```

```
        .and()
        .successHandler(oAuthSuccessHandler)
        .and()
        .exceptionHandling()
            .authenticationEntryPoint(new Http403ForbiddenEntryPoint()); //
Http403ForbiddenEntryPoint 추가

    http.addFilterAfter(
        jwtAuthenticationFilter,
        CorsFilter.class
    );
}
```

실습 코드 7-14를 참고로 /auth/authorize를 authorizationEndpoint의 baseUri로 지정해주자. 애플리케이션을 재시작한 후 http://localhost:8080/auth/authorize/github로 들어가보면 http://localhost:8080/oauth2/authorization/github과 동일한 흐름으로 리디렉션이 이루어지는 것을 확인할 수 있다.

7.3.3 소셜 로그인 기능 추가

이제 프론트엔드의 기능을 마저 추가하도록 하자. 로그인 화면에서 깃허브로 로그인하기 버튼을 추가하고 사용자가 버튼을 클릭하면 /auth/authorize/github로 리디렉트해주면 된다.

프론트엔드의 Login.js파일을 실습 코드 7-15를 참고해 수정해 주자.

실습 코드 7-15. 깃허브로 로그인하기 추가

```
<Grid item xs={12}>
  <Button type="submit" fullWidth variant="contained" color="primary">
    로그인
  </Button>
</Grid>
```

```
<Grid item xs={12}>
  <Button fullWidth variant="contained" style={{backgroundColor: '#000'}}>
     깃허브로 로그인하기
  </Button>
</Grid>
<Grid item>
  <Link to="/signup" variant="body2">
  계정이 없습니까? 여기서 가입하세요.
  </Link>
</Grid>
```

이때, Button에 type="submit" 속성이 없도록 주의하자. Submit 타입의 버튼으로 설정하면 submitHandler가 실행될 수도 있다. 그 대신 handlerSocialLogin이라는 함수를 만들고 해당 함수를 깃허브로 로그인하기 버튼에 추가해야 한다.

실습 코드 7-16. handleSocialLogin 함수 추가

```
const handleSocialLogin = (provider) => {
    console.log(provider);
  }

// 기존 코드

<Button onClick={() => handleSocialLogin("github")} fullWidth variant="contained"
style={{backgroundColor: '#000'}}>깃허브로 로그인하기
</Button>
```

실습 코드 7-16을 참고해 로그인 함수 안에 handleSocialLogin 함수를 추가하자. 그리고 이 함수를 버튼의 onClick에 연결한다.

handleSocialLogin 함수 내부를 구현하기 위해 socialLogin이라는 함수를 ApiService. js에 추가하자. 이 함수는 백엔드의 /auth/authorize/github로 브라우저를 리디렉트해준다.

실습 코드 7-17. socialLogin API 추가

```javascript
export function socialLogin(provider) {
  window.location.href = API_BASE_URL + "/auth/authorize/" + provider;
}
```

실습 코드 7-17을 참고로 socialLogin API를 추가하고 이 API를 다시 Login.js에서 사용한다.

실습 코드 7-18. handlerSocialLogin 내부 구현

```javascript
import { signin, socialLogin } from "./service/ApiService";


  const handleSocialLogin = (provider) => {
    socialLogin(provider);
  }
```

실습 코드 7-18을 참고해 handleSocialLogin을 구현한 후 프론트엔드 페이지로 돌아가 깃허브로 로그인하기를 누르면 깃허브 로그인 페이지로 리디렉트 되는 것을 확인할 수 있다.

7.3.4 프론트엔드로 Bearer 토큰 전달하기

리디렉트된 깃허브 로그인 페이지에서 로그인해보자. 결과가 어떻게 되는가? 7.2.4절에서 구현한 것처럼 토큰을 반환한다. 그래서 어쩌란 말인가? 사용자 입장에서는 이렇게 달랑 토큰을 받는 것이 참 황당한 일이다. 그러니 백엔드는 토큰을 반환할 게 아니라 로그인이 완료된 프론트엔드 페이지, 즉 Todo 리스트 페이지로 리디렉트해야 한다. 혹시 토큰을 어디에서 반환했는지 기억나는가? 바로 OAuth SuccessHandler였다.

예제 7-4. 프론트엔드로 리디렉트

```
@Override
public void onAuthenticationSuccess(HttpServletRequest request, HttpServletResponse
response, Authentication authentication) throws IOException {
  TokenProvider tokenProvider = new TokenProvider();
  String token = tokenProvider.create(authentication);

  log.info("token {}", token);
  response.sendRedirect("http://localhost:3000");
}
```

HTTP response에 토큰을 넘기는 대신 sendRedirect를 이용해 프론트엔드로 리디렉트를 하자. 그러면 예제 7-4와 같은 코드를 작성할 수 있다. 하지만 여기엔 문제가 있다. 이렇게 리디렉트하면 토큰을 전달할 수 없기 때문이다. 따라서 프론트엔드는 백엔드가 리디렉트하면서 전달하는 토큰을 받아주는 기능이 필요하다. 이 기능을 위해 sociallogin이라는 페이지를 만들기로하자. 그렇다면 실습 코드 7-19와 같은 코드를 작성할 수 있다.

실습 코드 7-19. 리디렉트 페이지로 토큰 넘기기

```
@Override
public void onAuthenticationSuccess(HttpServletRequest request, HttpServletResponse
response, Authentication authentication) throws IOException {
  TokenProvider tokenProvider = new TokenProvider();
  String token = tokenProvider.create(authentication);

  log.info("token {}", token);
  response.sendRedirect("http://localhost:3000/sociallogin?token=" + token);
}
```

실습 코드 7-19를 참고해 onAuthenticationSuccess 메서드를 수정해보자. 그리고 프론트엔드로 돌아가 이 요청을 받아줄 sociallogin 페이지를 작성한다.

```
import React from "react";
import { Navigate } from "react-router-dom";

const SocialLogin = (props) => {
  const getUrlParameter = (name) => { // 쿼리 파라미터에서 값을 추출해주는 함수
    let search = window.location.search;
    let params = new URLSearchParams(search);
    return params.get(name);
  };

  const token = getUrlParameter("token");

  console.log("토큰 파싱: " + token);

  if (token) {
    console.log("로컬 스토리지에 토큰 저장" + token);
    localStorage.setItem("ACCESS_TOKEN", token);
    return (
      <Navigate
        to={{
          pathname: "/",
          state: { from: props.location },
        }}
      />
    );
  } else {
    return (
      <Navigate
        to={{
          pathname: "/login",
          state: { from: props.location },
        }}
      />
    );
  }
};
```

```
export default SocialLogin;
```

실습 코드 7-20에서 리액트는 getUrlParams(MDN contributors, n.d.) 함수를 실행한다. 이 함수는 URLSearchParams라는 자바스크립트 함수를 이용해 쿼리 파라미터의 값을 찾아준다. 그 후 토큰이 존재하는 경우 로컬 스토리지에 저장한 후 메인 화면인 todo 화면으로 리디렉트해준다.

실습 코드 7-21. SocialLogin 컴포넌트로 라우팅 추가

```
function AppRouter() {
  return (
    <div>
      <BrowserRouter>
        <Routes>
          <Route path="/" element={<App />} />
          <Route path="login" element={<Login />} />
          <Route path="signup" element={<SignUp />} />
          <Route path="sociallogin" element={<SocialLogin />} />
        </Routes>
      </BrowserRouter>
      <Box mt={5}>
        <Copyright />
      </Box>
    </div>
  );
};
```

이제 실습 코드 7-21을 참고해 sociallogin으로 향하는 경로를 추가한 후 백엔드와 프론트엔드 애플리케이션을 재시작하자. 로그인 후 Todo 화면으로 넘어가는 것을 확인할 수 있다.

466

7.3.5 임의의 프론트엔드로 토큰 전달하기

문제가 있다. 문제가 무엇인지 잠시 생각해보자. 현재 백엔드 코드의 문제점은 로컬호스트가 아닌 프론트엔드로는 리디렉트할 수 없다는 점이다. 이 코드를 프로덕션환경에 배포했을 때, OAuth 2.0 흐름으로 생성한 토큰은 모두 localhost:3000으로 리디렉트된다는 뜻이다. 따라서 프론트엔드는 백엔드에게 '인증이 끝나면 여기로 리디렉트 해줘'라고 말해주고, 백엔드는 OAuthSuccessHandler에서 프론트엔드가 명시한 리디렉트 경로로 리디렉트해야 한다.

말은 쉽지만, 구현하기에 그리 간단하지는 않다. OAuth 2.0 흐름을 시작할 때, 백엔드는 프론트엔드의 존재를 모르기 때문이다. 7.3.3절에서 window.location.href를 통해 바로 벡엔드 주소로 접속했다. 프론트엔드가 call 함수를 통해 백엔드를 호출한게 아니라 브라우저가 직접 호출한 셈이 된다. 백엔드 입장에서는 프론트엔드가 리디렉트했다는 사실 자체를 모른다. 따라서 우리는 리퀘스트 파라미터로 redirect_url를 지정하려고 한다.

예제 7-5. HTTP 요청 쿼리에 redirect_url 추가

```
export function socialLogin(provider) {
    window.location.href = API_BASE_URL + "/auth/authorize/" + provider + "?redirect_
url=" + window.location.origin;
  }
```

예제 7-5처럼 지정해 주면 백엔드가 이 파라미터를 읽어서 리디렉트하면 될 것 같지만 현실은 그렇게 호락호락하지 않다. 마지막으로 백엔드를 호출해서 OAuthSuccessHandler까지 도달하게 하는 주체가 누구인가? 이 긴 OAuth 2.0 흐름에서 마지막으로 백엔드를 호출하는 것은 다름 아닌 깃허브이다. 깃허브가 사용자 인증 및 인가를 마친 후 http://localhost:8080/oauth2/callback/github를 호출하고 이 엔드포인트의 마지막에서야 OAuthSuccessHandler를 실행한다. 따라서 OAuth

SuccessHandler는 이전에 있었던, 특히 가장 첫 호출에서 넘겨받은 redirect_url을 알 길이 없다.

그렇다고 방법이 없는 것은 아니다. 두 가지 방법이 있다. 첫 번째는 쿠키에 저장하는 방법, 두 번째는 세션에 저장하는 방법이다. 쿠키는 여러분이 알고있는 브라우저 세팅에서 종종 삭제해야 하는 그 쿠키이다. 세션도 비슷한 개념인데 세션은 서버에 저장된다는 점이 쿠키와 다르다. 중요한 것은 상태를 유지하지 않는^{stateless} http 프로토콜에서 어떤 상태를 유지하기 위해 쿠키나 세션을 사용할 수 있다는 사실이다. 우리는 쿠키를 이용해 리디렉션 경로를 임시로 저장하려 한다. 쿠키 저장을 위해 OncePerRequestFilter를 사용한다.

실습 코드 7-22. RedirectUrlCokkieFilter.java

```java
package com.example.demo.security;

import lombok.extern.slf4j.Slf4j;
import org.springframework.stereotype.Component;
import org.springframework.web.filter.OncePerRequestFilter;

import javax.servlet.FilterChain;
import javax.servlet.ServletException;
import javax.servlet.http.Cookie;
import javax.servlet.http.HttpServletRequest;
import javax.servlet.http.HttpServletResponse;
import java.io.IOException;

@Slf4j
@Component
public class RedirectUrlCookieFilter extends OncePerRequestFilter {
  public static final String REDIRECT_URI_PARAM = "redirect_url";
  private static final int MAX_AGE = 180;

  @Override
  protected void doFilterInternal(HttpServletRequest request, HttpServletResponse
response, FilterChain filterChain) throws ServletException, IOException {
```

```java
    if (request.getRequestURI().startsWith("/auth/authorize")) {
      try {
        log.info("request url {} ", request.getRequestURI());
        String redirectUrl = request.getParameter(REDIRECT_URI_PARAM); // 리퀘스트 파라미
터에서 redirect_url을 가져온다.

        Cookie cookie = new Cookie(REDIRECT_URI_PARAM, redirectUrl);
        cookie.setPath("/");
        cookie.setHttpOnly(true);
        cookie.setMaxAge(MAX_AGE);
        response.addCookie(cookie);

      } catch (Exception ex) {
        logger.error("Could not set user authentication in security context", ex);
        log.info("Unauthorized request");
      }

    }
    filterChain.doFilter(request, response);
  }
}
```

실습 코드 7-22를 참고해 RedirectUrlCookieFilter를 구현해보자. 구현은 간단하다. 현재 요청이 /auth/authorize 경로의 요청인 경우 요청에서 redirect_url 매개변수의 값을 가져온다. 이 값을 response의 쿠키에 추가해준다.

이 필터를 사용하기 위해 실습 코드 7-23과 같이 WebSecurityConfig에 RedirectUrlCookieFilter를 추가해주자.

실습 코드 7-23. WebSecurityConfig에 RedirectUrlCookieFilter 추가

```java
// imports

@EnableWebSecurity
@Slf4j
public class WebSecurityConfig extends WebSecurityConfigurerAdapter {
```

```
    // 다른 멤버 변수들

    @Autowired
    private RedirectUrlCookieFilter redirectUrlFilter;

    @Override
    protected void configure(HttpSecurity http) throws Exception {
      // http 시큐리티 빌더 생략


      http.addFilterAfter(
          jwtAuthenticationFilter,
          CorsFilter.class
      );
      http.addFilterBefore( // Before
          redirectUrlFilter,
          OAuth2AuthorizationRequestRedirectFilter.class // 리디렉트되기 전에 필터를 실행해야
한다.
      );
  }
}
```

※ 팁 ─────────────────────

스프링 시큐리티에 인증/인가에 관련된 오브젝트를 임시로 저장하는 작업을 제대로 해줄 수 있는 AuthorizationRequestRepository 인터페이스가 존재한다.

이제 OAuthSuccessHandler에서 쿠키에서 redirect_url를 가져와 리디렉트해 주면 끝이다.

실습 코드 7-24. OAuthSuccessHandler에서 쿠키 사용

```
package com.example.demo.security;

import lombok.AllArgsConstructor;
import lombok.extern.slf4j.Slf4j;
```

```java
import org.springframework.security.core.Authentication;
import org.springframework.security.web.authentication.SimpleUrlAuthenticationSuccessHandler;
import org.springframework.stereotype.Component;

import javax.servlet.http.Cookie;
import javax.servlet.http.HttpServletRequest;
import javax.servlet.http.HttpServletResponse;
import java.io.IOException;
import java.util.Arrays;
import java.util.Optional;

import static com.example.demo.security.RedirectUrlCookieFilter.REDIRECT_URI_PARAM;


@Slf4j
@Component
@AllArgsConstructor
public class OAuthSuccessHandler extends SimpleUrlAuthenticationSuccessHandler {

    private static final String LOCAL_REDIRECT_URL = "http://localhost:3000";

    @Override
    public void onAuthenticationSuccess(HttpServletRequest request, HttpServletResponse
response, Authentication authentication) throws IOException {
        log.info("auth succeeded");
        TokenProvider tokenProvider = new TokenProvider();
        String token = tokenProvider.create(authentication);

        Optional<Cookie> oCookie = Arrays.stream(request.getCookies()).filter(cookie ->
cookie.getName().equals(REDIRECT_URI_PARAM)).findFirst();
        Optional<String> redirectUri = oCookie.map(Cookie::getValue);

        log.info("token {}", token);
        response.sendRedirect(redirectUri.orElseGet(() -> LOCAL_REDIRECT_URL)+ "/social
login?token=" + token);
    }

}
```

실습 코드 7-24를 참고해 쿠키를 통해 리디렉트 URL을 가져오는 부분을 작성하자.

이제 마지막으로 프론트엔드의 ApiService.js로 돌아가 socialLogin 함수에 redirect_url 매개변수를 추가해주기만 하면 끝이다.

실습 코드 7-25. socialLogin 함수에 redirect_url 매개변수 추가

```
export function socialLogin(provider) {
  const frontendUrl = window.location.protocol + "//" + window.location.host ;
  window.location.href = API_BASE_URL + "/auth/authorize/" + provider + "?redirect_
url=" + frontendUrl;
}
```

실습 코드 7-25까지 마친 후 **깃허브로 로그인하기**를 이용해 다시 로그인해보자. 로그인이 끝난 후 Todo 페이지로 이동하는 것을 확인할 수 있다.

—⟨⟩— 팁 ———————————

redirect_url을 파라미터로 넘겨주는 경우 보안에 문제가 될 수 있다. 클라이언트에서 아무나 이 값을 바꿀 수 있기 때문이다. 따라서 서버는 redirect_url이 허용된 도메인을 가지고 있는지 확인해야 한다. 이 부분은 스스로 구현해보자.

7.3.6 정리

7.3절에서는 백엔드에서 프론트엔드로 토큰을 반환하는 로직을 구현했다. 프론트엔드와 백엔드가 합쳐져 있는 구조인 경우 이런 복잡한 반환 과정은 필요하지 않다. 우리의 경우 프론트엔드와 백엔드가 분리돼 있는 아키텍쳐이기 때문에 복잡한 반환과정이 불가피했다. 스프링 시큐리티와 OAuth 2.0를 한 챕터 안에 설명하기에는 내용이 복잡하고 많다. 따라서 우리는 소셜 로그인을 구현하기 위한 아주 일부분만을 공부하고 구현했다. 혹시 스프링 시큐리티나 OAuth 2.0을 완전히 이해하지 못했다고

하더라도, 구현한 내용과 그 흐름을 이해했다면 충분하다. 내용이 복잡하고 프론트엔드와 백엔드를 자주 오가며 코드 수정을 했던 만큼 그 흐름을 완전히 이해하기 위해서 혼자 구현할 수 있을 때까지 여러 번 다시 구현해보는 방법을 추천한다.

맺음말

이 장을 마지막으로 스프링 부트, React.js, AWS를 이용해 서비스를 만들고 배포하는 과정을 끝맺는다. 실제 서비스 운영에는 이보다 더 많은 작업이 필요하다. 이 책에서는 단위 테스트[Unit Test]나 통합 테스트[Integration Test]를 작성하지 않았다. 또 로깅[Logging]과 감사[Audit]도 다루지 않았다. 다루지 않은 주제는 여러분이 자발적으로 공부해야 할 숙제이다.

서비스 아키텍처는 비즈니스 요구사항에 따라 달라진다. 개발하다 보면 이 책에서 구현한 아키텍처가 적합하지 않는 경우도 있을 것이다. 그러나 책을 통해 배운 아키텍처, 개발, 운영, 배포 기술이 새로운 기술로 지식의 영역을 확장할 때 도움이 될 거라 확신한다.

이 책에서는 기능이 가장 간단한 Todo 애플리케이션을 만들었다. 이제 Todo에 관련된 코드를 지우고 그 공간을 여러분의 아이디어로 채우자. 그 아이디어를 코드로 만들어내는 데는 더 많은 시간과 노력이 들겠지만, 여기까지 잘 따라와준 인내와 노력으로 여러분이 해낼 수 있음을 믿어 의심치 않는다.

참고문헌

- Refactoring Guru: https://refactoring.guru/design-patterns/builder

- https://en.wikipedia.org/wiki/Node.js.

- https://en.wikipedia.org/wiki/Cross-origin_resource_sharing

- https://developer.mozilla.org/en-US/docs/Web/API/Fetch_API/Using_Fetch

- geeksforgeeks: https://www.geeksforgeeks.org/difference-between-spring-and-spring-boot/

- RedHat - What is a Java framework: https://www.redhat.com/en/topics/cloud-native-apps/what-is-a-Java-framework

- The IoC Container: https://docs.spring.io/spring-framework/docs/3.2.x/spring-framework-reference/html/beans.html

- The IoC container: https://docs.spring.io/spring-framework/docs/3.2.x/spring-framework-reference/html/beans.html

- Spring Boot: https://spring.io/projects/spring-boot

- REST API Tutorial: https://restfulapi.net

- Stack Overflow: https://stackoverflow.com/questions/10604298/spring-component-versus-bean

- Spring AOP APIs: https://docs.spring.io/spring-framework/docs/3.2.x/spring-framework-reference/html/aop-api.html

- Spring Boot Reference Documentation: https://docs.spring.io/spring-boot/docs/current/reference/htmlsingle/#boot-features-logging

- ntroduction to Node.js: https://nodejs.dev/learn

- Introduction to Node.js: https://nodejs.dev/learn

- A brief history of Node.js: https://nodejs.dev/learn/a-brief-history-of-nodejs

- https://softwareengineering.stackexchange.com/questions/346867/how-to-keep-applications-stateless

- Technical Overview: https://docs.spring.io/spring-security/site/docs/3.0.x/reference/technical-overview.html

- https://en.wikipedia.org/wiki/Serialization

- "Spring @RequestMapping New Shortcut Annotations" baeldung: https://www.baeldung.com/spring-new-requestmapping-shortcuts baeldung, 2020.

- "Spring's RequestBody and ResponseBody Annotations" baeldung: https://www.baeldung.com/spring-request-response-body baeldung, 2021.

- "An Intro to the Spring DispatcherServlet." https://www.baeldung.com/spring-dispatcherservlet baeldung

- "Defining JPA Entities" Baeldung: https://www.baeldung.com/jpa-entities BalasubramaniamVivek, 2019.

- Spring Data JPA - Reference Documentation: https://docs.spring.io/spring-data/jpa/docs/current/reference/html/#reference BryantGierke Thomas Darimont Christoph Strobl Mark Paluch JayOliver, 2020.

- React.Component: https://reactjs.org/docs/react-component.html Facebook Inc.

- "Hypertext Transfer Protocol(HTTP/1.1): Semantics and Content" https://tools.ietf.org/html/rfc7231#section-4 Fielding, R. & Reschke, J., 2014.

- Inversion Of Control: https://martinfowler.com/articles/injection.html#InversionOfControl FowlerMartin

- https://docs.aws.amazon.com/autoscaling/ec2/userguide/as-scale-based-on-demand.html

- https://fetch.spec.whatwg.org/#fetch-api

- Why did we build React?: https://reactjs.org/blog/2013/06/05/why-react.html HuntPete, 2013.

- Introducing JSX: https://reactjs.org/docs/introducing-jsx.html

- "How to generate primary keys with JPA and Hibernate" https://thorben-janssen.com/jpa-generate-primary-keys/ JanssenThorben

- An overview of HTTP: https://developer.mozilla.org/en-US/docs/Web/HTTP/Overview MDN contributors, 2021.

- "MDN Web Docs" Populating the page: how browsers work: https://developer.mozilla.org/en-US/docs/Web/Performance/How_browsers_work MDN contributors, 2021.

- "Microservice Architecture" O'Reilly, NadareishviliMitra, Matt McLarty, and Mike AmundsenRonnie. 2016.

- "Monolith to Microservices" O'Reilly Media, Inc., NewmanSam, 2019.

- "Annotation Type GeneratedValue" GeneratedValue(Java(TM) EE 7 Specification APIs): https://docs.oracle.com/javaee/7/api/javax/persistence/GeneratedValue.html Oracle

- "Spring Boot Reference Documentation" Spring Boot Reference Documentation: https://docs.spring.io/spring-boot/docs/current/reference/htmlsingle/#getting-started-introducing-spring-boot Phillip WebbSyer, Josh Long, Stéphane Nicoll, Rob Winch, Andy Wilkinson, Marcel Overdijk, Christian Dupuis, Sébastien Deleuze, Michael Simons, Vedran Pavić, Jay Bryant, Madhura Bhave, Eddú Meléndez, Scott FrederickDave.

- "Software Architecture Patterns" O'Reilly Media, Inc., RechardMark, 2015.

- "REST API Tutorial" https://restfulapi.net/

- "Using Gradle Plugins" https://docs.gradle.org/current/userguide/plugins.html

- Spring Security Architecture: https://spring.io/guides/topicals/spring-security-architecture VM Ware.

- "What Is The Difference Between @Bean and @Component and When to Use What?" https://codeboje.de/difference-spring-bean-component/

- "Markup language" Markup language: https://en.wikipedia.org/wiki/Markup_language

- "BroswerRouter" https://reactrouter.com/docs/en/v6/routers/browser-router

레퍼런스

[1]   https://aws.amazon.com/ko/free/

[2]   https://aws.amazon.com/ko/ec2

[3]   https://aws.amazon.com/ko/route53/

[4]   https://docs.aws.amazon.com/elasticloadbalancing/latest/application/
       introduction.html

[5]   https://docs.aws.amazon.com/autoscaling/ec2/userguide/AutoScalingGroup.
       html

[6]   https://aws.amazon.com/ko/vpc/

[7]   https://aws.amazon.com/ko/elasticbeanstalk/

[8]   https://docs.aws.amazon.com/cli/latest/userguide/install-cliv2-windows.html

[9]   https://docs.aws.amazon.com/AWSEC2/latest/UserGuide/using-regions-
       availability-zones.html

[10]   https://aws.amazon.com/ko/about-aws/global-infrastructure/regions_az/

[11]   https://docs.aws.amazon.com/elasticbeanstalk/latest/dg/eb-cli3-install-
       windows.html

[12]   https://docs.aws.amazon.com/elasticbeanstalk/latest/dg/eb3-create.html

[13]   https://docs.aws.amazon.com/elasticbeanstalk/latest/dg/eb3-init.html

[14]   https://aws.amazon.com/ko/corretto/

[15]   https://docs.spring.io/spring-boot/docs/current/reference/html/application
       -properties.html

[16]   https://docs.aws.amazon.com/elasticloadbalancing/latest/application/target-
       group-health-checks.html

[17] https://docs.aws.amazon.com/elasticbeanstalk/latest/dg/environments-cfg-softwaresettings.html

[18] https://aws.amazon.com/ko/rds/

[19] https://docs.aws.amazon.com/cli/latest/reference/rds/describe-db-instances.html

[20] https://docs.aws.amazon.com/cli/latest/reference/autoscaling/describe-auto-scaling-groups.html

[21] https://docs.aws.amazon.com/cli/latest/reference/elbv2/describe-load-balancers.html

[22] https://docs.aws.amazon.com/cli/latest/reference/elbv2/describe-target-groups.html

[23] https://docs.aws.amazon.com/cli/latest/reference/ec2/describe-instances.html

[24] https://docs.aws.amazon.com/AWSCloudFormation/latest/UserGuide/ working-with-templates-cfn-designer.html

[25] https://docs.aws.amazon.com/Route53/latest/DeveloperGuide/domain-register.html

[26] https://docs.aws.amazon.com/Route53/latest/DeveloperGuide/CreatingHostedZone.html

[27] https://docs.aws.amazon.com/Route53/latest/DeveloperGuide/resource-record-sets-creating.html

[28] https://docs.aws.amazon.com/Route53/latest/DeveloperGuide/resource-record-sets-creating.html

[29] https://docs.aws.amazon.com/acm/latest/userguide/setup.html

[30] https://aws.amazon.com/premiumsupport/knowledge-center/ec2-memory-swap-file/

찾아보기

React.js, 스프링 부트, AWS로 배우는 웹 개발 101 2/e
SPA, REST API 기반 웹 애플리케이션 개발

2판 인쇄 | 2022년 9월 30일
2쇄 발행 | 2024년 7월 17일

지은이 | 김 다 정

펴낸이 | 옥 경 석
편집장 | 황 영 주
편 집 | 김 진 아
         임 지 원
         김 은 비
디자인 | 윤 서 빈

에이콘출판주식회사
서울특별시 양천구 국회대로 287 (목동)
전화 02-2653-7600, 팩스 02-2653-0433
www.acornpub.co.kr / editor@acornpub.co.kr

책값은 뒤표지에 있습니다.